Claros del bosque

Letras Hispánicas

María Zambrano

Claros del bosque

Edición de Mercedes Gómez Blesa

QUINTA EDICIÓN

CÁTEDRA

LETRAS HISPÁNICAS

1.ª edición, 2011
5.ª edición, 2018

© Fundación María Zambrano, 2011, 2018
© Ediciones Cátedra (Grupo Anaya, S. A.), 2011, 2018
Juan Ignacio Luca de Tena, 15. 28027 Madrid
Depósito legal: M. 28.114-2011
I.S.B.N.: 978-84-376-2875-2
Printed in Spain

Índice

INTRODUCCIÓN 11

La mística del exilio 13
Una metafísica de la ausencia 32
La heterodoxia cósmica 33
La violencia de la filosofía: un éxtasis fracasado 44
El eclipse de la piedad 51
Hacia *Claros del bosque* 65
Un sentir iluminante 68
Despertar existiendo: el camino de la filosofía 71
Despertar naciendo: el camino de la razón poética 74

BIBLIOGRAFÍA 99

CLAROS DEL BOSQUE 115

I 119

Claros del bosque 121

II. El despertar 129

La preexistencia del amor 131
El despertar 131
El nacimiento y el existir 132
La inspiración 135
El despertar de la palabra 136
La presencia de la verdad 137
El ser escondido — La fuente 139

7

El tiempo naciente 141

La salida — El alma 142

El abrirse de la inteligencia 144

El deslizarse de las imágenes 145

III. Pasos 147

Método 149

Las operaciones de la lógica 151

Los ínferos 151

El delirio — El dios oscuro 153

El cumplimiento 154

La identificación 155

La sincronización 156

El transcurrir del tiempo. La musicalidad 156

IV. El vacío y el centro 159

La visión — La llama 161

El vacío y la belleza 163

El abismarse de la belleza 165

El centro — La angustia 167

El centro y el punto privilegiado 171

V 173

La metáfora del corazón 175

VI. Palabras 191

Antes de que se profiriesen las palabras 193

La palabra del bosque 197

La palabra perdida 199

La palabra que se guarda 201

Lo escrito 203

El anuncio 205

El concierto 209

Sólo la palabra 213

VII. Signos 217

Signos, semillas 219

Los signos naturales 221

La adoración de la Luna — La cicuta 223

La Medusa 229
Los ojos de la noche 233
La unidad y la imagen 235
El punto 237
La meta 241
El punto oscuro y la cruz 243

VIII. La entrega indescifrable 245

La entrega indescifrable 247
La aceptación — El velo 247
La mirada remota 248
El sol que sigue 250

IX 251

Los cielos 253

Apéndice. El espejo de Atenea 259

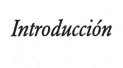

Introducción

LA MÍSTICA DEL EXILIO

Claros del bosque apareció en 1977, en un momento especial de la trayectoria vital de María Zambrano, cuando se encontraba apurando los últimos años de su largo y accidentado exilio en una pequeña *ferme* del Jura francés, situada en La Pièce, muy cerca de la ciudad suiza de Ginebra. En esta humilde casa de campo (la «choza»[1], la llamaba ella irónicamente), enclavada en medio del bosque y envuelta en la luz del Jura[2], vivía nuestra autora en condiciones económicas muy precarias y con un delicado estado de salud, acompañada por su primo Mariano Tomero Alarcón, su fiel servidor y uno de esos seres bienaventurados que sólo en la entrega se cumplen. A pesar de su apartamiento, contaba con un grupo de familiares y amigos españoles afincados en Ginebra que la visitaban con frecuencia: su otro primo Rafael Tomero Alarcón, hermano de Mariano, Aquilino Duque, Rafael Martínez Nadal, López Molina y su esposa, Joaquín Verdú y, sobre todo, el poeta José Ángel Valente, con quien la autora sostuvo un intenso y enriquecedor diálogo intelectual, espiritual y creativo que abonaría sus respectivas obras. Ambos compartieron una intensa reflexión sobre el carácter teologal de la palabra poética como palabra mediadora entre el hombre y lo sagrado, reflexión que nacía del común interés por el espe-

---

[1] María Zambrano, *Cartas de La Pièce (Correspondencia con Agustín Andreu)*, Valencia, Pre-Textos-Universidad Politécnica de Valencia, 2002, pág. 32.

[2] José Ángel Valente llegó a calificar esta luz del Jura como «una luz de cámaras secretas y morada interior», *Obras Completas II, Ensayos*, Barcelona, Círculo de Lectores-Galaxia Gutenberg, 2008, pág. 475.

cial *modus loquendi* de los místicos cristianos (san Juan de la Cruz, santa Teresa y Miguel de Molinos) y de la teología negativa en la que éstos se inspiraron (iniciada con el gnosticismo y neoplatonismo de Plotino y continuada por la filosofía patrística, especialmente por Clemente de Alejandría, san Agustín y Dioniso Areopagita), al igual que por la cábala (Moisés de León y el Zóhar, Yitshac Luria, Ya'acob Cordovero) o por el sufismo (Ibn Arabi). Compartieron también por estos años, como queda bien reflejado en sus correspondencias, amistades (los escritores cubanos Lezama Lima, Calvert Casey, el poeta salmantino José Miguel Ullán y el filósofo-teólogo valenciano Agustín Andreu). De hecho, fue José Ángel Valente quien se encargó de ordenar y dar unidad a los textos fragmentarios que componen *Claros del bosque,* textos que la autora fue escribiendo, a golpe de inspiración —o si se prefiere, de «delirio»— desde comienzos de la década de los 70, coincidiendo con el agravamiento del estado de salud de su hermana Araceli y su posterior deceso, como ella misma declara en carta a Agustín Andreu[3]. De ahí que el libro esté dedicado a la memoria de su hermana, desaparecida el 20 de febrero de 1972.

Con la muerte de Araceli, Zambrano se adentraba, más aún si cabe, en la soledad del exilio, un exilio que había comenzado un frío día de finales de enero de 1939 en el que atravesó los Pirineos, rumbo a Francia, acompañada de su madre, de su hermana y sus dos primos, Rafael y Mariano. Su padre, Blas Zambrano, fuertemente comprometido con la causa republicana, había muerto el 29 de octubre de 1938 en Barcelona, lugar al que se había trasladado toda la familia, ante el acoso del bando franquista. Atrás quedaban los años de esperanza e ilusión de una «nueva España», esperanza ali-

---

[3] María Zambrano, *Cartas de La Pièce, op. cit.,* pág. 29: «Ahora estoy acosada por entregar un libro, algunas de cuyas cuartillas tenía aquí sobre esta misma mesa cuando sonó el teléfono de la Clínica una hora después de haber escuchado que "Araceli" había pasado el mejor día. Va dedicado a su memoria. Se titulaba "Notas de un método", y lo he sustituido por "Claros del bosque" que se aviene más a una cierta discontinuidad que quiero mantener y al carácter poético-filosófico o lo que sea».

mentada en Zambrano ya desde sus años de formación en la pequeña ciudad de Segovia, a donde llegó en 1910 desde Madrid, acompañando a su padre, destinado como profesor de la Escuela Pública Graduada de Maestros, y a su madre, Araceli Alarcón, también maestra en la escuela de niñas de Santa Eulalia[4]. Segovia no fue sólo el lugar donde Zambrano descubrió el primer amor, de la mano de su primo Miguel Pizarro, sino que supuso simbólicamente, como acertadamente ha destacado José Luis Abellán[5], el espacio de iniciación de su proyecto filosófico. No en vano, tiempo más tarde, en uno de los textos más bellos que se han escrito sobre Segovia, donde recuerda los años vividos en la ciudad castellana, la pensadora la definió como «lugar de la palabra». Y no de otro modo podía ser, pues fue en este lugar donde descubrió las tres dimensiones de la palabra que actuarían de pilares de su filosofía: la palabra filosófica, de la mano de su padre, un extremeño sabio, de una sabiduría que supo aunar la experiencia vital con la erudición[6]; la palabra poética, de la voz de Antonio Machado, amigo de su padre y compañero en numerosas empresas políticas y culturales de Segovia, como la Universidad Popular de San Quirce; y, por último, la palabra mística, a través del contacto con los lugares sagrados que habitó san Juan de la Cruz en esta tierra. Filosofía, poesía y mística, pues, aunados en un pensamiento que nació en Segovia, en «un lugar —nos dice la autora—

---

[4] Para un conocimiento detallado de la vida de María Zambrano, véase la biografía elaborada por Rogelio Blanco, en *Palabras de caminante. Bibliografía de y sobre María Zambrano*, Málaga, Centro «María Zambrano» UNED-Málaga, 2000, págs. 45-66. También Juan Carlos Marset ha elaborado una biografía del primer tercio de la vida de la pensadora malagueña, titulada *María Zambrano. Los años de formación*, Sevilla, Fundación José Manuel Lara, 2004.

[5] José Luis Abellán, «La Segovia del primer tercio del siglo: los orígenes intelectuales de María Zambrano», en *Actas del II Congreso Internacional sobre la vida y obra de María Zambrano*, Vélez-Málaga, Fundación María Zambrano, 1998, pág. 27.

[6] Para conocer más en profundidad la obra y la vida de Blas Zambrano, véase la laboriosa edición, introducción y notas de José Luis Mora de la obra de Blas Zambrano, *Artículos, relatos y otros escritos*, Badajoz, Diputación de Badajoz, 1998. Existe también edición digital de la obra en la siguiente dirección electrónica: http://www.filosofia.org/aut/bza/index.htm.

donde se da el modo de visión que rescata a las cosas y a los seres de la confusión, de la ambigüedad, de las variaciones impresas del roer del tiempo»[7]. Ciudad de la «transparencia invulnerable», de la «cristalina atmósfera», donde la ligereza del aire entra en comunión con la impalpable luz.

Si Segovia representó el espacio íntimo desde donde Zambrano aprendió a mirar el mundo, Madrid supuso el escenario desde el cual se lanzó al espacio público y al compromiso social. Se instaló en la capital en 1926 para terminar sus estudios de Filosofía en la Universidad Central, iniciados por libre en 1921. Allí conoció a quienes serían sus maestros: Ortega y Gasset, Zubiri, Julián Besteiro y García Morente, sin dejar de lado a Unamuno, a quien escuchaba en las conferencias que el pensador vasco daba en sus estancias periódicas en la Residencia de Estudiantes de Madrid. Pronto la autora formaría parte de esa «élite intelectual» que protagonizó los principales acontecimientos culturales y políticos del periodo acuñado por José-Carlos Mainer, como de la «Edad de Plata»[8]. Buena parte de sus amigos integraron la «generación poética del 27» (Rafael Alberti, Luis Cernuda, Emilio Prados, Federico García Lorca, Miguel Hernández, Dámaso Alonso, Guillén, Altolaguirre), de la que no podemos excluir su versión femenina (Rosa Chacel, Concha Méndez, M.ª Teresa León) y otros, en cambio, como Maruja Mallo, Salvador Dalí, Ramón Gaya, tomaron parte en los principales movimientos de las vanguardias artísticas. Muchas de sus amigas y conocidas, entre las que cabe desatacar a María de Maeztu, Zenobia Camprubí, Clara Campoamor, Victoria Kent, Margarita Nelken, Magda Donato, además de las ya mencionadas Concha Méndez, Maruja Mallo y M.ª Teresa León, se implicaron en el incipiente feminismo que empezó a fraguarse en estas décadas con la aparición de numerosas asociaciones feministas que reivindicaban una mejora de las condi-

---

[7] María Zambrano, «Segovia: un lugar de la palabra», en *España, sueño y verdad*, Barcelona, Edhasa, 1982 pág. 197.

[8] José-Carlos Mainer, *La Edad de Plata (1902-1939). Ensayo de interpretación de un proceso cultural*, Madrid, Cátedra, 1987.

ciones sociales, políticas y jurídicas de la mujer[9]. Zambrano no fue indiferente a estas reivindicaciones y, de hecho, la columna fija que empezó a publicar la autora en el periódico *El Liberal* durante el año 28 contaba con el título genérico de «Mujeres»[10], dando cuenta de esta especial sensibilidad por el nuevo modelo femenino —la «mujer moderna»— que comenzaba a desempeñar un papel activo en la sociedad española. Esta sensibilidad determinó su colaboración como profesora en el Instituto Escuela y en la Residencia de Señoritas que dirigía María de Maeztu, institución consagrada a elevar la formación y educación de las españolas. Toda esta joven generación, la «generación del toro», la denominó la pensadora malagueña[11], movida por unas ansias de renovación de la sociedad española, inició una lucha contra la Dictadura de Primo de Rivera, que se concretó en varias actuaciones sociales[12], como fueron la creación en 1927 de la Federación Universitaria Escolar (F.U.E.) o la constitución de la Liga de Educación Social (L.E.S.) en octubre de 1928, compuesta por destacados miembros de la F.U.E. y algunos intelectuales «maduros», pertenecientes a las dos generaciones anteriores a la suya, entre los que caben destacar a Valle-Inclán, Manuel Azaña, Luis Jiménez de Asúa, Indalecio Prieto y Gregorio Marañón. Todo este ambiente de revueltas estudiantiles, relatado por la propia Zambrano en *Delirio y destino*[13], preparaba

---

[9] Para conocer buena parte del tejido asociativo femenino del primer tercio del siglo, al igual que las personalidades más destacadas del feminismo español, véase Mercedes Gómez Blesa, *Modernas y Vanguardistas. Mujer y democracia en la II República*, Madrid, Laberinto, 2009.

[10] Juan Fernando Ortega Muñoz ha recopilado todos estos artículos, junto a todos aquellos textos zambranianos que aborda el tema de la mujer en una edición que lleva por título *La aventura de ser mujer*, Málaga, Editorial Veramar, 2007.

[11] María Zambrano, *Las palabras del regreso*, ed. de Mercedes Gómez Blesa, Madrid, Cátedra, Col. Letras Hispánicas, 2009.

[12] Para una mayor información sobre las actividades políticas de la generación de Zambrano y de la participación de la autora en ellas, véase la tesis doctoral de Ana Isabel Salguero Robles, *El pensamiento político y social de María Zambrano*, Universidad Complutense, Facultad de Ciencias Políticas y Sociología, 1994.

[13] María Zambrano, *Delirio y destino*, Madrid, Mondadori, 1989.

ya el camino para la caída de la Dictadura y el advenimiento de la República, acaecido el 14 de abril de 1931. En este contexto de tensa crispación social, y tras superar una tuberculosis que la había mantenido recluida en casa durante un año, la autora se incorporó, de nuevo, a la escena pública con la publicación de su primera obra, *Horizonte del liberalismo* (1930), y con el estreno de su vida laboral como profesora auxiliar de Metafísica en la Universidad Central de Madrid, tarea que compaginaba con sus clases en el Instituto-Escuela. Retomó con entusiasmo su actividad política, prestando todo su apoyo desinteresado a la candidatura republicana-socialista para las elecciones de 1931. Dos años más tarde se embarcó junto a Rafael Dieste, Luis Cernuda, Maruja Mallo o Ramón Gaya en una apasionante aventura cultural, las «Misiones Pedagógicas»[14], creadas por Manuel Bartolomé Cossío para acercar la cultura al medio rural.

El 14 de septiembre de 1937, meses después del estallido de la guerra, Zambrano contrajo matrimonio con Alfonso Rodríguez Aldave y la joven pareja se instaló en Chile, al ser destinado Rodríguez a la capital chilena como secretario de la Embajada española. En Santiago, la autora seguirá con verdadera angustia los derroteros de la guerra, angustia que supo reflejar en su segundo libro, *Los intelectuales en el drama de España*[15], publicado en la editorial chilena Hispamerca, obra en la que intentó desentrañar las causas desencadenantes del fascismo español. Ante el temor de una posible derrota del bando republicano, el matrimonio decidió volver a España. Al llegar, Alfonso Rodríguez se alistó en el ejército republicano y Zambrano se instaló con su familia en Valencia. Volvemos,

---

[14] En el año 2006 se inauguró una exposición en el Centro Conde Duque de Madrid sobre las Misiones Pedagógicas, patrocinado por la Sociedad Estatal de Conmemoraciones Culturales y la Fundación Francisco Giner de los Ríos, y con motivo de ello se editó un catálogo donde encontramos un interesante y rico material sobre esta experiencia cultural. La referencia bibliográfica de dicho catálogo es la siguiente: *Misiones Pedagógicas (1931-1936)*, Sociedad Estatal de Conmemoraciones Culturales-Residencia de Estudiantes, Madrid, 2006.

[15] Véase el estudio introductorio de Jesús Moreno a *Los intelectuales en el drama de España y escritos de la guerra civil*, Madrid, Trotta, 1998.

pues, a nuestro punto de partida donde iniciamos el periplo vital de Zambrano. En la capital levantina trabajó a favor del bando republicano como consejera de Propaganda y consejera Nacional de la Infancia Evacuada y tomó parte en todas las principales actividades intelectuales que se organizaron a favor de la República, como fue el II Congreso Internacional de Escritores Antifascistas, y colaboró en la edición de la revista *Hora de España*. Ante la avanzada de las tropas fascistas, tuvo que trasladarse a Barcelona en 1938, donde murió su padre, y de allí, al considerar ya perdida la guerra, dio el salto a Francia, donde se reunió con su marido, poniendo juntos rumbo a México, país en el que Zambrano, gracias a la mediación de León Felipe, había sido contratada como profesora residente en la Casa de España[16] (hoy Colegio de México),

---

[16] La Casa de España fue una institución de carácter cultural, promulgada y apoyada por el presidente mexicano Lázaro Cárdenas durante su mandato (1934-1940), para acoger a un nutrido número de intelectuales españoles exiliados, con el objetivo de brindarles la oportunidad de continuar con su labor intelectual, y, de paso, elevar, con esta aportación de lo mejor de la *inteligentsia* española, el propio nivel cultural mexicano. Fue a Daniel Cosío Villegas, según relata Clara E. Lida en su detallado estudio sobre esta institución, a quien se le ocurrió primeramente la idea de que México acogiera a un reducido número de intelectuales republicanos para que pudieran continuar con su trabajo, mientras se luchaba contra la sublevación fascista. En un principio, no existía la intención de crear una institución específica para ello, sino que se pensó más bien en acogerlos en la Universidad Nacional, en tanto se decidía el rumbo definitivo de los acontecimientos en España. Cosío había estado en nuestro país, invitado por el embajador de la República española en México, desde mediados de 1932 hasta mayo de 1933, y en este periodo entabló contactos con algunos intelectuales y políticos españoles: Sánchez Albornoz, Enrique Díez-Canedo, Fernando de los Ríos, José Castillejo (Junta para Ampliación de Estudios), Alberto Jiménez Fraud (director de la Residencia de Estudiantes) y algunos otros miembros del Centro de Estudios Históricos. Fruto de estas relaciones fue su adhesión a la causa republicana. Ante el recrudecimiento de la situación de los republicanos en la guerra, y el temor a una inminente derrota, decidió programar la creación de una institución que acogiera a estos intelectuales españoles, siguiendo el modelo que había conocido en España, como muy bien ha apuntado Clara E. Lida, de la Junta para Ampliación de Estudios y del Centro de Estudios Históricos, dependiente de ésta. Cosío hizo gestiones ante Luis Montes de Oca, director del Banco de México, para que llevara esta propuesta a Cárdenas, y la respuesta de éste fue favorable. El general Cárdenas siempre había simpatizado con la República española, y, cuando estalló la guerra civil, apoyó activamente, con

para impartir clases en la Universidad Michoacana de San Nicolás de Morelia. En Francia quedaron su madre y su hermana Araceli, junto a sus primos. Ese mismo año aparecieron en México dos obras cruciales en la bibliografía zambra-

---

la venta de armas y municiones, al bando republicano. El 29 de diciembre de 1936 Montes de Oca notificó a Cosío la aprobación del proyecto y le encargó su desarrollo, así como la confección de la lista de invitados. Para hacer efectivo el plan, Cosío se traslada a París en mayo de 1937, donde comienza a cursar las primeras invitaciones, pero necesita el permiso oficial del gobierno de la República española, por lo que decide ir personalmente a solicitarlo, en plena guerra, a Valencia, capital, por aquel entonces, del gobierno republicano. José Giral, ministro de Estado, concede el permiso, y Cosío regresa a su país, tras un breve recorrido por Europa, en espera de la llegada de los primeros invitados. El acuerdo presidencial para la creación de la Casa de España se dio el 1 de julio de 1938, pero no se hizo público hasta el 20 de agosto en el boletín del Departamento Autónomo de Prensa y Publicidad del gobierno. La dirección de la Casa corre a cargo de un patronato formado por tres miembros: Daniel Cosío Villegas, representante interino del Gobierno Federal, Gustavo Baz, Rector de la Universidad Nacional, y Enrique Arreguín, presidente del Consejo Nacional de Enseñanza Superior y de Investigación Científica. Los tres primeros invitados fueron Luis Recasens Siches, profesor de la Facultad de Derecho de Madrid, y los escritores José Moreno Villa y León Felipe. A éstos los siguieron José Gaos, Enrique Díez-Canedo, Juan de la Encina (seudónimo de Ricardo Gutiérrez Abascal), el doctor Gonzalo R. Labora y Jesús Bal y Gay. Desde el 12 de Marzo de 1939, se designó a Alfonso Reyes como presidente del patronato de la Casa de España, nombramiento que fue aceptado con agrado por todos, y en este cargo permaneció hasta su muerte en 1959. Reyes había vivido, por motivos familiares, exiliado en España desde 1914 hasta 1924. Se incorporó a la sección filológica del Centro de Estudios Históricos, dirigido por Menéndez Pidal, y participó en numerosas actividades en el Ateneo de Madrid. Tuvo una intensa relación con numerosos intelectuales españoles de la época, por lo que era el hombre idóneo para regentar la Casa de España, que, a partir de septiembre de 1940, pasaría a denominarse el Colegio de México. Daniel Cosío Villegas fue nombrado secretario del patronato. En cuanto a los miembros integrantes de la Casa, eran tipificados según cuatro categorías distintas: *los residentes,* que eran remunerados y contratados regularmente por esta institución; *los honorarios,* no estaban vinculados permanentemente a la Casa, sino que eran remunerados por trabajos específicos; *los especiales,* que pertenecían a otras instituciones, pero que colaboraban en algunas actividades puntuales de la Casa; y, por último, *los becarios,* no vinculados con la institución, pero a los que se les daba una ayuda temporal para desempeñar determinados trabajos de investigación. El caso de María Zambrano era el de miembro *especial* de la Casa de España, pues pertenecía a otra institución, pero participaba esporádicamente en actividades organizadas por la Casa en México.

niana: *Pensamiento y poesía en la vida española*[17], una lúcida indagación sobre el realismo como modo específico de pensamiento de la tradición cultural española, y *Filosofía y Poesía*, ensayo en el cual vemos ya perfilados algunos de los rasgos de su futura *razón poética*.

Ciertas desavenencias con el modo de trabajo de la Casa de España, llevaron a la autora a tomar la decisión de instalarse a finales del 39 en Cuba, donde impartió clases en diversas instituciones educativas. En la isla, su «patria prenatal»[18], disfrutó de la amistad del poeta Lezama Lima, y la de aquellos escritores que colaboraban en la revista *Orígenes* que él dirigía, entre quienes estaban Cintio Vitier, Fina García Marruz, Eliseo Diego y Ángel Gaztelu[19]. Además volvió a

---

Así lo hace constar Alfonso Reyes en el «Informe sobre los trabajos de La Casa de España en México»: «Los Miembros Especiales son: don Cándido Bolívar, remunerado por el Departamento de Salubridad Pública; don Isaac Costero, por el Hospital General; y doña María Zambrano, por la Universidad de Morelia».

[17] Para conocer con detalle las circunstancias en las que se gestó esta obra, al igual que la relación que mantuvo Zambrano con el director de la Casa de España, Alfonso Reyes, véase el estudio introductorio de Mercedes Gómez Blesa a María Zambrano, *Pensamiento y poesía en la vida española*, Madrid, Biblioteca Nueva, 2004.

[18] En Carta a Lezama Lima, fechada en Roma, el 1 de enero de 1956, Zambrano confiesa cómo Cuba despertaba en ella una remembranza de su Málaga natal: «Veo que dejé raíces en La Habana donde yo me quedé por sentirlas muy en lo hondo de mí misma. En aquel domingo de mi llegada en que le conocí, la sentí recordándomela, creía volver a Málaga con mi padre joven vestido de blanco —de alpaca— y yo niña en un coche de caballos. Algo en el aire, en las sombras de los árboles, en el rumor del mar, en la brisa, en la sonrisa y en su misterio familiar. Y siempre pensé que al haber sido arrancada tan pronto de Andalucía tenía que darme el destino esa compensación de vivir en La Habana tanto tiempo, pues que las horas de la infancia son más lentas. Y ha sido así. En La Habana recobré mis sentidos de niña, y la cercanía del misterio, y esos sentires que eran al par del destierro y de la infancia, pues todo niño se siente desterrado. Y por eso quise sentir mi destierro allí donde se me ha confundido con mi infancia», *Albur* (La Habana), 1992.

[19] Muchos años después de haber abandonado Zambrano la isla, este grupo de escritores se seguían denominando sus «discípulos», pues siempre advirtieron en Zambrano una especie de maestra «socrática» en torno a la cual se reunían a escuchar. En 1987 este grupo de *Orígenes* editó, como homenaje a la autora y también a Lezama Lima, todas las colaboraciones de la pensado-

despertar al amor con el reencuentro del doctor Gustavo Pittaluga[20], intelectual del círculo orteguiano que ya había conocido en Madrid y que había elegido Cuba como destino de su exilio. Durante su residencia en La Habana se alternaron con frecuentes visitas a San Juan de Puerto Rico, donde impartía clases en la Universidad de Río Piedras. En todos estos años cubanos, la preocupación por el problema de España cedió paso en Zambrano a la preocupación por la delicada situación de Europa, acosada por el fascismo y el nazismo. Desde el desgarro de un continente asolado por la guerra, la pensadora fue elaborando los diferentes ensayos que componen *La agonía de Europa* (1945), publicados entre 1940 y 1944 en las revistas *Sur* (Buenos Aires), y *El hijo pródigo* (México). En ellos, la autora investigó las causas de la profunda crisis europea, crisis que también analizó en su obra inédita hasta 2003, *Unamuno y su obra* (2003), pero escrita en el trienio de 1939-1942. Junto a esta reflexión sobre Europa,

---

ra malagueña en la revista cubana de Lezama. La antología lleva por título *María Zambrano en Orígenes*, México, Ediciones del equilibrista, 1987. Para conocer mucho mejor la estancia cubana de nuestra autora y sus diferentes colaboraciones en la distintas revistas de la isla, véase la edición de José Luis Arcos a María Zambrano, *La cuba secreta y otros ensayos*, Madrid, Endymion, 1996.

[20] Gustavo Pittaluga (Florencia, 1876-La Habana, 1956), médico italiano, nacionalizado español en 1904, hizo importantes aportaciones al desarrollo de la hematología y la parasitología, y tuvo un importante papel en la lucha nacional e internacional contra la malaria y otras protozoasis. En 1902 se instaló en España y en 1905 fue nombrado jefe del Servicio de Desinfección del Instituto de Higiene Alfonso XIII, dirigido en aquel entonces por Ramón y Cajal. Comenzó a impartir clases en la Universidad de Madrid, a partir de 1911, como catedrático de Parasitología y Patología Tropical. Durante los años 1920 y 1930 fue representante de España, y también dirigente, de los organismos internacionales relacionados con la lucha antipalúdica, que actuaban, también en España, con activa financiación de la Fundación Rockefeller. Hombre de ideas liberales, concurrió a las elecciones de 1923, con el Partido Reformista de Melquíades Álvarez, pero no llegó a diputado por el golpe de Primo de Rivera. Sí fue elegido para las Cortes Constituyentes de 1931. Al acabar la guerra civil, tuvo que exiliarse, primero en Francia y finalmente en Cuba, donde coincidió con María Zambrano, desde 1940, y con la que mantuvo una secreta relación sentimental, como consta en la correspondencia entre ambos que se conserva en la Fundación María Zambrano y que fue editada por Rogelio Blanco en la *Revista de Occidente* (Madrid), núm. 313, junio de 2007.

Zambrano inició una interesante meditación sobre los diversos géneros del pensamiento, siguiendo esa necesidad de encontrar una nueva forma de razón capaz de dar cuenta del hermético mundo de la *psique*. Textos como *La confesión como género literario y método* (1943), *La Guía, forma del pensamiento* (1943) y *Poema y sistema* (1944) —estos dos últimos fueron incluidos por la autora en *Hacia un saber sobre el alma* (1950)— responden a esta indagación en otras vías de expresión filosófica, distintas de la forma sistemática. No debemos olvidar tampoco la aparición en 1944 de *El pensamiento vivo de Séneca*, donde empieza a dar forma a su *razón mediadora*.

El agravamiento del estado de salud de su madre fuerza la salida de Zambrano de Cuba a finales de agosto de 1946. Después de conseguir el visado para Francia y tras una breve escala en Nueva York, la autora aterrizó en París el 6 de septiembre de 1946, dos días después de haber fallecido su madre. Encontró a su hermana Araceli con un fuerte *shock* psicológico debido no sólo a la muerte de la madre, sino también a las terribles torturas físicas y psíquicas a las que había sido sometida por la Gestapo durante los años anteriores para que desvelara el paradero de su pareja, Manuel Muñoz Martínez, uno de los hombres más buscados por Franco, al haber desempeñado el cargo de jefe de la seguridad de la II República. Desgraciadamente, éste fue encarcelado en la prisión de La Santé de París, extraditado más tarde a España y fusilado por el régimen franquista en 1942[21]. En espera del

---

[21] Manuel Muñoz Martínez, natural de Chiclana, fue militar de profesión, diputado de izquierdas ininterrumpidamente en las tres legislaturas de la II República por la circunscripción gaditana y alto dirigente de la masonería española, y ocupó los puestos de gobernador civil de Cádiz y director general de Seguridad en el primer semestre de la Guerra Civil. Exiliado en Francia, fue detenido por la Gestapo, encarcelado y extraditado a España, donde fue fusilado en 1942. José Ángel Valente hace referencia a la muerte de Manuel Muñoz en su artículo «La Doble Muerte de María Zambrano». En él leemos: «El segundo marido o compañero de Araceli había sido director de Seguridad con la República en la guerra civil. Fue apresado por la Gestapo en París, entregado, previo interrogatorio con tortura, a la serena justicia del invicto caudillo y pasado, en recta consecuencia, por las armas. Araceli había hecho todo lo posible para impedirlo y todo, incluida la autoimpuesta seducción de un oficial germano, dio resultados totalmente nulos» (*ABC*, Madrid, 9 de fe-

restablecimiento de salud de su hermana, Zambrano decidió permanecer en París durante una larga temporada, interrumpida por varios viajes a La Habana en 1948, año en que se separó, aunque no legalmente, de su marido, Rodríguez Aldave. En 1949, Zambrano, junto a Araceli —ya inseparables de por vida— abandonó París para regresar a México, en cuya capital le fue ofrecida la cátedra de Metafísica que había ocupado el filósofo español García Bacca, pero renunció a este puesto universitario y las dos hermanas se instalaron en La Habana hasta 1953. Durante este periodo subsiste de sus conferencias y de sus colaboraciones periodísticas. Sale a la luz *Hacia un saber sobre el alma* (1950), obra recopilatoria de artículos ya publicados en los que Zambrano va dándonos cuenta de la necesidad de una nueva razón que sepa tratar con el rico mundo del sentir. Sus dificultades económicas la animaron a presentarse a un premio literario de narrativa convocado por el Institut Européen de la Culture, cuyo jurado estaba presidido por Salvador de Madariaga. Presentó su biografía novelada *Delirio y destino,* pero no obtuvo el premio y permaneció inédita hasta el año 1989.

Roma fue el siguiente destino de las dos hermanas. En la capital italiana Zambrano recuperó la amistad de muchos compañeros de generación exiliados en Italia, como Ramón Gaya, Rafael Alberti, M.ª Teresa León, Jorge Guillén, Diego de Mesa o Enrique de Rivas, y entabló amistad con personalidades de la cultura del país como Elena Croce, hija de Benedetto Croce, Elemire Zola, Victoria Guerini y los poetas Masimo Piazzola y Giacomo Natta. Recibió la visita de algunos miembros de la joven generación poética del 50, como Jaime Gil de Biedma, Carlos Barral o Alfonso Costafreda[22],

---

brero de 1991, pág. 3). Recientemente se ha publicado una biografía de Manuel Muñoz a cargo de Fernando Sígler Silvera, titulada *Cautivo de la Gestapo. Legado y tragedia del dirigente republicano y masón gaditano Manuel Muñoz Martínez,* Cádiz, Editorial Tréveris, 2010.

[22] Véase el artículo de Zambrano «Jaime en Roma», en *Las palabras del regreso, op. cit.,* págs. 289-292. Los textos que escribió la autora sobre esta «generación poética del 50» fueron recopilados recientemente por Juan Fernando Ortega Muñoz bajo el título *Algunos lugares de la poesía,* Madrid, Trotta, 2007.

y de otros jóvenes escritores que residieron temporalmente en Roma, como Alfredo Castellón, Tomás Segovia, Alfonso Roig y el filósofo Agustín Andreu. En este periodo italiano, Zambrano publicó dos libros esenciales para su trayectoria: *El hombre y lo divino* (1955) y *Persona y democracia* (1958). En ambos textos continúa ahondando en la angustiosa crisis de la cultura contemporánea, atisbando en la absolutización de la libertad que lleva a cabo la filosofía moderna una de las causas fundamentales del nihilismo de Occidente. Esta crítica a la modernidad y, sobre todo, a esa razón violenta e impositiva que esta modernidad diseña, la encontramos abordada desde puntos de vista distintos, aunque complementarios en estos dos libros. Si en *El hombre y lo divino* la crisis se tematiza como una crisis de carácter religioso, marcada por un eclipse de la Piedad, en *Persona y democracia*, en cambio, la crisis se analiza desde un prisma político, señalando la necesidad de desterrar el carácter sacrificial del poder totalitario. Un tercer título hay que sumar a estos dos: *La España de Galdós* (1960), texto en el que la pensadora malagueña va tejiendo y desplegando lo que denominaba como *razón mediadora* o *piadosa*, claro antecedente de lo que más tarde acabará siendo la *razón poética*.

La residencia en Roma se prolongó hasta 1964, fecha en la que, según testimonia Rogelio Blanco[23], las dos hermanas fueron denunciadas por un vecino, debido a las molestias ocasionadas por los numerosos gatos que acogían en su apartamento de Lungotevere Flaminio. Recibieron una orden de expulsión inmediata que pudieron retrasar, gracias a la mediación de Elena Croce, hasta septiembre, mes en el que se instalaron en La Pièce (Francia). Allí comenzó uno de los periodos más fértiles y creativos de Zambrano. En 1965 apareció *El sueño creador*, recopilación de ensayos publicados en diferentes revistas durante los primeros años 60 que informan de una intensa meditación de la autora sobre la forma sueño, meditación que fue continuada hasta el final de sus

---

[23] Rogelio Blanco y Juan Fernando Ortega Muñoz, *Palabras de caminante. Bibliografía de y sobre María Zambrano, op. cit.*

días, como testimonia su libro póstumo *Los sueños y el tiempo* (1992). De este mismo año es también *España, sueño y verdad*, obra que guarda, a pesar de la distancia temporal, una clara sintonía con *Pensamiento y poesía en la vida española*, pues en ella vuelve a indagar en las obras y autores más significativos de la tradición cultural hispana. No tardó mucho, tampoco, en dar a conocer uno de sus pocos textos literarios, la obra dramática *La tumba de Antígona* (1967), interesante recreación del personaje de Sófocles en el que la protagonista es elevada a arquetipo de la figura del exiliado y en la que veremos encarnadas muchas de las ideas trabajadas en su célebre *Carta sobre el exilio* (1961) que tendrán continuidad en *Los bienaventurados* (1990).

Son años también en los que, lentamente, María Zambrano va restableciendo tímidamente los lazos con la península, al empezar a publicar en revistas españolas como *Ínsula, Papeles de Son Armadans, La caña gris* o *Índice*. Su nombre empieza a despertar interés entre los filósofos españoles más jóvenes. Algunos de ellos, como Fernando Savater o Joaquina Aguilar, se trasladaron a La Pièce para conocerla personalmente. Por otro lado, su obra también va siendo objeto de varios estudios críticos: el primero de ellos fue el de Muñoz Alonso, «María Zambrano» en *Las grandes corrientes del pensamiento contemporáneo* (1959), al que siguió, en 1965, el artículo sobre Zambrano redactado por Ferrater Mora para su *Diccionario de Filosofía* y, un año más tarde, el ensayo de José Luis Abellán, titulado «María Zambrano. La razón poética en marcha» incluido en *Filosofía española en América*. Surgen reseñas de sus últimas obras publicadas, especialmente de *España, sueño y verdad* y de *El sueño creador*, como la de José Luis López Aranguren, «Los sueños de María Zambrano», publicada en 1966 en *Revista de Occidente*, en la que señalaba que «si María Zambrano se hubiera callado, algo profundo y esencial habría faltado, quizá para siempre, a la palabra española»[24]; o la de José Ángel Valente, «El sueño creador» *(Ínsula*, 1966), tan cla-

---

[24] José Luis López Aranguren, «Los sueños de María Zambrano», en Juan Fernando Ortega Muñoz, *María Zambrano o la Metafísica recuperada*, Málaga, Universidad de Málaga, 1982, pág. 50

rificadora en muchos sentidos y sobre la que volveremos más adelante. Además, en 1971, la editorial Aguilar decidió publicar sus *Obras reunidas*, edición que supuso, para muchos lectores españoles, el primer contacto con el pensamiento zambraniano.

Aún faltaba una década para que llegara el verdadero reconocimiento en España de María Zambrano que no se produjo hasta la concesión en 1981 del Premio Príncipe de Asturias y, sobre todo, en 1985, del Premio Cervantes, máximo galardón de las letras hispánicas que tuvo, para nuestra autora, el valor añadido de ser la primera mujer en recibirlo. Para esas fechas, ya llevaba Zambrano viviendo unos meses en Madrid, tras regresar el 20 de noviembre de 1984 a España de su largo exilio. Estos últimos años de su vida fueron años de homenajes, en los que se creó su fundación en Vélez-Málaga (1987) para el estudio y la difusión de su obra y se reeditó buena parte de sus ensayos, además de dar a conocer textos inéditos como *De la Aurora* (1986), *Delirio y destino* (1989), *Algunos lugares de la pintura* (1989), *Notas de un método* (1989) y *Los bienaventurados* (1990). Tras su muerte, acaecida el 6 de febrero de 1991, se publicó una de las obras en las que más tiempo había invertido, *Los sueños y el tiempo* (1992).

Pero situémonos, de nuevo, en la década de los 70 que traerá para Zambrano la triste noticia de la muerte de su hermana Araceli, fallecida de una tromboflebitis en 1972. Con esta muerte, la autora desataba el último lazo que la unía al horizonte familiar y se convertía en su última superviviente. Retirada en La Pièce, en este lugar de apartamiento, de soledad y de quietud, había alcanzado un estado anímico especial que ella misma calificó de «exilio logrado», es decir, la asunción plena de la condición de exiliado que adviene después de haber atravesado varias etapas que se le ofrecen, como exigentes pruebas, a todo aquel que ha tenido que abandonar su suelo natal. Zambrano concebía el exilio, en clave mística, como un rito de iniciación que ha de ser consumado atravesando varias moradas hasta alcanzar el «verdadero exilo». Los dos estadios previos que se deben padecer y las dos figuras que se han de encarnar antes de convertirse en un exiliado son, primero, la del refugiado, que es aquel que todavía no experimenta el abandono, al sentirse acogido por un nuevo lugar donde puede hacerse un espacio propio; y, en segundo lugar, la del desterrado, que tampoco padece la orfandad, pues todavía alimenta la esperanza de volver a su tierra y ello le lleva a sufrir sólo por la expulsión y la lejanía física del país perdido. En cambio, la condición de exiliado la alcanza sólo aquel que ha dado un paso más allá del refugiado y del desterrado, un paso más allá en el abandono, porque es aquel que ya ha perdido toda esperanza del regreso y vive, por ello, en la ausencia no sólo de la propia tierra, sino de cualquier tierra. Vive en el no-lugar, en el desamparo. Está fuera y en vilo: «Le caracteriza más que nada: no tener lugar en el mundo, ni geográfico, ni social, ni político, ni [...] ontológico. No ser nadie, ni un mendigo: no ser nada. [...] Haberlo dejado de ser todo para seguir manteniéndose en el punto sin apoyo ninguno»[25].

Esta imposibilidad de una patria, esa «u-topía», se transforma, paradójicamente, en su único y posible «topos». No nos ha de extrañar, pues, que en estos últimos años de su exilio, Zambrano, al ser interrogada varias veces sobre las razones por las que no regresaba a España, ella siempre contestaba lo mismo: «amo mi exilio» como mi «verdadera patria», y cuando uno descubre su verdadera patria es difícil abandonarla.

El exiliado constituye, por tanto, una conciencia dolorosa de la negación, de la imposibilidad de vivir, pero también de la imposibilidad de morir. De ahí, que se encuentre en ese difícil filo entre la vida y la muerte, pues el exiliado es, ante todo, un superviviente, alguien que estaba destinado a morir, pero que fue rechazado por la muerte. Le dejaron con vida, pero

tan solo y hundido en sí mismo y al par a la intemperie, como uno que está naciendo; naciendo y muriendo al mismo tiempo, mientras sigue la vida. La vida que le dejaron sin que él tuviera culpa de ello; toda la vida y el mundo, pero sin lugar en él, habiendo de vivir sin poder acabar de estar[26].

---

[25] María Zambrano, *Los bienaventurados,* Madrid, Siruela, 1990, pág. 36.
[26] María Zambrano, «Carta sobre el exilio», *Cuadernos del Congreso por la libertad de la cultura* (París), núm. 49, 1961, pág. 66.

En esta pequeña grieta de espacio entre la vida y la muerte, en este «u-topos», en este lugar sin lugar, en este vacío, donde no es posible el enraizamiento de la vida, es donde se instala el exiliado. Esta toponimia del exilio nos remite siempre a la imposibilidad de la historia, tanto personal como colectiva: sin lugar no hay historia. Por ello, el exiliado es aquel que pierde su identidad personal y se asemeja a la figura del «desconocido», caracterizado por la «ausencia de su yo»[27]. El exiliado es tan sólo lo que no puede dejarse de ser, después de todas las renuncias, «para seguir manteniéndose en el punto sin apoyo ninguno»[28]. Va, poco a poco, desposeyéndose, despersonalizándose; va quedándose desnudo ante los elementos, reducido a su ser esencial, despojado de todo y lejos del horizonte familiar que actúa siempre de mediador. El exiliado se acerca a la nada, al no-ser, al estado primero de inocencia, después del nacimiento. Y su incesante tarea no es otra que la de verse obligado a renacer, oficiando el rito de la recreación, de la *vita nova*. Por ello, su espacio es el «ilimitado desierto», declara Zambrano[29], un desierto que ha de interiorizar para poner en guardia a los sentidos frente a sus posibles espejismos y para preparar el alma a los largos periodos de sequía y ayuno espiritual. Su otra geografía es la isla que él mismo construye en su entorno allá donde va, aun sin darse cuenta, sin poder salvar la distancia que le separa de los otros. Es alguien marcado, estigmatizado.

Ya hemos dicho que el exiliado es desgajado también del acontecer colectivo, es expulsado de la historia. Vive en sus márgenes, embebido en un pasado que está estancado, en un pasado fijo y solidificado, en un «fragmento absoluto» de la historia, que no acaba nunca de pasar. Porque el exiliado está obligado, allá por donde va, a rendir cuentas de lo sucedido en España, está condenado a «repasar» su historia, a ir enumerando, una y otra vez, como un largo rosario, los hechos que ha vivido para ver si puede extraerles algún sentido. Por ello, es un «resto», un «desecho» de

[27] María Zambrano, *Los bienaventurados*, *op. cit.*, pág. 35.
[28] *Ibídem*, pág. 36.
[29] *Ibídem*, pág. 39.

una historia truncada. Está ahí, embobado en su pasado, arrobado en su historia, sin saber muy bien ya las razones de su permanencia en ese filo entre la vida y la muerte. De ahí que el exiliado, según Zambrano, se asemeje a la figura de esos «idiotas» pintados por Velázquez *(El bobo de Coria* o *El niño de Vallecas),* pobres pasmados, que han olvidado el motivo de su presencia, pero que, sin embargo, atesoran, como si fueran figuras sagradas, como bienaventurados, una verdad humilde, la verdad del simple. Al igual que esos idiotas que deambulan como extraños o extranjeros todo el día sin intención alguna, sin que nada les altere o les perturbe, el exiliado vive así en el pasado, sin presente ni horizonte, como un ciego errante, como un Edipo sin lugar y sin realidad. Ha dejado de ser personaje de la historia para devenir en «criatura de la verdad».

Pues el exiliado permanece en su rincón, según Zambrano, para ser visto. Su misión es ser objeto de la mirada. Él es, ante todo, objeto de visión, pues su sola imagen da cuenta de una historia apócrifa, de una historia olvidada que se quiere sepultar. Por ello, su presencia resulta molesta. Es un estorbo, alguien que incomoda por lo que revela. La verdadera misión del exiliado no es otra, por tanto, que la de constituirse en una conciencia lúcida, después de haber descendido a las catacumbas, a los «infiernos» de la historia, después de haberse liberado del dolor y de toda pasión. Ya lejos definitivamente de su tierra, en ese sosiego que aparece después del llanto, en la quietud que adviene cuando se sabe ya todo perdido y no hay motivo para seguir alimentando la esperanza, ni, por tanto, la desesperanza, es cuando se descubre, por revelación, la verdadera patria, se desentraña su esencia: «El exilio —nos dice Zambrano— es el lugar privilegiado para que la Patria se descubra»[30].

Esta especial revelación del exiliado es fruto de un específico estado de lucidez que aparece, no por un denodado esfuerzo intelectual, sino por una consumación total de una experiencia límite de sufrimiento en la vida. Dicha concien-

---

[30] María Zambrano, *Los bienaventurados, op. cit.,* págs. 42-43.

cia, pues, se identifica con lo que nuestra autora denomina, «saber de experiencia», es decir, un saber que sólo se alcanza a través del padecimiento, de una experiencia dolorosa; un saber «trágico» que nos remite, inevitablemente, a ese «saber padeciendo» del que hablaba Sófocles, a la revelación o «anagnórisis» que alcanza el protagonista de toda tragedia griega como recompensa de su dolor. Se trata de una razón o conciencia que la propia vida va destilando a través del alambique de la angustia, y que está más emparentada con el «delirio», con esa «revelación» de la entrañas, que con la claridad cartesiana. El exiliado, al igual que el místico, «revela sin saber»[31], cayendo en una especie de «rapto» en el que la intuición, más que el discurso lógico, fundamenta a la palabra que deja aludir, nunca nombrar directamente, al ser. Por ello, el no-lugar del exilio se convierte en el espacio de la revelación de la verdad. En este espacio surgió *Claros del bosque*, fruto de esa sabiduría que adviene después de haber descendido a los infiernos de la historia, cuando se ha aprendido a habérselas con la nada, cuando ya se ha aprendido a habitar en el vacío, como hace el místico. En este estado de nadificación y desasimiento, de renuncia, es cuando se alcanza esta sabiduría del claro del bosque.

No creo que pueda comprenderse la trascendencia y profundidad de este libro sin reflexionar sobre el significado que tuvo para nuestra autora la experiencia del exilio. Esta experiencia supuso un punto de inflexión no sólo en su vida, sino, sobre todo, en su pensamiento. Para ella, el exilio representó una experiencia compleja cuya significación no se agota en una mera dimensión autobiográfica o histórica, como acontecimiento determinado por unas concretas circunstancias políticas y sociales, sino que esta dimensión histórica es transcendida, en primer lugar, por una dimensión metafísica, en la que el exiliado aparece como arquetipo de la propia condición humana y, en segundo lugar, como acabamos de ver, por una dimensión mística, en la que el no-lugar del exilio deviene el espacio de la revelación del ser. Además —y esto es lo más importante—,

---

[31] *Ibídem*, pág. 33

la razón poética que vemos en marcha en *Claros del bosque* tiene como principal tarea hacer que el hombre supere su exilio metafísico y retorne, de nuevo, a la unidad primera de la que se desgajó al comenzar su existencia en solitario. El método de la razón poética que vamos a encontrar en este ensayo no es otro que el camino que nos propone Zambrano para volver a la fuente sagrada de la vida que actúa de fundamento de nuestro ser. Es el método que nos va a permitir religarnos, otra vez, al ser del mundo, superando nuestra heterodoxia cósmica. Veamos, pues, las distintas formulaciones desarrolladas por Zambrano de este exilio metafísico a lo largo de su producción ensayística que nos va a permitir alcanzar un doble objetivo: de una parte, conocer la problemática de la que parte el pensamiento de nuestra autora, problemática que intentará solucionar a través de su propuesta de una razón poética; y, de otra, vamos a poder enmarcar la temática desarrollada en *Claros del bosque* dentro del conjunto de la obra de Zambrano.

UNA METAFÍSICA DE LA AUSENCIA

Respecto a la dimensión metafísica del exilio, Zambrano, ya desde su primera obra *Horizonte del liberalismo,* parte de la constatación del hombre como un exiliado de la realidad, como un «heterodoxo cósmico» ante la imposibilidad de hallar un espacio en el que arraigar la existencia. *Sin puesto del hombre en el cosmos* —utilizando el afamado título de Max Scheler—, el discurso zambraniano se abre, pues, como un «discurso de la ausencia» en el que lo real aparece como ese lugar perdido que se añora volver a conquistar. Extranjero de su propia plaza, el ser humano experimenta la nostalgia de la propia tierra que mueve al peregrinaje en pos del sitio marcado por una falta. Por eso, el exiliado representa, según Zambrano, el arquetipo de la propia condición humana. Es más, la figura del exiliado que la autora describe en su obra constituye uno de los símbolos de ese sujeto trágico que nos dibuja en su filosofía, un sujeto en crisis que manifiesta una conciencia negativa de pérdida de todo fundamento, y que expresa la experiencia dolorosa e, incluso, en algunos momentos, agónica, de una exclusión del ser. El exiliado encarna, como ninguna otra figura, la condición esencial del ser humano, una condición dramática determinada por el desarraigo del fondo último de lo real que está en la base del nihilismo del sujeto contemporáneo: «Pocas situaciones hay como la del exilio para que se presenten como en un rito iniciático las pruebas de la condición humana. Tal si se estuviese cumpliendo la iniciación de ser hombre»[32].

Este destierro de lo real que podríamos denominar como «exilio metafísico» o «heterodoxia cósmica» se tematiza en la obra de Zambrano desde diversos puntos de vista que nos permiten ahondar en las diferentes causas que lo originan y nos va a dar pie a repasar buena parte de su producción ensayística.

La heterodoxia cósmica

En primer lugar, Zambrano en sus dos primeras obras, *Horizonte del liberalismo* y *Los intelectuales en el drama de España,* aborda este exilio metafísico desde un *prisma político* al señalar, por un lado, las paradojas morales y metafísicas del liberalismo político que contribuyen a un aislamiento del sujeto, y por otro, al destacar la actitud antivital que acompaña al discurso político del fascismo. En ambos casos, estas dos políticas contrarias entre sí caen, sin embargo, en un mismo error: el alejamiento del hombre de la placenta del mundo. En la primera de las obras citadas, aparecida en 1930, Zambrano vio la necesidad de plantearse la vigencia histórica de la política liberal, acuciada por la particular situación política española, inmersa en una dictadura apoyada por la Monarquía borbónica, y con una Europa que se estaba dejando atrapar por el canto de sirena del totalitarismo. Su balance del liberalismo no es nada complaciente, pues tiene la suficiente lucidez de advertir las grandes paradojas en las que

---

[32] María Zambrano, «Carta sobre el exilio», *op. cit.,* pág. 65.

33

incurre esta ideología. La primera de ellas es la paradoja económica, ocasionada por la división de la sociedad en dos clases profundamente distanciadas: por un lado, una élite intelectual —la aristocracia espiritual— que disfruta de las ventajas de la libertad, teniendo como principal ocupación el cultivo del espíritu, y de otro, una gran masa anónima de trabajadores que, viviendo en condiciones insalubres y paupérrimas, cargan sobre sus espaldas la responsabilidad de mantener económicamente la sociedad, sin disfrutar de las conquistas alcanzadas por esta cultura aristocrática. Nos enfrentamos, por tanto, a una dicotomía entre, «por un lado, los altos valores espirituales, culturales, que hay que salvar y acrecentar. Por otro, el espectáculo de la esclavitud efectiva de inmensas masas humanas, sustentadoras de la aristocracia que crea la cultura»[33].Como vemos, la libertad de unos pocos se fundamenta en la esclavitud de la mayoría.

Las otras dos paradojas, que son las que nos interesan para el tema que nos ocupa, son la paradoja moral y la metafísica. La paradoja moral del liberalismo se origina por lo siguiente: partiendo de una moral autónoma y universalista que promueve la realización de un elevado ideal humano en el que son reconocidos los derechos universales del hombre, el liberalismo deviene, en cambio, en una ética minoritaria, racional y aristocrática que deja desasistida a la mayoría de los hombres en su tarea de orientar la existencia. Se trata, pues, de una ética que nace con una vocación universalista y que, sin embargo, se convierte, en la ética de una minoría intelectual, única capaz de responder a sus duras exigencias morales. «La moral humana del liberalismo —nos señala Zambrano— elude al hombre verdadero, a sus problemas efectivos de sentimiento. Elimina al hombre en su verdadera y humilde humanidad, dejando de él una pura forma esquemática»[34]. La autora califica a esta moral autónoma, formulada por Kant y sustentada en el imperativo categórico, como una «moral de *élite*», de la que «quedan al margen

[33] María Zambrano, *Horizonte del liberalismo*, ed. de Jesús Moreno, Madrid, Morata, 1996, págs. 119-120.
[34] *Ibídem*, pág. 87.

todos los conflictos del vivir de cada día, todos los anhelos que mueven en cada hora nuestro corazón y ese último anhelo del destino individual, de la salvación mortal»[35]. Esta «ética activista norteña»[36], como la denomina Zambrano, no sólo no ayuda a calmar y equilibrar nuestras pasiones, sino que exige su sacrificio para que la conducta humana se deje conducir únicamente por preceptos racionales. Hay que extirpar el sentir para que nuestra actuación no se desvíe nunca del recto camino que traza nuestra razón:

> Lo que tenemos que sacrificar de nuestro ser en aras de la ética liberal es, por lo pronto, todo apetecer, todo ansiar, todo amar... los instintos, las emociones, las pasiones. Hay que dejar sólo la voluntad, decretando inflexibles normas. Normas vacías, formales; vasos transparentes de los que se vertió el licor de la esperanza y en el que se prohíbe —bajo pena— verter otro[37].

El resultado que se sigue de esta moral ascética no es otro que la asfixia del alma, la negación del espacio interior humano que imposibilita el desarrollo pleno de la persona, y constituye el principal motivo de la soledad del individuo, de su *heterodoxia cósmica*[38], al haber roto todo vínculo con la naturaleza como consecuencia de negar en el hombre su instinto, su dimensión natural. «El error del liberalismo estriba en haber cortado las amarras del hombre, no sólo con lo suprahumano, sino con lo infrahumano, con lo subsconsciente. Este desdeñar los apetitos, las pasiones... este desdeñar la fe, el amor»[39]. Encontramos formulado en estos últimos fragmentos citados, pues, una de las principales reivindicaciones del pensamiento zambraniano: la defensa de la dimensión pática del hombre como lugar en el que la realidad se nos presenta más inmediatamente y el rechazo a toda concepción reduccionista del ser. Zambrano defiende desde el comienzo

---

[35] *Ibídem*, págs. 87-88.
[36] *Ibídem*, pág. 130.
[37] *Ibídem*, pág. 91.
[38] *Ibídem*, pág. 17.
[39] *Ibídem*, pág. 93.

mismo de su andadura filosófica una imagen íntegra y total del hombre en la que se logre armonizar sus diferentes dimensiones, como queda de manifiesto en la siguiente declaración: «El sacrificar algo nuestro es cosa que hoy nos repugna. Partimos en nuestra moral viva, aun no vertida —ni falseada— en fórmulas; partimos, como de algo natural y primario, de que todos los aspectos de nuestra intimidad son legítimos y necesarios, y su mutilación nos parece un crimen»[40].

En la exposición que acabamos de hacer de las dos paradojas inherentes al liberalismo queda de manifiesto que esta doctrina política fomenta, tanto desde el plano económico como desde el plano moral, una división social entre una élite intelectual que, guiada por una ética del deber, centra sus esfuerzos en la consecución de nuevas metas y nuevos logros para la humanidad, y, frente a ella, una gran masa anónima de trabajadores, que constituye la mayoría social, sobre la que recaen las terribles consecuencias de un sistema económico injusto y a la que, además, la élite intelectual deja desamparada en su drama vital al ofrecerle como única vía de salvación una moral excesivamente fría y racionalista que no conecta en nada con sus verdaderos problemas existenciales. En resumidas cuentas, el liberalismo genera una sociedad aristocrática en la que únicamente sale beneficiada una minoría a costa de la degradación y el perjuicio de la mayoría, traicionando, de este modo, los valores democráticos. El balance que de esta frustrante situación nos hace Zambrano queda recogido en esta declaración:

> La libertad seguía siendo —no en teoría, pero sí en la auténtica realidad— don de aristocracias; y, sin embargo, ya se llegaba a la disgregación. Los elegidos siguieron su olímpica carrera, abandonando a la masa, que todavía ignoraba su existencia. [...] Y esta es la situación en que hoy nos encontramos, que es el fondo del inmenso, gravísimo problema social que tenemos planteado, y el origen también de tanto cansancio y desorientación como se observa en los indivi-

---

[40] *Ibídem*, pág. 90.

duos cultivados. En éstos, entumecimiento, cansancio, soledad estéril; en la masa, sed, violencia de palpitaciones que piden cauce[41].

En conclusión, disgregación social.

Esta situación insostenible que depara la política liberal encuentra su causa en la radicalización de los fundamentos teóricos que lo sustentan. La doctrina liberal, al igual que toda ideología política, nace de una previa concepción ontológica y antropológica que la antecede como su basamento, esto es, parte de una representación teórica del hombre y del mundo. En el caso concreto del liberalismo, éste mana de dos fuentes distintas: por un lado, surge del racionalismo y, por otro, del individualismo. Señala la autora: «Es todo un cruce de corrientes ideales. Recoge por un lado la herencia de todo el nominalismo escotista medieval, y la protesta antidogmática del Renacimiento, su sed de razón y ciencia, para, en definitiva, destacar esta sola cosa: la prioridad del individuo»[42]. Si ambas fuentes se llevan a sus extremos, en un intento fuerte por reafirmarse en sus principios, corren el peligro de convertirse en sus contrarios. De este modo, si el racionalismo se radicaliza en sus presupuestos puede trastocarse en un irracionalismo, tal y como ocurrió en Europa con el idealismo postkantiano, que, de su excesiva fe en la razón, dio paso al movimiento romántico, caracterizado por la defensa de los aspectos más subconscientes del ser humano y por un exagerado gusto por lo enigmático y misterioso de la naturaleza. Zambrano nos describe la evolución sufrida por esta ideología de este modo:

> Comenzó la corriente afirmando la primacía del individuo, sí; pero de un individuo ente de razón, sujeto de razón —como se ve en la moral kantiana. Mas habiendo hecho converger la atención hacia él, hundió el análisis de su bisturí. Descendiendo, profundizando por las obscuras galerías, se halló —otra vez como en el siglo XIV— que la médula del ser

---

[41] *Ibídem*, págs. 108-109.
[42] *Ibídem*, pág. 105.

individual no es ya el intelecto —sede de la necesidad—, sino de la voluntad —sede de la libertad. Y descendiendo aún más, se buceó en el sentimiento, en las pasiones; y, más tarde, sumergiéndose más y más penosamente por la espiral del subterráneo laberinto, hacia abajo, hacia los instintos, y aún más, hacia lo subconsciente[43].

De otro modo, la defensa exacerbada del individuo frente a la sociedad puede conducir hacia un anarquismo, en el que el sujeto acabe destruyendo su dimensión social. Esta relación dialéctica entre individuo y sociedad sigue, según Zambrano, el siguiente curso:

> Primero, en la Edad Media, sometido a organismos supraindividuales; desde la protesta del renacimiento, reconocido independiente en sus relaciones religiosas; más tarde, con la ética kantiana, autónomo en moral; con la Revolución francesa, fuente de derecho, si bien perteneciendo todavía a la colectividad, integrando una comunidad humana.
> Pero después, a medida que el individuo cobraba relieve, ya no sólo fue independiente, sino árbitro, y no sólo árbitro, sino único[44].

El individuo, por conquistar denodadamente su propio espacio, termina destruyéndose a sí mismo, al no reconocer ninguna instancia supraindividual que garantice sus derechos individuales[45].

Como vemos, las dos paradojas inherentes al liberalismo, la económica y la moral, comparten una misma raíz que Zambrano sitúa en una paradoja previa a ambas y que podríamos denominar como *paradoja metafísica*. Dicha paradoja apunta hacia el problema metafísico agazapado en la episte-

---

[43] *Ibídem*, págs. 106-107.
[44] *Ibídem*, pág. 107.
[45] A este respecto, expone la autora: «La independencia del individuo no ha de ser su arbitrariedad, su reinado exclusivo, que, por paradoja, llega a destruirse a sí mismo. La existencia de sus derechos no implica el no reconocimiento de organizaciones supraindividuales que, sin destruir las esencias del individuo, den unidad a la historia, a la política y al pensamiento» *(Horizonte del liberalismo, op. cit.,* pág. 109).

mología racionalista fundamentadora de la doctrina liberal y puede sintetizarse así: la conquista del espacio propiamente humano como fruto del ejercicio denodado de la libertad y de la voluntad humana implica la escisión del hombre del orden natural y sobrenatural, convirtiéndose en un *heterodoxo cósmico* acosado por su propia soledad; o, dicho de otro modo, la afirmación del hombre, llevada a su extremo, conduce justamente a su contrario, esto es, a la negación del individuo al destruir su arraigo ontológico. «La intención —nos comenta Zambrano—, la significación profunda del liberalismo, fue sin duda la liberación del hombre; representó la máxima confianza, la fe más intensa en lo humano, y al mismo tiempo la exclusión más absoluta de todas las fuerzas no humanas. En consecuencia: soledad; soledad del hombre frente al inmenso mundo»[46]. El liberalismo, continúa la autora, «al destacar lo humano lo privó de un modo total y absoluto de la comunicación con la naturaleza, que crea y sostiene. Y de ahí su infecundidad»[47]. Será esta soledad humana, que adviene de la negación de toda alteridad, la que implica la destrucción de la libertad misma, pues desarraigado de la naturaleza y de lo sobrenatural, el hombre no encuentra ningún fundamento metafísico a su libertad, trastocándose en una libertad ficticia asentada sobre el vacío. Paradójicamente, la absolutización de la libertad trae consigo su propia anulación.

Esta paradoja, por la que el hombre al buscar denodadamente su ser, lo pierde, encuentra su raíz en el optimismo cognoscitivo que acompaña a la teoría racionalista, que aúna dos grandes creencias: por un lado, una fe ciega en el hombre y en el poder de su razón, y, por otro, la firme creencia en la estructura racional del mundo, esto es, en que lo real en su totalidad puede ser traducido por nuestra razón a esquemas conceptuales. De ambas creencias, fundadas por la filosofía racionalista, se deriva la idea de un sujeto fuerte que, ensoberbecido en las posibilidades de su razón, se autodeter-

---

[46] *Ibídem*, pág. 129.
[47] *Ibídem*.

mina no sólo como sustrato epistemológico de lo real, sino que, yendo todavía más lejos, se autoproclama fundamento ontológico de todo cuanto existe:

> El liberalismo es la máxima fe en el hombre y, por lo tanto, la mínima en todo lo demás. Llevó al hombre a creer en sí mismo y lo llenó de dudas acerca de todo lo que no era él.
> Le inspiró la máxima confianza en sus fuerzas y lo dejó navegando solo y sin guía en su pobre cáscara de nuez. Le dio a luz, y le separó de la placenta en que se asentaba en el universo. Rompió su unidad, su solidaridad cósmica y vital, que sólo el instinto o el amor proporciona[48].

Este optimismo cognoscitivo que suscita un antivitalismo actuará también como motor teórico de la ideología fascista, tal y como nos expuso la autora en su segunda obra, *Los intelectuales en el drama de España* (1937), escrita en plena guerra civil. Zambrano analiza el fascismo desde una perspectiva esteticista, como acertadamente ha señalado Eduardo Subirats, puesto que aborda el fenómeno fascista como «fenómeno espiritual, o más exactamente, como una concepción del mundo nacida de un profundo malestar y ansiedad de la propia cultura europea»[49]. El enfoque zambraniano se centra, pues, en los aspectos emocionales del fascismo, preguntándose por la naturaleza de aquellos sentimientos que suscitan en el hombre fascista todo su afán destructor. Estos sentimientos nacen de una actitud idealista ante la vida y podrían definirse del siguiente modo: *Un odio destructor al presente,* al evocar las cenizas de un orden inevitablemente en quiebra; *un apego al pasado* que lleva al fascista a ficcionalizar el presente, proyectando en él una pseudo-grandeza que permite trastocar la angustia por un mundo agonizante en un loco y violento entusiasmo por un prometedor porvenir; y *un resentimiento a la vida que im-*

---

[48] *Ibídem*, pág. 94.
[49] Eduardo Subirats, «El pensamiento de María Zambrano en el drama de España», *Diario 16,* Suplemento «Culturas», 28 de septiembre de 1986, pág. VI.

pide una verdadera experiencia vital del fascista que deviene en un perpetuo adolescente, incapaz de enfrentarse a la realidad: «el fascismo nace como ideología y actitud anímica de la profunda angustia de este mundo adolescente, de la enemistad con la vida que destruye todo respeto y devoción hacia ella»[50].

Ante la imposibilidad de afrontar el declive del orden moderno burgués, el movimiento fascista surge como una última inyección de pseudo-entusiasmo por un futuro que se intuye catastrófico; constituye un último gesto desesperado ante la crisis occidental. «El fascismo —advierte Zambrano— pretende ser un comienzo, pero en realidad no es sino la desesperación impotente de hallar salida a una situación insostenible»[51]. A la luz de esta reflexión, el fanatismo de las masas que supo despertar el movimiento fascista y toda la imaginería imperialista de la que se sirvió para fomentarlo cabría interpretarlos como síntomas, según la autora, del nihilismo de la cultura europea, de un vacío que se pretende ocultar con esa falsa grandeza y artificial explosión de vitalidad:

> Del alma estrangulada de Europa, de su incapacidad de vivir a fondo íntegramente una experiencia, de su angustia, de su fluctuar sobre la vida sin lograr arraigarse en ella, sale el fascismo como un estallido ciego de vitalidad que brota de la desesperación profunda, irremediable, de la total y absoluta desconfianza con que el hombre mira el universo[52].

El hombre fascista es, por tanto, un peligroso embaucador que sirviéndose de palabras grandilocuentes, totalmente periclitadas, pretende maquillar la realidad de los hechos con otros hechos extraídos de un pasado glorioso, y, sin duda, este apresurado afán por hacer ostentación de grandeza, deja traslucir la angustia del fascista ante la cercanía de la nada,

---

[50] María Zambrano, *Los intelectuales en el drama de España y escritos de la guerra civil*, ed. de Jesús Moreno, Madrid, Trotta, 1998, págs. 93-94.

[51] *Ibídem*, pág. 94.

[52] *Ibídem*, pág. 95.

una nada que demanda, para no dejarse sucumbir por el vértigo al vacío, ser rellenada con falsos oropeles.

Frente a este odio a la vida ostentado por el fascismo, Zambrano contrapone el amor a lo vital como sentimiento fundamental que arrastra al intelectual revolucionario y antifascista. Este intelectual se caracteriza por su *apego a la realidad* que se traduce en una fidelidad al momento presente, sin necesidad de inventar un mundo paralelo a éste; *una fidelidad al pasado* que le impide distorsionar la historia pasada, guiado por una absoluta fe en la verdad; y *un amor a la vida* que le permite disfrutar de una verdadera experiencia vital.

Simplificando mucho el esquema, nos encontramos con la siguiente relación de elementos:

— Fascismo/Idealismo/España Oficial/Odio a la vida y rechazo de la realidad presente/Adolescencia del hombre.
— Antifascismo/Realismo/España viva/Amor a la vida y apego al presente/Superación de la adolescencia con una nueva intuición de la hombría.

Este mismo esquema explicativo lo encontrábamos ya presente en la primera obra zambraniana, *Horizonte del liberalismo*. Allí veíamos contrapuestos, por un lado, al político conservador, cuyo ideario también cuenta como fundamento filosófico con el idealismo y que tiende a configurar su programa de actuación, no a partir de la observación de los hechos reales, sino de un modelo ideal de sociedad diseñado enteramente *a priori* para imponerlo a la realidad. Este político conservador, al igual que el fascista-idealista, posee una concepción estática del mundo, en la que todo cambio representa una seria amenaza a la estabilidad del orden ideado, resguardándose del miedo a la movilidad de la vida en un sistema social y político totalmente cerrado, caracterizado por su conservadurismo cognoscitivo («nada se puede inventar») e histórico («nada nuevo es posible»). Paradójicamente, junto a este pesimismo vital y conservadurismo cognoscitivo, el político conservador, como buen idealista, suele profesar un «optimismo cognoscitivo», fundado en una fe absoluta en el poder de la razón humana y en la naturaleza racional de lo real que le lleva a fundar el principio de identidad entre Ser y Pensar. Por otro lado, el político revolucionario, como el antifascista-realista, posee un amor a la vida, un «optimismo vital», que le procura una fe en el cambio y en el porvenir, junto a un rechazo de toda abstracción e idealización de lo real que pretenda hieratizar el incesante devenir vital con una pétrea arquitectura conceptual. Mantiene, por tanto, un «pesimismo cognoscitivo» que le hace desconfiar del dogmatismo en que incurre la razón idealista al reducir la realidad a conciencia, apostando, en cambio, por la *intuición* y el sentimiento como el medio más directo de penetración en la realidad.

Encontramos, pues, un paralelismo entre el político conservador y el fascista, de una parte, y entre el político revolucionario y el antifascista, de otra. Los dos primeros se sustentan en una actitud idealista ante el presente que conlleva un odio a la vida, promotor de la ficcionalización de un mundo utópico que pretende suplantar al real, mientras que los dos segundos adoptan una postura realista de aceptación de las circunstancias históricas que impide toda evasión idealista de la realidad y apuesta por un vitalismo que cree en la capacidad humana de renovación y de cambio histórico.

Zambrano sigue echando la culpa de todos los males que padece Occidente al idealismo, aludiendo con este nombre, no sólo al movimiento filosófico con el que culmina toda la modernidad racionalista, sino a toda una forma de situarse ante lo real, propia de buena parte de la tradición filosófica occidental, cuya principal seña de identidad es un odio a la vida que le impulsa a enmascararla a través de metáforas conceptuales. Si en *Horizonte del liberalismo,* el idealismo, en tanto base teórica de la ideología liberal, era el principal culpable de las paradojas e incongruencias de esta concepción política, ahora, en *Los intelectuales en el drama de España,* será el resentimiento idealista contra la vida y contra el presente, adoptado por el político e intelectual fascista, el principal desencadenante de la terrible violencia totalitaria que asola a Europa y a España.

El exilio metafísico también es abordado por la autora desde una *perspectiva epistemológica,* mostrando cómo la razón discursiva de la tradición filosófica conlleva una actitud violenta e impositiva hacia la realidad, al querer subsumirla en el espacio del pensamiento, reduciendo con ello lo real a los esquemas racionales del sujeto. De este modo, el hombre deviene en mera autoconciencia encerrada en su sistema de razones y cae en un absoluto solipsismo que le exilia del mundo. Esta violencia de la filosofía que busca reducir la heterogeneidad de lo real a unidad no es privativa sólo de la filosofía moderna (racionalismo e idealismo), sino que es algo intrínseco al funcionamiento mismo de la filosofía desde sus orígenes. Es más, según Zambrano, la filosofía, como disciplina de conocimiento, se constituye gracias a esa violencia, es fruto de la violencia. En una de sus obras esenciales, *Filosofía y Poesía* (1939), la pensadora, a través de un ejercicio de crítica genealógica de la tradición metafísica, indaga sobre los orígenes y la naturaleza de esta violencia que ha erigido el pensamiento filosófico. Declara que la filosofía no nace sólo de una originaria admiración o pasmo extático ante las cosas, como describe Aristóteles en el Libro I de *La Metafísica*[53], pues esta perplejidad inicial ante las maravillas de lo real no explica por sí sola el rápido desprendimiento de las cosas que lleva a cabo el filósofo. Se necesita algo más que este simple pasmo primero para justificar el origen de la filosofía. Este «algo más» es la violencia, tal y como aparece descrita magistralmente por Platón en el Libro VII de *La Repú-*

---

[53] «Los hombres —ahora y desde el principio— comenzaron a filosofar al quedarse maravillados ante algo, maravillándose en un primer momento ante lo que comúnmente causa extrañeza y después, al progresar poco a poco, sintiéndose perplejos también ante cosas de mayor importancia, por ejemplo, ante las peculiaridades de la luna, y las del sol y los astros, y ante el origen del Todo» (Aristóteles, *Metafísica,* trad. de Tomás Calvo, Madrid, Gredos, Biblioteca Clásica, 1994, pág. 76 [Libro I, 982b]).

blíca, esto es, en su famoso «mito de la caverna». El duro esfuerzo ascensional del esclavo liberado hacia el mundo de arriba simboliza esta violencia que rompe el primitivo embeleso del prisionero ante las sombras, ante las cosas del mundo sensible, para dirigirse a la contemplación del mundo verdadero. La filosofía nace de este acto violento de separación de la inmediatez de lo real que inhibe la perplejidad primera del hombre ante lo que tiene en torno. De hecho, Zambrano define la filosofía como «un éxtasis fracasado por un desgarramiento»[54], como un pasmo que se traiciona a sí mismo. Interpreta, por tanto, el nacimiento de la filosofía como una ruptura, como un desgarro del hombre respecto de la unidad de lo real. La filosofía es un saber que, en lugar de mantener al sujeto religado a lo real, lleva a cabo la tarea contraria: la fractura con las cosas, la separación y desprendimiento del originario apego o unión con lo real. Este desarraigo del mundo supone la acción misma que fundamenta el pensamiento filosófico, pues éste sólo se constituye como fruto de esta escisión de la realidad que hace del hombre un ser que está «frente» a las cosas, no «al lado de» ellas.

Como vemos, Zambrano invierte el significado que Platón atribuyera al mito de la caverna. Si, para el filósofo griego, el violento desprendimiento de las cosas (sombras) tenía una connotación positiva por ser un requisito imprescindible para la consecución de la verdad y la virtud moral, este mismo desprendimiento tiene, para nuestra pensadora, una connotación negativa de desvío de la verdad, de alejamiento de la realidad. La violenta acción de la razón filosófica viene a desvirtuar una genuina vocación humana de participación y comunión con la realidad. La perversión o inhibición de esta disposición natural supone una ruptura entre el hombre y el mundo, que puede ser traducida también como una ruptura entre el pensamiento y la realidad. La verdad como concordancia entre el orden racional y el orden real que persigue la filosofía no es más que una falacia, pues el acto mismo de

---

[54] María Zambrano, *Filosofía y Poesía,* Alcalá de Henares, Universidad de Alcalá de Henares-Fondo de Cultura Económica, 1993, pág. 16.

filosofar lleva implícito un acto de desrealización de la realidad que conlleva, a su vez, una desrealización del hombre, pues éste sólo alcanza el ser en su arraigo al mundo. Zambrano, por tanto, ve en esta violencia de la razón filosófica la verdadera causa del nihilismo que padece Occidente, pues el desprendimiento de la «matriz ontológica» que esta razón opera en el hombre origina el «vacío metafísico», la falta de ser que experimenta y angustia al sujeto contemporáneo. La ausencia de fundamento de nuestra cultura se debe a este modo impositivo de actuación del *logos* que la cimenta, un *logos* que nos arranca de la realidad y nos convierte en exiliados del mundo.

Además, el absurdo abstraccionismo de la moderna filosofía europea ha contribuido a encerrar al sujeto en su propio castillo amurallado (el sistema) y trae como consecuencia el solipsismo del sujeto. La forma del sistema representa, para nuestra autora, la expresión de la angustia del sujeto contemporáneo que, guiado por la voluntad de autocrearse, de conquistar su propio ser, rompe las amarras que le mantienen unido al resto de los seres para iniciar su andadura en solitario. Esta idea es desarrollada ampliamente por Zambrano en el capítulo «Poesía y Metafísica», donde encontramos esta interesante declaración: «parece existir una correlación profunda entre angustia y sistema, como si el sistema fuese la forma de la angustia al querer salir de sí, la forma que adopta un pensamiento angustiado al querer afirmarse y establecerse sobre todo»[55]. Aquel que vive «náufrago en la nada»[56] necesita construir toda una estructura conceptual que lo salvaguarde de la inseguridad que produce sentirse habitar en el vacío. El que se sabe sin fundamento, sin ser, se ve en la necesidad de elaborar todo un constructo de razones que lo sostenga en la existencia. Al mismo tiempo, el sistema aísla y preserva al individuo de todo «lo otro», sintiéndose protegido y seguro frente a la amenaza de lo ajeno y desconocido: «el sistema es lo único que ofrece seguridad al angustiado,

---

[55] María Zambrano, *Filosofía y Poesía, op. cit.*, pág. 87.
[56] *Ibídem.*

castillo de razones, muralla cerrada de pensamientos invulnerables frente al vacío»[57].

Pero se trata de una seguridad falsa, una seguridad que no constituye ninguna verdadera vía de salvación de la angustia, pues el sistema, lejos de curarla, acentúa la angustia todavía más, agravando la causa que la origina. Tal causa no es otra que el exilio del mundo al que ha llegado el hombre moderno como resultado de todo su proceso de autocreación. Ya hemos expuesto anteriormente el diagnóstico zambraniano sobre el nihilismo moderno: conforme el sujeto descubre su autoconciencia y pone en marcha su voluntad de autofundarse, dándose su propio ser y erigiéndose en fundamento del ser de todo lo demás, aumenta la nada, el vacío que sostiene esa autocreación. El endiosamiento que ha protagonizado el sujeto a lo largo de la modernidad, pretendiendo ocupar el lugar destinado anteriormente a Dios, es la causa de este sentimiento nihilista que angustia al sujeto. Esta voluntad de ser o voluntad de poder, entendida como la pretensión de llevar a término aquello que anhelamos ser, constituye el verdadero rasgo distintivo del hombre moderno: «en el fondo de toda esta época moderna, parece residir una sola palabra, un sólo anhelo: querer ser. El hombre quiere ser, ante todo»[58]. Este proceso que describe la autora no es otro que el proceso de entronización de la libertad como el elemento esencialmente constitutivo del hombre: proceso que se inicia al comienzo de la Edad Moderna y se extiende hasta las filosofías existencialistas de nuestro siglo: no hay más esencia del hombre que su propia libertad. Somos lo que nosotros mismos hemos hecho por ser. Toda esta «Metafísica de la Creación» —como la llama Zambrano[59]— que ha presidido la modernidad (desde el Kant de la razón práctica, pasando por Fichte y Schelling hasta Hegel) es la principal culpable de la situación nihilista, pues, guiada por una excesiva soberbia en las posibilidades de la razón, no supo poner límites al uso de la libertad. Zambrano nos comenta cómo el

---

[57] *Ibídem.*
[58] *Ibídem*, pág. 86.
[59] *Ibídem*, pág. 77.

intento de fundamentación del conocimiento llevado a cabo por los primeros metafísicos modernos conduce necesariamente a un absolutismo del sujeto, pues fundamentar el conocimiento equivale, según Zambrano, a «saber de las cosas lo que se sabría si se las hubiese creado. Es conocer desde la raíz misma del ser. Es conocer absolutamente»[60]. Conocer una cosa es saber explicar su causa, saber aquello que la produce, que la origina, y, con ello, se está en condiciones de poder dominarla, puesto que conocemos el secreto de su ser. El sujeto, de este modo, se sitúa como garante y fundamento del ser de las cosas. «El hombre —afirma Zambrano— es el sujeto de un conocimiento fundamentador»[61], y de aquí a la autonomía de la conciencia de Kant sólo hay un pequeño paso, pues el hombre se convierte en fundamento también de su propio ser, conquistando auténticamente la libertad por ser el único que no depende de ningún otro ser. El principal rasgo diferenciador de la modernidad respecto a cualquier época anterior estriba en esta independencia y autonomía del sujeto artífice y sustentador de su propio ser:

> El ser ya no está ahí como en los tiempos de Grecia, ni como en la Edad Media, como algo en que mi ser, está contenido, bien que de diferente manera de las demás cosas. Ya, el ser no es independiente de mí, pues que en rigor sólo en mí mismo lo encuentro, y las cosas se fundamentan en algo que yo poseo. Sólo la persona humana quedará exenta, libre, fundándose a sí misma[62].

La tragedia que acompaña, pues, a esta Metafísica de la Creación es la excesiva fe depositada en la libertad del hombre. La práctica de la libertad, siendo tan positiva en tanto nos constituye como individuos, si no se la limita puede llegar a la autoaniquilación de la libertad y del ser mismo del hombre. Éste es el gran peligro que acompaña a la aventura de la libertad: que se erija en un absoluto y acabe borrán-

---

[60] *Ibídem.*
[61] *Ibídem.*
[62] *Ibídem.*

dolo todo: «La libertad absoluta, con la ilusión de disponer enteramente de sí, de crearse a sí misma, acaba borrándolo todo»[63].

Como vemos en toda esta exposición, los motivos que apunta Zambrano para invalidar el sistema como modo de expresión del pensamiento pertenecen a la naturaleza psicológica del sujeto moderno, apuntan al sentimiento vital enraizado bajo las grandes construcciones sistemáticas. Según esto, el sistema es inadecuado porque aumenta la angustia vital. Zambrano, practicando el método genealógico de Nietzsche, desenmascara, al igual que hiciera su colega alemán, los sentimientos anidados bajo las grandes arquitecturas teóricas, y denuncia las ocultas pasiones que impulsan la creación de andamiajes conceptuales. Penetra hasta la raíz de toda teoría y descubre que siempre hay un sentimiento, un anhelo o un deseo actuando de pilar de la misma. La frialdad que muestra el sistema es simplemente una falsa apariencia de su auténtica naturaleza, pues, según la autora, el sistema no es más que el envoltorio externo de un *pathos* existencial, de un sentir vital: la angustia. Para escapar de este sentimiento, el filósofo crea un mundo ficticio al lado de este mundo, un mundo arquetípico y perfecto al que considera más verdadero que éste y en el que se siente a salvo de todos los peligros que acompañan al devenir existencial. Lo que mueve, por tanto, al metafísico moderno a crear esas ficciones son sentimientos tales como la desconfianza y el recelo: «La Metafísica europea es hija de la desconfianza, del recelo y en lugar de mirar hacia las cosas, en torno de preguntar por el ser de las cosas, se vuelve sobre sí en un movimiento distanciador que es la duda»[64].

Detrás, por tanto, del supuesto afán de verdad que guía al filósofo, descubrimos —como ya atisbó lúcidamente Nietzsche en su temprano escrito *Sobre verdad y mentira en sentido extramoral* (1873)— su miedo e inseguridad, verdaderos propulsores de la ciencia y la filosofía. Recordemos las palabras

---

[63] *Ibídem*, pág. 96.
[64] *Ibídem*, pág. 87.

nietzscheanas: «el hombre de acción ata su vida a la razón y a los conceptos para no verse arrastrado y no perderse a sí mismo, el investigador construye su choza junto a la torre de la ciencia para poder servirle de ayuda y encontrar él mismo protección bajo ese baluarte ya existente»[65]. Las grandes ficciones imaginadas por el filósofo aparecen como algo necesario y útil para la vida, dado que le dan amparo y confianza. La actividad fabuladora y artística nace siempre de una necesidad vital, de esa voluntad de poder que preside la vida, de ese afán de lo vital por perseverar en el ser, aumentando, incluso, su propio ímpetu. «Ese impulso —nos dice Nietzsche— hacia la construcción de metáforas, ese impulso fundamental en el hombre del que no se puede prescindir ni un solo instante, pues si así se hiciese se prescindiría del hombre mismo»[66]. La ficción no es más que una estrategia de supervivencia[67].

Esta idea nietzscheana del filósofo como un ilusionista, un artista, un creador e inventor de mundos y la idea de la ilusión o ficción como algo necesario para la vida, están presentes también en Zambrano, que señala como causa última de todo sistema teórico la necesidad vital del angustiado de encontrar una segura y estable tabla de salvación. Según esto, el sistema «constituiría el último y decisivo esfuerzo de un ser náufrago en la nada que sólo cuenta consigo. Y como no ha tenido nada a qué agarrarse, como solamente consigo mismo contaba se dedicó a construir, a edificar algo cerrado, absoluto, resistente»[68]. Se dedicó a construir un sistema, dado que la angustia se resuelve siempre en forma de acción. Un pensamiento angustiado no es nunca contemplativo, sino activo. «La angustia —dice Zambrano— es el principio de la

[65] F. Nietzsche, *Sobre verdad y mentira en sentido extramoral*, Valencia, Cuadernos Teorema, 1980, pág. 17.

[66] *Ibídem*.

[67] Para analizar con mayor profundad la idea de ficción en Nietzsche, véase el breve ensayo de Hans Vaihinger titulado «La voluntad de ilusión en Nietzsche», en F. Nietzsche, *Sobre verdad y mentira en sentido extramoral*, *op. cit.*

[68] María Zambrano, *Filosofía y Poesía, op. cit.*, pág. 87.

voluntad»[69]. Siempre necesita actuar, ponerse en movimiento, para escapar de sí: «Lo cierto es que angustia y voluntad se implican. Y la voluntad requiere soledad, es anticontemplativa»[70].

Aquel que anhele conquistar su ser vivirá con angustia su proceso de autocreación, principalmente por dos motivos: uno, porque sentimos pender sobre nuestras cabezas la constante amenaza del fracaso de nuestra acción; y, en segundo lugar, porque el despertar a la existencia supone la experiencia traumática del desgajamiento de la Totalidad. La libertad siempre lleva acarreado este sentimiento angustioso, este miedo ante la esterilidad de nuestra aventura. Por ello, lúcidamente, la filósofa malagueña señala: «Lo que se patentiza en la angustia, por tanto, es la persona, es ella la que se angustia por abrirse paso»[71]. Y este llegar a ser persona supone «un desprendimiento de la naturaleza y de todo lo inmediato, en su vuelta sobre sí y es lo que sucede efectivamente, es el acontecimiento decisivo de la filosofía moderna»[72]. La angustia indica y señala este proceso de colonización del propio espacio vital, este ir fragmentándose del todo para constituir el sí mismo. La angustia constituye, por ello, el trasfondo de toda esta Metafísica de la Creación que erige la libertad como el principal valor humano.

El eclipse de la piedad

El exilio metafísico es abordado por Zambrano también desde un punto de vista *teológico*, como se deja traslucir con claridad en su hermenéutica de la crisis de la modernidad europea, situando su raíz en un aspecto religioso: el hombre contemporáneo ha dejado a Dios cesante y viene a usurpar su

---

[69] *Ibídem*, pág. 88.
[70] *Ibídem*.
[71] *Ibídem*, pág. 90.
[72] *Ibídem*.

puesto como fundamento del ser de lo real. La consecuencia inmediata de esta ausencia o «muerte de Dios» es la inhibición del sentimiento religioso que trae consigo un hermetismo de las entrañas, en tanto lugar de revelación de la divinidad, y la pérdida de su religación con el mundo.

El primer aspecto, el problema de la ausencia de la divinidad, lo aborda Zambrano en *La agonía de Europa* (1945). En esta obra, la autora lleva a cabo un detallado análisis de la crisis europea desencadenada por la expansión de las ideologías totalitarias a lo largo de todo el continente (nazismo, fascismo, franquismo). Esta hermenéutica conlleva un doble ejercicio: primero, un *ejercicio de revelación*, en tanto la crisis supone, para la autora, un modo excepcional de mostración de la verdadera esencia de Europa, como si la crisis practicase una especie de incisura en la superficie de lo real dejando entrever su meollo, su verdadero ser; segundo, supone un *ejercicio de salvación*, pues sólo a través de esta búsqueda del ser verdadero de Europa podemos vislumbrar el error que ha conducido a tanto resentimiento latente en la sociedad, verdadero caldo de cultivo de las diferentes ideologías totalitarias.

La conclusión de su análisis hermenéutico indica que el secreto enemigo que está devorando al viejo continente se encuentra enlazado en las mismas raíces de nuestra cultura, es decir, la causa de tanta violencia europea no radica en algo externo a su propia esencia, sino que, paradójicamente, es una consecuencia de su desarrollo. En la propia esencia de Europa está la semilla de su propia destrucción, como si Europa generara en su seno aquel preciso mal que la está devorando. Aplicando una concepción dialéctica de la historia, nuestra autora concibe la crisis actual como una consecuencia lógica y necesaria del desarrollo histórico europeo. Es más, llega a afirmar que es la misma violencia la que ha constituido a Europa: «Europa se había constituido en la violencia, en una violencia que abarcaba toda posible manifestación, en una violencia de raíz, de principio»[73].

---

[73] María Zambrano, *La agonía de Europa,* Madrid, Mondadori/Bolsillo, 1988, pág. 30.

Pero ¿de qué violencia se trata? La raíz de la violencia europea la sitúa Zambrano en el culto profesado por el europeo a su Dios, al Dios judeo-cristiano. En dicho culto, el europeo ha prestado más atención al acto creador de la divinidad que al acto misericordioso de la pasión de Cristo. El Génesis del Antiguo Testamento parece haber ejercido una mayor atracción sobre él que el sacrificio del hijo de Dios, en aras de la salvación del hombre, recogido en el Nuevo Testamento. Es, pues, la capacidad creadora de la divinidad la que ensalza y envidia el europeo, ya que, si el hombre ha sido creado a «imagen y semejanza» de Dios, él ha de poseer también la capacidad de crear su mundo y conquistar un espacio propio, un espacio exclusivamente humano. Es esta esperanza la que ha estado actuando como basamento de toda la historia europea. Es más, según Zambrano, el nacimiento de la historia tiene su origen en esta esperanza, pues la historia sólo es posible desde la plena conquista de la libertad, y ésta sólo se logra a través de la independencia de la divinidad. Comienza, así, una dramática lucha del hombre contra Dios por alcanzar el dominio y el fundamento del mundo. La historia europea puede ser descrita como el desarrollo de esa lucha, como el progresivo triunfo del hombre frente a la divinidad, triunfo que alcanza su culminación en la «muerte de Dios» anunciada por Nietzsche. Dicha muerte supone, pues, el máximo logro de lo humano y la satisfacción de su esperanza, de ese «seréis como dioses» que ha estado latiendo, desde su origen, en el subsuelo europeo como fuerza motriz de su historia.

Ahora bien, lo que aparentemente se presenta como un logro, la autora lo interpreta como un verdadero fracaso, pues achaca, precisamente, a la radicalización de esta esperanza la causa principal de la agonía de Europa. El «seréis como dioses» propulsor del desarrollo europeo ha conducido al sacrificio de la divinidad, y tal sacrificio provoca el verdadero nihilismo de la cultura occidental. Partiendo del supuesto eminentemente cristiano de Dios como dador del ser y esencia de lo real, Zambrano describe la historia de Europa como la historia de un estrepitoso fracaso, el fracaso de la principal esperanza humana, la de llegar a ser como la divinidad. Esta esperanza, al absolutizarse, se trastoca en delirio, produciendo lo contrario de aquello que iba buscando, esto es, la destrucción del hombre, en lugar de su máximo desarrollo.

El diagnóstico zambraniano sobre el declive europeo no ofrece dudas: Europa está en crisis por no haber puesto límites a esta esperanza, por haberse dejado arrastrar por las sucesivas utopías que han ido alimentando su historia y que persiguen, en último término, hacer de la Tierra el Reino de Dios, pero sin Dios. La soberbia del hombre frente a su divinidad constituye el verdadero enemigo de Europa, el auténtico motivo de su destrucción, pues la muerte de Dios no supone la llegada de un «hombre nuevo», de un «superhombre» como pretendía Nietzsche, sino la enajenación y *anihilización* del europeo. Esta negación de Dios conlleva un hermetismo del fondo sagrado de lo real, hermetismo que implica, a su vez, una cerrazón de las entrañas, de la interioridad del hombre como espacio privilegiado donde habita la divinidad. Recordemos que fue san Agustín quien descubrió, por primera vez, la intimidad como el ámbito de la presencia divina. En *De Vera Religione* encontramos esa famosa sentencia que sella la alianza entre el interior del hombre y Dios: «*Noli foras ire, in te ipsum redi; in interiore homine habitat veritas; et si team naturam mutabilem inveris, transcende et te ipsum*» («No salgas fuera, sino entra en ti mismo; en el interior del hombre habita la verdad; y cuando hayas comprendido tu naturaleza mudable, transciéndete a ti mismo»)[74].

El santo africano ve en la penetración en el fondo del alma el único camino conducente a la divinidad, pues Dios es lo más íntimo de cada hombre, más íntimo incluso que el propio ser. De ahí que san Agustín exclame: «*noverim te, noverim me*» («Deseo conocerte a ti, conocerme a mí mismo»). Como acertadamente ha señalado García-Junceda, «el autoconocimiento en san Agustín tiene un sentido más alto que el famoso oráculo délfico, pues entrar en sí mismo en san Agustín significa buscar el rostro de Dios en el mismo ser del

---

[74] San Agustín, *V Rel* 39 72 PL 34 154.

alma»[75]. Sólo a través del descenso y adentramiento en el alma se puede encontrar a Dios. El hombre, por tanto, mantiene paradójicamente con la divinidad una doble relación: una relación trascendente, en tanto que Dios es el Ser superior que supera y traspasa los límites humanos, pero, al mismo tiempo, sostiene una relación inmanente, pues Dios es lo más propio de cada individuo, en tanto fundamento de su ser. Zambrano, asumiendo esta doble relación de trascendencia e inmanencia con la divinidad declarada por san Agustín, considera que la muerte de Dios deja desierto el fondo del alma, deja vacío el interior del hombre, y este vacío ocasiona el angustioso nihilismo del sujeto contemporáneo.

La referencia a san Agustín no es, en absoluto, anecdótica, pues sostenemos que algunos de los principales supuestos del pensamiento agustiniano —como detallaremos más adelante— están actuando en la base de algunas tesis defendidas por Zambrano. Por lo pronto, la autora llama a san Agustín el «padre de Europa» por encontrarse en su obra la expresión de las principales esperanzas que ha ido persiguiendo el europeo en su historia. Podríamos decir que el itinerario de la historia de Europa coincide con el itinerario que va desde *Las Confesiones* hasta *La Ciudad de Dios,* es decir, desde la esperanza de experimentar una conversión personal que nos lleve a ser un «hombre nuevo», dotado de mayor perfectibilidad, hasta la esperanza de lograr hacer del mundo un paraíso, un reino de Dios en la Tierra. La obra agustiniana recoge, por tanto, ese doble anhelo que ha perseguido Europa en su despliegue: por un lado, el hombre europeo aspira a desarrollar plenamente su ser a través de una sucesión de metamorfosis que le reconduzca definitivamente al Ser Uno. En este sentido, E. Dinkler[76] ha señalado cómo la concepción antropológica de san Agustín presenta la existencia humana con un carácter dinámico, como un continuado esfuerzo por llegar a Dios a través del mundo: «*Semper tibi displiceat quod es, si vis pervenire ad id quod nondum est. Nam ubi tibi placuisti, ibi reman-*

[75] J. A. García-Junceda, *La cultura cristiana y san Agustín*, Madrid, Editorial Cincel, 1988, pág. 148.
[76] E. Dinkler, *Die Anthropologie Augustins*, Stuttgart, 1934, pág. 91.

sisti. Si autem dixeris: sufficit, et peristi» («No te contentes nunca con lo que eres, si quieres llegar a ser lo que no eres. Sentirte satisfecho es pararte en el camino y cuando dices: basta, es que estás muerto»)[77]. Por otro, no sólo busca una transformación interior, sino también exterior, pues quiere hacer del orden terreno un espacio adecuado a la redención, donde el tiempo de destrucción, que conduce inevitablemente a la muerte, sea suplantado por un tiempo de construcción en el que el hombre, ayudado por la gracia divina, logre su salvación y su ascenso espiritual. El fin de la historia, para san Agustín, ha de ser la edificación de la Ciudad de Dios, siendo la historia profana un medio para lograr este fin. El agustinólogo Marrou ha indicado, a este respecto:

> [...] desde la perspectiva en que se coloca san Agustín la historia de la humanidad sólo es directamente inteligible como historia sagrada. Su objeto es el cuerpo místico de Cristo, su historia es la verdadera historia. La humanidad queda definida como un organismo destinado a alumbrar la sociedad de los santos y no como una máquina para fabricar imperios, civilizaciones, ciudades terrestres[78].

La absolutización de esta doble esperanza es la desencadenante, según Zambrano, de la crisis de la cultura europea: la soberbia del hombre frente a Dios acaba en una funesta destrucción del propio hombre. A nuestro juicio, este diagnóstico zambraniano sobre la agonía europea está fuertemente inspirado en san Agustín, principalmente, en su particular modo de entender la relación del hombre con Dios, y en su contraposición entre la *superbia* humana (soberbia) y la *humillitas* (humildad). Veamos esta cuestión más detenidamente.

La antropología agustiniana concibe al hombre como voluntad y considera que la esencia íntima de la voluntad es el amor, definido como el *pondus* (peso) o tendencia del alma hacia el lugar natural de su reposo. Distingue, a su vez, dos

---

[77] San Agustín, *Sermo 169* 18 PL 38 926.
[78] H.-I. Marrou, *L'ambivalence du temps de l'histoire chez saint Augustin*, Montreal-París, 1950, págs. 29-30.

tipos de amores distintos y opuestos en el hombre: el *amor Dei*, que es la tendencia natural de todo hombre hacia Dios como su fin último, y el *amor sui*, consistente en el apartamiento del camino que le conduce a Dios para centrarse egoístamente en sí mismo y hacer de su persona el fin último de su existencia. Hay, pues, dos tendencias opuestas que luchan en el interior del hombre: una, *exotérica*, que lo acerca a Dios, y otra, *esotérica*, que lo aleja. Así nos lo aclara Juan Pegueroles:

> En la naturaleza histórica del hombre hay dos centros de gravedad. Por un lado, aun después del pecado original, el hombre sigue siendo imagen de Dios y está orientado a Dios con todo su ser: *conversio ad Deum*. Por otro lado, el hombre es pecador y el pecado introduce en él una orientación nueva y contraria a la primera: *conversio abs Deo*[79].

No es extraño, pues, que la inquietud sea una de las notas con las que define el santo africano el corazón del hombre:

> El alma da una orden al cuerpo y es inmediatamente obedecida. Pero cuando el alma da una orden a sí misma, se resiste. Ordena que se mueva la mano y obedece con tal facilidad que apenas se puede distinguir la orden de su ejecución. Y, sin embargo, el alma es alma, y la mano es parte del cuerpo. Pero cuando el alma se ordena a sí misma para que quiera una cosa, no obedece, a pesar de ser el mismo el que manda y el que es mandado [...].
>
> No es, pues, un extraño fenómeno querer en parte y en parte no querer. Es una enfermedad del alma, que no se eleva totalmente a las alturas cuando es elevada por la verdad, oprimida como está por el peso de la costumbre. Hay, por tanto, en nosotros dos voluntades. Ninguna de ellas es total, teniendo la una lo que le falta a la otra[80].

Estas dos tendencias o *pondus* en el hombre determinan un *ordo amoris*, un orden amoroso en el que el puesto más

---

[79] Juan Pegueroles, *El pensamiento filosófico de san Agustín*, Barcelona, Nueva Colección Labor, 1972, págs. 92-93.

[80] San Agustín, *Confesiones*, VIII, 9.

alto está ocupado por el *amor Dei*, mientras que el lugar más bajo lo ocuparía el *amor sui*. La virtud, por tanto, la entiende san Agustín como la posesión de un amor ordenado, esto es, como aquella tendencia a amar lo que debe ser amado, a amar lo superior y desdeñar lo inferior, a amar lo espiritual y despreciar lo carnal. Hay que amar a Dios por encima de cualquier cosa. A este amor lo denomina *caritas,* frente a la *cupiditas,* que es el amor a uno mismo y a todo lo material: «Nada ordena la Escritura sino la caridad. Nada reprende sino la concupiscencia. [...] Llamo caridad al movimiento del alma para gozar de Dios. Llamo concupiscencia, al movimiento para gozar de sí y del prójimo y de cualquier cuerpo no por Dios»[81].

El amor a los hombres y a las cosas de este mundo es bueno si se les ama por Dios, pero el peor pecado es utilizar el amor de Dios para despertar el amor de los hombres y disfrutar de las cosas terrenales. San Agustín insiste en que no hay que confundir el medio *(uti)* con el fin *(frui)*. Dios siempre ha de ser *frui*, el fin último del hombre, su amor verdadero. El *ordo amoris* consiste, por ello, como ha señalado Karl Jaspers, «en una justa conjunción de amor a Dios y amor al mundo», y esto significa «no confundir *uti* y *frui*, vale decir, amar las cosas del mundo solamente en el sentido de *uti*, no gozar con ellas por ellas mismas»[82]. La salvación y conversión del hombre consiste, precisamente, en abandonar la *cupiditas* para seguir exclusivamente la *caritas* o amor a Dios.

En este sentido, la relación del hombre respecto a Dios, como acertadamente ha señalado Juan Pegueroles, «se puede formular con una palabra muy actual: alienación o enajenación. El hombre, para ser hombre, ha de enajenarse en Dios. Hay una enajenación necesaria y salvadora. [...] El hombre no es fin de sí mismo, su fin está en "Otro". El hombre es un ser ec-stático: para ser él mismo ha de salir de sí y enajenarse en este Otro que es su fin»[83]. En esta paradoja reside el drama de la existencia. Según señala Pegueroles:

[81] San Agustín, *De Doctr. Christ.* 3, 10, 15.
[82] Karl Jaspers, *Los grandes filósofos. Los fundadores del filosofar: Platón, Agustín, Kant,* Madrid, Tecnos, 1995, pág. 160.
[83] Juan Pegueroles, *El pensamiento filosófico de san Agustín, op. cit.,* pág. 96.

Caminando hacia Dios, el hombre camina hacia sí mismo y en Dios llega a ser hombre. Pero ensimismándose el hombre se enajena. Negándose a salir de sí mismo, avaro de su autonomía y autarquía, el hombre queda enajenado [...] Privado de Dios, el hombre no llega a alcanzar su talla de hombre.

Y he aquí un texto agustiniano que refleja esta idea: «Por no sé qué extraña manera aquel que se ama a sí mismo y no a Dios, no se ama; y aquel que ama a Dios y no a sí mismo, ése se ama. Y es que si el hombre no puede vivir de sí mismo, cuando se ama a sí mismo muere»[84].

Karl Jaspers ha señalado cómo el santo africano denuncia la «egofilia» como la principal culpable de la anihilización del hombre. De hecho, san Agustín contrapone, vehementemente, la *superbia* (soberbia) del que se ama únicamente a sí mismo, a la *humillitas* (humildad) de aquel que ama a Dios por encima de sí. De nuevo, como vemos, los dos tipos de amor sirven para establecer una tipología humana: los soberbios, fieles al *amor sui,* y los humildes, guiados por el *amor Dei.* Y, a su vez, esta tipología actúa como fundamento de la distinción agustiniana de las dos ciudades: la ciudad terrena, formada por los soberbios, que se dejan arrastrar por la *cupiditas,* y la Ciudad de Dios, constituida por todos los humildes que son iluminados por la *caritas:*

Bueno es tener arriba el corazón, pero no en sí mismo, lo cual es propio de la soberbia, sino en el Señor, lo cual es propio de la obediencia, que no puede estar sino en los humildes. Hay, pues, algo en la humildad que de un modo maravilloso levanta el corazón; y hay algo en el engreimiento que abate el corazón [...]. Parece una contradicción eso de que la soberbia esté abajo y el abatimiento arriba: es que la humildad piadosa somete el súbdito al superior. Nada hay más alto que Dios; por lo cual la humildad levanta, cuando le somete a uno a Dios. Por el contrario, el engreimiento vicioso, por lo mismo que rechaza la sujeción y se desprende de Aquel que es superior a todos, por eso mismo se hace in-

---

[84] San Agustín, *Ioan 123* 5 PL 35 1968.

ferior [...] ya el mismo engreimiento es caer. Por eso en la actual ciudad de Dios y a la ciudad de Dios que peregrina en este siglo, se le recomienda con todo ahínco la humildad, y se propone con sumo cuidado el modelo en su mismo Rey, que es Dios. [...] Ésta es, en efecto, la gran diferencia por la que cada una de ambas ciudades se distingue: la una es sociedad de hombres piadosos; la otra, de impíos. La una es producto del amor de Dios, y la otra es obra del amor de sí mismo[85].

Este texto evidencia cómo san Agustín ve en la soberbia humana, en su autocomplacencia, la principal causa de la perdición del hombre, por lo que plantea como única vía de salvación el reconocimiento de la dependencia ontológica del hombre respecto a Dios. Aquel que se celebra a sí mismo como obra propia es un hombre que no logrará nunca llegar a ser plenamente, mientras que aquel que se reconozca criatura divina, obra de Dios, y ofrezca su individualidad a ese Otro, entonces está en el camino adecuado hacia un renacimiento al verdadero ser. Existe, pues, un cierto paralelismo entre este diagnóstico agustiniano sobre la situación del hombre en relación con Dios, y ese otro diagnóstico zambraniano sobre la agonía del europeo: la soberbia del hombre, materializada en el ensoberbecimiento de su razón, es la culpable del fracaso de Europa, pues, con esta actitud, lejos de conquistar un espacio netamente humano, el hombre ha sembrado el vacío en su interior por haber desterrado de su horizonte la figura divina. Zambrano, al igual que san Agustín, también reivindica la humildad humana como única solución posible al nihilismo occidental: hasta que el hombre europeo no deje a un lado su soberbia y reconozca su dependencia de Dios, su condición de criatura divina, no podrá llegar a ser un «hombre nuevo».

Este paralelismo entre san Agustín y Zambrano todavía se hace más palpable en sus respectivas concepciones de la libertad. Recordemos que nuestra autora, en *Filosofía y Poesía* (1939), achacaba al absolutismo de la libertad, auspiciado

[85] San Agustín, *De Civitate Dei* 14, 13.

por el racionalismo y el idealismo, la verdadera raíz de la crisis de la modernidad. O, dicho con otras palabras, Zambrano veía en la total independencia del hombre moderno respecto a Dios el verdadero germen de la destrucción de la civilización occidental. Con ello, penalizaba la libertad absoluta del hombre como un mal que sólo se puede paliar volviendo a un sometimiento a la divinidad. Esta consideración negativa de la libertad la encontramos también en san Agustín. El santo africano establece una distinción entre el *libre arbitrio (liberum arbitrium)* y la *libertad (libertas)* propiamente dicha. El libre albedrío es la libertad natural con la que el hombre ha sido dotado por Dios por el mero hecho de ser hombre. Con ella, el hombre puede condenarse o salvarse. Se salva si dirige su voluntad hacia su fin último, que es Dios; se condena, en cambio, si se extravía en las cosas mundanas. Cuando el hombre usa su libre arbitrio para dirigirse hacia Dios, entonces adquiere la verdadera *libertas*. Entendida en este segundo sentido, la libertad no excluye la noción de sometimiento a Dios, la noción de necesidad, sino que, por el contrario, la potencia, pues el hombre sólo es libre en su dependencia voluntaria de la divinidad. Igualmente, Zambrano defiende una libertad relativa, no desarraigada de la *necesitas* divina.

Íntimamente ligado a este tema desarrollado en *La agonía de Europa,* se encuentra la problemática de la *inhibición religiosa,* tratada en *Unamuno y su obra* (1939-1942). Con este término, extraído de la escuela freudiana, Zambrano alude a una de las fundamentales causas de la anihilización de la cultura occidental: la represión experimentada por el hombre de finales del XIX de su sentimiento religioso, entendiendo por éste el sentimiento de apertura que nos hace presente lo real, a la par que nos hace presentes a nosotros mismos. Zambrano lo equipara a la piedad originaria experimentada en las primeras religiones, que la define del siguiente modo:

> Piedad es la forma primeramente accesible de lo religioso, la toma de contacto, indefinible, pues toda religión comienza con lo inefable y acaba en ello, pues lo que de ella puede ser revelado en palabras es una parte mínima de todo lo que

nos ofrece. Y esto inefable es, sin embargo, el fundamento de la palabra, de que haya cosas y nombres para las cosas, pues que más bien se parece a un espacio, a un espacio vital donde vivimos, nos movemos y llegamos a ser[86].

Este pequeño párrafo es importantísimo ya que en él Zambrano nos da la primera definición de Piedad: *el espacio vital donde vivimos,* ese espacio íntimo o *centro* que nos hace entrar en comunión con los demás seres sin perder, por ello, el sentimiento de la propia individualidad. Al hacer hincapié en este sentimiento de participación, nuestra autora recupera el sentido etimológico originario de la palabra *religión* como *religio,* voz relacionada con *religatio,* que es sustantivación de *religare,* y que significa «religar», «vincular», «atar», ver unido lo disperso, sentir la cercanía de la alteridad[87].

La desoladora situación que atraviesa nuestra cultura arranca, precisamente, de la inhibición de este sentimiento piadoso, de este sentimiento de comunión con todo *lo otro,* que nos conduce, inevitablemente, a la cerrazón de nuestro espacio vital, y, por ende, a un alejamiento cada vez mayor de nuestra matriz ontológica, haciendo que el exilio sea nuestra condición natural. Así nos lo expone la autora:

Parece ser el núcleo de la catástrofe europea esa pérdida efectiva de ese centro o espacio interior. La pérdida de su interioridad que es asfixia, que se grita desesperadamente en el espacio vital. Pues se trata nada menos que de la realidad externa y propia, de la realidad de las cosas y del hombre mismo que también se llega a desrealizar[88].

---

[86] María Zambrano, *Unamuno,* ed. de Mercedes Gómez Blesa, Barcelona, Debate, 2003, pág. 52.

[87] También en Zubiri encontramos definida la religión como religación: «La existencia humana, pues, no solamente está *arrojada* entre las cosas, sino *religada* por su raíz. La *religación* —*religatum esse, religio, religión,* en dentido primario— es una dimensión formalmente constitutiva de la existencia. Por tanto, la religación o religión no es algo que simplemente se tiene o no se tiene. El hombre no *tiene* religión, sino que, *velis nolis, consiste* en religación o religión. Por esto puede tener, o incluso no tener, *una* religión, religiones positivas» *(Hombre, Naturaleza, Dios,* Madrid, Editora Nacional, 1981, pág. 373).

[88] María Zambrano, *Unamuno, op. cit.,* pág. 67.

La causa desencadenante de esta inhibición religiosa la sitúa Zambrano, siguiendo lo ya expuesto en todas sus obras anteriores, en la dura campaña de anulación orquestada por el racionalismo moderno del lugar y el papel desempeñado por la religión. Se trata del difícil conflicto —expuesto en *El hombre y lo divino* (1955)— entre Filosofía y Religión que inaugura la modernidad, y que acabará en nuestra época con la victoria de la filosofía que ha usurpado el lugar reservado anteriormente a la religión. Zambrano señala dos hitos importantes del desarrollo de dicho conflicto: por un lado, el momento culminante del idealismo alemán, en el que la filosofía, con Hegel, al transformarse en ideología, pretende ser religión o, al menos, desempeñar las mismas funciones que ésta, sin declararlo abiertamente; y, por otro, la lucha encarnizada del positivismo, el materialismo y el pragmatismo contra cualquier fundamento religioso de la metafísica. La muerte de Dios decretada por Nietzsche no es más que la constatación de un hecho que se venía fraguando desde los orígenes mismos de la época moderna y que desemboca en este vacío de Dios, en la pérdida del centro vital de la persona.

Nuestra pensadora lanza la sospecha de la imposibilidad de la Piedad en el interior mismo de la Filosofía, como si la razón tuviese que extirpar todas las creencias y esperanzas humanas para poder ir abriéndose paso y llegar, así, a colonizar toda la realidad, incluida la realidad humana que será concebida como mero ente pensante. El drama de Occidente radica en este vivir según la conciencia, que ha dejado desasistido al hombre de todas sus creencias, de toda su fe, puesto que tales creencias constituyen, según nuestra autora —siguiendo a su maestro Ortega—, nuestra verdadera realidad. Lo auténticamente real no es el espacio físico que tenemos delante, sino ese otro espacio vital, íntimo, entrañado, anterior a cualquier otro, en el que nos abrimos al mundo y a nosotros mismos[89]. Inhibir la piedad, reprimir el sentimien-

---

[89] «Se trata, sí, de la falta y de la deformación de ese espacio anterior a cualquier otro, donde entramos en contacto con la realidad y en el que nos hacemos visibles y presentes para nosotros mismos» (María Zambrano, *Unamuno, op. cit.*, pág. 68).

to religioso supone el hermetismo del hombre respecto a lo *otro* y la enajenación de la propia intimidad.

Pero el hombre no soporta este vacío interior. Su nada le angustia tanto que frenéticamente intenta llenar el hueco dejado por la divinidad con toda una serie de sucedáneos laicos. De hecho, el culto a la personalidad, la búsqueda de la fama y de la notoriedad, la idolatría del nombre, que tanto predicamento tienen en nuestra época, no son más que una forma profana de Piedad, según interpreta Zambrano, una forma de culto y de adoración semejante a la profesada anteriormente a la divinidad. Igualmente ocurre con la proliferación de toda una serie de *mitologías laicas* que exigen del individuo la misma entrega, la misma fe que los antiguos dogmas religiosos. Entre éstas mitologías destaca nuestra autora las siguientes:

> Débilmente se han proclamado en la segunda mitad del siglo XIX varias religiones: la de la Humanidad —que ha tenido una proclamación más clara y decidida como debida al fin a la Filosofía—, la de la Naturaleza, la del Arte, después la de la Música —la poesía ha sido más cauta—, la del progreso, la de la Ciencia, la implicada en la Filantropía... Y varios cultos aislados con caracteres de adoración absoluta, indiscutible, religiosa: la extinción del dolor, la del trabajo, en algunos excepcionales seres, la del placer, en otros más difíciles aún, la del conocimiento[90].

Todas estas *religiones profanas,* nacidas de esa nostalgia de lo divino o del Absoluto, como ha señalado recientemente George Steiner[91], representan la nueva forma de Piedad que viene a sustituir a la vieja Piedad. Esta Piedad nueva es hija enteramente de la Filosofía, es hija de esa razón absoluta que en la modernidad ha vencido y derrotado a la religión, a la

---

[90] *Ibídem*, pág. 64.
[91] George Steiner, en su ensayo *Nostalgia del Absoluto* (Madrid, Siruela, 2001), habla también de una serie de mitologías laicas surgidas en la época contemporánea para suplir el vacío de la religión. Tales mitologías actúan como verdaderos sistemas de creencias. Entre éstas destaca el marxismo, el psicoanálisis y la antropología de Lévi-Strauss.

Piedad antigua. Y esta derrota no se debe a un agotamiento previo de la religión, no se debe a un desgaste de la vieja Piedad —como si la nueva Piedad viniese a ocupar el lugar previamente abandonado por la religión—, sino que se debe a una usurpación de ese espacio sagrado, a una negación de lo divino como paso previo a su propia afirmación. La Filosofía lleva en su seno este carácter violento que la impulsa a desalojar todo aquello que le es anterior para poder convertirse ella sola en Absoluto.

HACIA «CLAROS DEL BOSQUE»

Estos tres aspectos del exilio metafísico (el aspecto político, epistemológico y teológico) que acabamos de mostrar nos prepara la senda para adentrarnos en *Claros del bosque*, pues en esta obra vamos a encontrar expuestos, como punto de partida, cada uno de los temas que hemos abordado en los epígrafes anteriores. De hecho, *Claros del bosque* tiene un carácter ambivalente en el conjunto de la producción zambraniana: por un lado, es una obra en clara continuidad, en cuanto a su temática, con el resto de sus libros antecesores, pues vamos a ver en ella planteados y recapitulados los dos grandes ejes temáticos que han servido de venero a sus ensayos precedentes: de una parte, la necesidad de crear un espacio de visibilidad para el ser escondido del hombre que le ponga en sintonía con el origen sagrado de la vida y, de otra, la exigencia de un nuevo método de conocimiento que haga posible dicha visibilidad. Por otro lado, es una obra rupturista en su modo expositivo respecto a sus escritos anteriores, en tanto pone en marcha lo que se denomina la «razón poética», una razón que se sirve del símbolo y la metáfora como vehículo de pensamiento, dotando al discurso zambraniano de un mayor hermetismo comprensivo. En *Claros del bosque* encontramos junto a imágenes de la tradición mitológica griega (la Medusa, Apolo, Atenea, la cicuta, la Luna), elementos pertenecientes a la simbología de la mística cristiana (el centro, el punto, el corazón, la llama, la noche oscura, la cruz). La autora, pues, utiliza estos recursos expresivos para hablar de un modo indirecto, siempre alusivo, de una experiencia personal de revelación del ser que se da en un estado especial de conciencia, cercana al delirio o al éxtasis místico, en el que se logra respirar al unísono con la totalidad. Ya hemos apuntado que este estado especial de lucidez adviene en experiencias límite de la vida como la del exilio, en la que el sujeto llega a un estado tal de nadificación y desasimiento de sí que le prepara para hacer de su interioridad un espacio óptimo a la recepción de la verdad. La intención que preside esta obra no es otra que el intento de transmitir estas vivencias extáticas, súbitas y discontinuas, alcanzadas en esos instantes privilegiados en los que se produce una mostración del ser. Zambrano es consciente del carácter inefable de estas «revelaciones» o «visiones». Lo enunciable parece estar herido por lo indecible, pues nos habla de una extrañeza interior difícilmente descifrable en términos lógicos, como ocurre en toda experiencia mística. De hecho, Zambrano se hace eco del *modus loquendi* de la mística, especialmente de san Juan de la Cruz y de Miguel de Molinos, haciendo uso de algunos recursos estilísticos y retóricos del discurso místico, como son el oxímoron, la paradoja y la antítesis, en los que el lenguaje se cuestiona a sí mismo a través de una técnica de manipulación lingüística que tiene por objeto transmutar las coherencias de las significaciones y retorcer las palabras para hacerlas decir aquello que no se puede decir («un no sé qué que quedan balbuciendo»). El oxímoron viola la lógica del discurso al enlazar dos términos antagónicos pertenecientes a órdenes distintos («música callada», «soledad sonora», «oscura claridad») y a través de esta perversión del discurso crea un hueco o vacío en el lenguaje que permite mostrar lo que no dice, lo que no se deja cifrar en conceptos. El lenguaje místico utiliza vocablos conocidos pero dispuestos de un modo inusual que diseña un nuevo espacio de mostración en el que se pone de manifiesto lo otro del lenguaje, al hacer que las palabras sugieran, sin decir, el duelo de la separación. Por ello, la mística, al mismo tiempo que muestra lo inefable, lo oculta, lo torna secreto, lo vela. De ahí la extrañeza que siembra siempre un texto de estas características, un texto que supone la opacidad del signo, en tanto quiebra la relación habitual entre el significante y el significado. Esta opacidad también la encontramos presente en el discurso de *Claros del bosque* justamente por esta intención de la autora de hablar de aquello de lo que no se puede hablar, sólo experimentar. No creo, pues, que este pueda ser un demérito de la obra, en contra de lo que opina la estudiosa Ana Bundgaard que achaca al empleo que hace Zambrano de las imágenes simbólicas el carácter «críptico», rayano en lo incomprensible, de esta obra:

> Para esquivar la razón discursiva, la autora de *Claros del bosque* en vez de conceptos utiliza imágenes, pero no habría que olvidar que estas imágenes resultan tan abstractas como los conceptos que Zambrano voluntariamente rehuye. De hecho, la lógica de los conceptos, imprescindibles en un discurso filosófico, es sustituida en el discurso poetizante por imágenes lexicalizadas que reduplican la penumbra que envuelve las cuestiones relacionadas con el ser y el ente sobre las que escribe la autora. Descifrar estas imágenes exige, en nuestra opinión, un esfuerzo interpretativo que el concepto, si es operativo, normalmente no requiere[92].

Sí compartimos, en cambio, con Bundgaard, la opinión de que el uso que hace Zambrano de dichos recursos retóricos no debe dar pie a confundir el texto poetizante y, en algunos momentos, de un marcado tono lírico, de *Claros del bosque* con un texto «poético» de naturaleza mística. La diferencia entre el lenguaje poetizante de Zambrano y la poesía mística estribaría en que las imágenes y símbolos que utiliza esta última son *expresión* de esta experiencia inefable que nos hace sentir el silencio como máxima resistencia de la palabra a nombrar lo inefable. Zambrano, en cambio, según esta estudiosa, haría un uso pedagógico y explicativo de dichas imágenes y símbolos, emparentando, de este modo, el discurso de *Claros del bosque* con los comentarios en prosa de san Juan que pretenden aclarar la simbología mística de su poesía[93].

---

[92] Ana Bundgaard, *Más allá de la filosofía. Sobre el pensamiento filosófico-místico de María Zambrano,* Madrid, Trotta, 2000, pág. 433.
[93] *Ibídem,* pág. 428.

Bundgaard señala otra diferencia más entre el lenguaje poético y el lenguaje poetizante de Zambrano: en el poema, el poeta asiste a la revelación misma del ser en el acto de la escritura, pues la acción propia de la palabra poética no es otra que la de crear el espacio de anunciación de la verdad —como decía Heidegger en sus comentarios sobre la poesía de Hölderlin—, mientras que el discurso zambraniano nos remite a una vivencia previa de la verdad, experimentada por la autora, en la que se aúna el sentir y el conocimiento.

Un sentir iluminante

En *Claros del bosque* asistimos —como ya hemos apuntado— a una recapitulación de buena parte de la teoría ontológica, metafísica y epistemológica desarrollada en las obras anteriores de nuestra autora. La problemática central de *Claros* es de naturaleza ontológica, en tanto que el hombre, como existente, se encuentra en una situación de ocultamiento y de opacidad respecto de su propio ser: «el hombre es un ser escondido en sí mismo». Este ocultamiento se produce en el mismo momento en el que el ser humano inicia su existencia, cayendo en el olvido de un estado anterior, previo a su nacimiento, una especie de «vida pre-existente» en la que se encontraba en comunión y participación con la Unidad primordial. Este Uno (Dios) es el principio y fundamento de la realidad, es un Absoluto trascendente que es dador del ser de todas las cosas por amor. Es «ese lugar primero que parece sea como un agua donde el ser germina, al que no se puede llamar naturaleza, sino quizás simplemente lugar de vida». Vemos, pues, como esta ontología zambraniana es deudora de la ontología gnóstica y neoplatónica que tanta influencia tuvo, posteriormente, en san Agustín y en toda la mística cristiana y que parte también de la afirmación de esta Unidad trascendente como fuente de vida y de conocimiento. Según Zambrano, el viviente, a pesar de haber olvidado esta vida pre-natal, conserva la huella de este Absoluto, de este Amor preexistente. Por ello siente nostalgia de la unidad perdida que nos hace padecer la enfermedad del

Uno, la enfermedad de la escisión. El individuo experimenta su existencia como un desgarro de la matriz ontológica (Dios), como un exilio de esta «fuente de la Vida», fundamentadora del ser. Prendido por amor al Uno, le angustia su inanidad, su falta de ser al estar desgajado del Todo. Por eso, dirá Zambrano que el hombre es aquel ser que «padece su propia trascendencia», que siente la ausencia del Absoluto, la pérdida del fundamento de su propio ser. Y será este sentimiento de pérdida, de dolor, nacido del amor a la unidad primigenia, el que nos hace peregrinos en busca de un lugar marcado por la ausencia.

El amor, en tanto sentir originario del fondo sagrado de lo real, nos conmina a atender la llamada de nuestro ser que clama por salir de su ocultación. «El despertar es la reiteración del nacer en el amor preexistente», nos dice Zambrano. Tiene el amor, en tanto «inspiración, soplo divino en el hombre», este carácter trascendente y revelador que nos mueve a despertares súbitos, a una especie de fulgores, de «claros» —«presencia pura»— en los que se nos revela nuestro ser oculto y en los que volvemos a respirar al unísono con el Ser Uno, con la divinidad. En estos raros e inusuales momentos se logra una sincronización entre nuestro ser y la Vida toda, anticipadora de la verdadera unión que se dará después de la muerte, donde entraremos en una dimensión más plena del ser.

Pero tras estos instantes de espontánea lucidez, nuestro ser vuelve a retrotraerse a la penumbra, vuelve a replegarse en sí mismo, amparándose en la oscuridad de la entraña. Se nos presenta, pues, nuestro ser en ese juego de claroscuro que es el transparentarse a la par que esconderse, revelándose así la ambigüedad como una categoría esencial del ser humano: «Encuentra el hombre su ser —nos dice Zambrano—, mas se encuentra con él como un extraño; se le manifiesta y se le oculta; se le desvanece y se le impone; le conmina y exige»[94]. Será el amor, como agente de lo divino en el hombre, quien actúe como una luz o fuego iluminador de nuestras entrañas

---

[94] María Zambrano, *El sueño creador,* Madrid, Turner, 1986, pág. 52.

donde yace nuestro ser escondido. Como elemento media-dor entre las diferentes estancias de lo real, el amor nos faci-litará el camino de regreso a las «aguas primeras» de la vida, pues el amor implica conocimiento desde el padecimiento, es un «sentir iluminante» revelador del ser, un «sentir que es directamente, inmediatamente, conocimiento sin mediación alguna», «conocimiento puro, que nace en la intimidad del ser», nos dice en *Claros* la autora. Es la «llama de amor viva»[95] de la que hablaba san Juan de la Cruz en su célebre poema y que en la simbología cristiana se representa con la imagen de un corazón ardiendo. Ya había abordado Zambrano en *El hombre y lo divino* esta naturaleza trascendente del amor:

> El amor trasciende siempre, es el agente de toda trascen-dencia en el hombre. Y así, abre el futuro; no el porvenir que es el mañana que se presume cierto, repetición con variacio-nes del hoy y réplica del ayer: el futuro, la eternidad, esa apertura sin límite a otro espacio y a otro tiempo, a otra vida que se nos aparece como la vida de la verdad[96].

Recordemos que la autora considera —y esto constituye una de las ideas-fuerza de su filosofía— que nuestro ser y el ser del mundo se revelan siempre a través de una expe-riencia pática y no noemática. Traigamos a colación, en este sentido, un breve fragmento de *Para una historia de la Piedad*:

> Todo, todo aquello que puede ser objeto del conocimien-to, lo que puede ser pensado o sometido a experiencia, todo lo que puede ser querido, o calculado, es sentido previamente de alguna manera; hasta el mismo ser que, si solamente se le entendiera o percibiese, dejaría de ser referido a su propio centro, a la persona[97].

---

[95] «¡Oh llama de amor viva, / que tiernamente hieres / de mi alma en el más profundo centro!», San Juan de la Cruz, *Obra completa*, I, Madrid, Alian-za Editorial, 2003, pág. 73.

[96] María Zambrano, *El hombre y lo divino*, Madrid, Siruela, 1991, pág. 255.

[97] María Zambrano, *Para una historia de la Piedad*, Málaga, Torre de las Pa-lomas, 1989, pág. 11.

El sentir, sobre todo el amor y una de sus formas, la Piedad, es considerado como aquella dimensión del hombre que abre el espacio interior para la aparición de la verdad, es decir, para la manifestación de nuestro ser y del fondo sagrado que lo sustenta (Dios). Crea una morada íntima para que tenga lugar una hierofanía, al mismo tiempo que la anunciación de nuestro ser. Por ello, es previo a cualquier otra actividad humana, incluida la actividad intelectual:

> La realidad, ya los filósofos lo descubren nuevamente, se da en algo anterior al conocimiento, a la idea. Ortega y Gasset, el filósofo español, estaba elaborando su Razón vital a base de su descubrimiento de que la realidad es previa a la idea, contrariamente a lo formulado por el «idealismo». Y si es previa a la idea, ha de ser dada en un sentir[98].

Por ello, la autora enaltece la dimensión pática hasta hacer de ella la auténtica esencia humana:

> El sentir, pues, nos constituye más que ninguna otra de las funciones psíquicas, diríase que las demás las tenemos, mientras que el sentir lo somos. Y así, el signo supremo de veracidad, de verdad viva ha sido siempre el sentir; la fuente última de legitimidad de cuanto el hombre dice, hace o piensa[99].

Despertar existiendo: el camino de la filosofía

Frente a este Amor preexistente, el hombre tiene dos opciones: olvidarlo y hacer caso omiso para construir un Yo en solitario, desgajado del Todo, con el esfuerzo de su voluntad; o por el contrario, responder a su requerimiento y, siéndole fiel, ir rescatando su ser escondido que le reconducirá, a su vez, hacia el Uno. Dos caminos, por tanto, se le ofrecen al viviente: «despertar existiendo» o «despertar naciendo». El

---

[98] *Ibídem*, pág. 20.
[99] *Ibídem*, págs. 11-12.

primero, «despertar existiendo», supone, para la autora, un camino erróneo para la revelación de nuestro ser oculto, pues cifra en un esfuerzo de la razón y de la voluntad el conocimiento de nuestro ser velado. Es el camino seguido por toda la filosofía que, ante la extrañeza que nos provoca nuestro ser oculto, utiliza como estrategia para desentrañarlo el método dialéctico, el arte de preguntar, de lanzar preguntas, y, sobre todo, la pregunta de las preguntas, la pregunta por el ser que da inicio a la Metafísica. Responder a este interrogante será el cometido principal del saber filosófico que considera a la verdad como una «conquista», como una batalla que hay que ganar al misterio a base de un esfuerzo conceptual, simbolizado por ese arduo ascenso del esclavo liberado hacia el mundo de arriba, hacia el mundo de la luz, relatado por Platón en el mito de la caverna. Este esfuerzo consiste en reducir la heterogeneidad de lo real a la homogeneidad del espacio racional. Éste es el modo de actuar de la razón de esta tradición filosófica, una razón violenta e impositiva que no busca saber tratar con lo otro, con lo diferente del sujeto, sino anularlo, reduciéndolo a las categorías cognoscitivas del sujeto:

> Mas el ímpetu del existir se precipita con la velocidad propia de lo que carece de sustancia y aun de materia, de lo que es sólo un movimiento que va en busca de ellas y arranca al ser que despierta de ese su alentar en la vida. Y aun antes de abrirse a la visión, se ve arrastrado hacia la realidad, lo que lo pone frente a ella, a que se las vea con ella.

Esta razón nos hace olvidar el sentir originario, «nos arranca del amor preexistente, de las aguas primeras de la vida y del nido mismo donde su ser nace invisiblemente para él, mas no insensiblemente». Zambrano, vuelve a plantearnos, pues, el tema de la violencia de la filosofía que ya había abordado —como hemos visto en un apartado anterior— en *Filosofía y Poesía*. Allí analizábamos cómo la autora incriminaba al saber filosófico el ser un saber que, en lugar de mantener al sujeto religado a lo real, lleva a cabo la tarea contraria: la fractura con las cosas, el desgarro de la unidad originaria. Este desarraigo ontológico, este exilio de la unidad, es efecto de la acción misma que lleva a cabo el pensamiento filosófico que no es otra que la de escindir al hombre de la realidad y situarlo «frente» a las cosas, no «al lado de» ellas. La filosofía es, de este modo, «un éxtasis fracasado por un desgarramiento» que nos aparta de la admiración primera y desinteresada de las cosas que nos impulsa, según Aristóteles, al saber. Esta actitud violenta no es propia de determinadas corrientes filosóficas, sino que se erige en principio constitutivo y seña de identidad de la disciplina filosófica, cuya acción es siempre reductora y homogeneizadora, aunque bien es cierto que con la «Metafísica de la Creación», auspiciada por el idealismo, esta actitud se ha extremado. Recordemos que en esta temprana obra, la autora ya nos brindaba un diagnóstico del nihilismo de Occidente: a medida que el hombre cifra en su voluntad la creación de su ser, aumenta su sentimiento de vacío, de ausencia de fundamento óntico que despierta su angustia existencial. El ser humano pretende defenderse de esta angustia erigiendo un castillo de razones, un «sistema», pero desgraciadamente la nada sigue colándose entre los agujeros de esa fortaleza erigida por la razón. La libertad, elevada a esencia del sujeto por esta Metafísica idealista, se convierte en un Absoluto que acaba anulando a la propia libertad al querer elevarse en el vacío, sin sustento divino. El hombre quiere ser por sí mismo, asistido por su voluntad y conciencia, sin depender ya de Dios. Quiere existir en solitario, separado de la Unidad y anhela el viejo papel desempeñado por Dios para convertirse él en fundamento del ser del mundo y de sí mismo, sin estar, a su vez, fundamentado en nada, ni en nadie. El sujeto moderno desea dejar a Dios cesante para ocupar el puesto central de la divinidad. Esta «muerte de Dios» es el gran fracaso de Occidente, como ya hemos visto también en *La agonía de Europa*.

En *Claros* se repite el mismo diagnóstico: la soberbia de este Yo fuerte, conciencia ordenadora de lo real, nos impide ver nuestro propio ser velado: «El *yo* en sí mismo se alza y pretende erigirse en ser y medida de todo lo que ve y de lo que así él mismo se oculta. Se muestra y se oculta el existente, él, por sí mismo». Esta soberbia inhibe el sentir originario de participación con lo real, condena al olvido el Amor pre-existente. Y, sin este Amor, sin este sentir iluminante, es imposible la apertura de un espacio interior en el que la divinidad, como fundamento de nuestro ser, se haga presente. La angustia del hombre contemporáneo radica en este hermetismo de las entrañas provocado por una razón impositiva que se rearma contra la revelación del ser inicialmente recibida, y que trastoca la luz inicial en una luz homogénea, una luz que «reduce seres y cosas a lo que de ellos hace falta solamente para ser recibidos nítidamente». Es una luz cegadora que retrotrae al ser escondido, de nuevo, a su nido, a su escondite. Esta razón fuerte de la tradición filosófica es incapaz, por tanto, de saber tratar con lo Otro, con ese fondo sagrado de lo real como fuente de vida. Es inhábil para habérselas con lo heterogéneo a ella, con aquello que se encuentra en un plano diferente del sujeto de conocimiento. Zambrano nos remite, otra vez, al tema de la Piedad enunciado en *El hombre y lo divino,* a la inhibición de este sentimiento de participación y de comunión con lo real que provoca la cerrazón de nuestro interior, la pérdida del centro, único espacio en el que el hombre puede llegar a respirar al unísono con el universo. De ahí nuestro irremediable exilio metafísico.

Despertar naciendo: el camino de la razón poética

Frente a este camino de la razón sistemática de la filosofía, Zambrano nos invita a transitar otro camino, el camino de la razón poética, el único que nos va permitir «despertar naciendo» a nuestro ser. La autora se convierte en la «guía» de este camino, indicándonos los pasos que debemos ir dando para retornar a esa matriz ontológica de la que estamos exiliados. De hecho, *Claros del bosque* puede ser considerada como una guía espiritual que, siguiendo el ejemplo de la de Maimónides o la de Miguel de Molinos —sus referentes más inmediatos—, nos muestra la senda para lograr una *vita nova,* una transformación interior que nos haga aptos para acoger la revelación de la verdad. Toda guía se caracteriza por ser «camino de vida»[100], por ser un «saber de salvación» —tal y como nos la define Zambrano en un texto consagrado a este peculiar género filosófico—, en el que el *logos* desciende con humildad hasta la problemática concreta de cada individuo para ayudarle a salir de una situación crítica. La guía es una forma de pensamiento cuya acción esencial es transformar la vida de otro en contacto con ciertas verdades, pues la verdad, según la filósofa, no puede ser sólo conocida, sino que ha de ser también asimilada y esa asimilación conlleva siempre una transformación interior, un cambio total de la persona que le permitirá abrirse paso en lo caótico de su existencia. Este género de pensamiento olvidado que, según la autora, tiene que ser rescatado en nuestros días, es radicalmente opuesto a la forma sistemática que impone con violencia una verdad objetiva al hombre considerado en su generalidad. En la guía, por contra, el pensamiento queda reducido a su mínimo grado de abstracción y universalidad, para devenir un saber práctico que ha de amoldarse al hombre concreto al que va dirigido, pues en esta forma de saber lo esencial es el destinatario. La guía siempre es «para alguien particular» que necesita salir de un embrollo, por eso es «la razón en su forma medicinal, en su forma extrema misericordiosa»[101], cuyo cometido es ayudar al viviente en su peripecia vital. Es una razón humilde, sin grandes pretensiones, las justas para hacer del pensamiento «cauce de vida», para hacer de las verdades «convicciones» que sustenten la vida.

Claros del bosque es una guía en el sentido que acabamos de exponer, una guía a través de la cual Zambrano lleva a cabo un doble cometido: por un lado, nos expone un saber de experiencia, un saber padecido que no se deja elevar al cielo de la objetividad porque es un *«logos* encarnado»*, una razón entrañada en la que se entrelazan el pensamiento y el sentir. La autora nos comunica una serie de «visiones» o «iluminaciones», instantes privilegiados en los que la verdad se le ha

[100] María Zambrano, «La Guía, forma del pensamiento», en *Hacia un saber sobre el alma*, Madrid, Alianza Tres, 1987, págs. 59-81.

[101] *Ibídem*, pág. 65.

revelado de una manera gratuita, sin haber sido forzada, gracias a una previa transformación interior que ha hecho del alma o del corazón el receptáculo de dicha verdad. El lugar de la enunciación de Zambrano es la propia experiencia que determina el segundo objetivo de la obra, pues su trayectoria espiritual, marcada por el desasimiento que conlleva la experiencia del exilio, se brinda como ejemplo a emular por todos aquellos que también hayan previamente sentido la «llamada» del Amor preexistente. *Claros* es, de esta manera, un «tratado del método»[102], en tanto que se presenta como camino a seguir por aquellos que ya, de entrada, se sienten conminados por esta *quête* espiritual. Hay un «querer» actuando de *a priori* del discurso que va a determinar la elección del destinatario, pues, Zambrano se dirige —al igual que el místico— especialmente a las almas ya comprometidas en esta búsqueda, a las personas que se encuentran ya encaminadas al principio de la senda, a los ya iniciados, o a los que están a punto de serlo. La autora es consciente de que «la experiencia irrenunciable se transmite únicamente al ser revivida, no aprendida»[103] y toda experiencia es un vivir en el tiempo que determina que su forma enunciativa sea fragmentaria, nunca una declaración completa[104]. De ahí el carácter fragmentario de *Claros* que responde a este carácter discontinuo del saber de experiencia. Además, dicho saber es relativo, nunca absoluto, ni impositivo, pues se mueve en el ámbito de la razón práctica que interpreta la filosofía como una forma de vida.

La elección de este método de experiencia supone una crítica a la forma sistemática de la filosofía, como un método inadecuado para las verdades de la vida, esas que no sólo son percibidas con la mente, sino sentidas con el alma. «La vida

[102] De hecho, el título originario que había otorgado Zambrano a esta obra era *Notas de un método*, tal y cómo relata la autora en carta a Agustín Andreu, fechada el 4 de octubre de 1973, cfr. *supra*, nota 3. La autora publicó más tarde un libro con este título con el que *Claros del bosque* guarda una gran proximidad.

[103] María Zambrano, «La Guía, forma del pensamiento», *op. cit.*, pág. 71.

[104] «La experiencia es siempre fragmentaria, pues si no dejaría de ser experiencia ya», M. Zambrano, *ibídem*, pág. 72.

tiene siempre una figura —nos dice Zambrano—, que se ofrece en una visión, en una intuición, no en un sistema de razones»[105]. Por ello, desde una época temprana Zambrano insistía, en un conocido ensayo de 1934[106], en la necesidad de un saber sobre el alma, en tanto sede del sentir, como única vía para descubrir la estructura metafísica de la vida. Desentrañar las categorías vitales supone descender hacia ese mundo enigmático y oscuro del sentir, pues la *psiqué* es el lazo de unión entre el hombre y la realidad. Sin embargo, no siempre la tradición filosófica ha prestado la atención suficiente al rumor del alma. Es más, la mayoría de los ensayos consagrados a este tema adolecen de dos grandes fallos: por un lado, su fragmentariedad y su falta de fundamentación (a excepción de lo escrito por Aristóteles y Spinoza); y, por otro, los numerosos prejuicios éticos y religiosos que vician y enturbian toda auténtica reflexión sobre el alma. Como comenta Zambrano:

> O sobra de arquitectura, de supuestos, o falta de firmeza y de última claridad en lo aprehendido. La mariposa, en unos casos se muere, en otros se escapa. Pocas veces se ha dado este milagro de agilidad de la mente, que es tratar adecuadamente al alma, fabricar una red propia para atrapar la huidiza realidad de la «psiqué»[107].

Esta desconsideración se agrava todavía más en la época moderna con la concepción racionalista del hombre como mero ente de conocimiento que pone entre paréntesis su vida emotiva. La filosofía se centra, a partir de esa época, en las cuestiones epistemológicas y en una reflexión ética sobre el ejercicio de la libertad, quedando el alma como la asignatura pendiente de la filosofía[108]. No ha corrido mejor suerte

---

[105] *Ibídem*, pág. 80.

[106] María Zambrano, «Hacia un saber sobre el alma», en *Hacia un saber sobre el alma, op. cit.*, págs. 19-30.

[107] *Ibídem*, págs. 25-26.

[108] «En realidad, quedaba el alma como un reto. Por una parte la razón del hombre alumbraba la naturaleza; por otra, la razón fundaba el carácter transcendente del hombre, su ser y su libertad. Pero entre la naturaleza y el yo del

en el siglo XX, pues se ha ocupado de su tratamiento un reciente saber, la psicología, que pretende hacer de la *psiqué* el objeto de una ciencia sometida a legalidad, desvirtuando, con ello, su verdadera naturaleza lábil y escurridiza.

El balance que nos presenta Zambrano es tan negativo que llega incluso a preguntarse si es posible hablar del alma desde el ámbito del pensamiento:

> Pero ¿quedará así siempre? ¿Permanecerán sin luz estos abismos del corazón, quedará el alma con sus pasiones abandonada, al margen de los caminos de la razón? ¿No habrá sitio para ella en ese «camino de vida» que es la Filosofía? ¿Su corriente tendrá que seguir desbordada con peligro de ensancharse? ¿No podrá fluir recogida y libremente por el cauce que abre la verdad a la vida?[109].

A lo que la autora contesta con una sentencia que recrea la ya famosa de Pascal: «Hay, sí, razones del corazón, hay un orden del corazón que la razón no conoce todavía»[110]. Pero, para que la filosofía se adentre en este mundo desconocido del alma se precisan dos cosas, según Zambrano: primero, una nueva antropología que contemple una imagen íntegra del hombre que no cercene ninguna dimensión humana; y, segundo, una nueva razón «íntegra» también que sea capaz de asumir la realidad humana en su totalidad, a diferencia de la vieja razón pura, de la razón teórica encaminada más hacia el dominio de la *physis* y hacia un formalismo abstracto en la ética que hacia una comprensión de la complejidad de la existencia. Hasta que no converjan estos dos elementos, no se va a despejar el horizonte para una adecuada reflexión sobre nuestro orden pático.

De ahí, la necesidad de una reforma de la filosofía anunciada por Zambrano también en otro de sus ensayos primeros, «La reforma del entendimiento» (1937). En este breve escrito, la autora indica dos maneras posibles de hacer una

---

idealismo, quedaba ese trozo del cosmos en el hombre que se ha llamado *alma» (ibídem,* pág. 22).
[109] *Ibídem,* págs. 24-25.
[110] *Ibídem,* pág. 25.

reforma del entendimiento: por un lado, una reforma parcial, en la que la razón centraría su atención única y exclusivamente en sí misma para revisar su funcionamiento; por otro lado, una reforma mucho más radical, en la que se cuestionarían los límites mismos de la razón y se abordaría la delicada y escabrosa relación de ésta con la realidad, esto es, con aquello que no es racional, con lo irracional, con lo *otro*.

De estos dos modelos de reforma, el más ensayado ha sido el primero, la reforma sólo del instrumento racional, aceptando, en cambio, de un modo incuestionable, la estructura racional, ya sea total o sólo parcial, de lo real. Zambrano pergeña en este sentido, una breve historia de las sucesivas reformas de la razón que han tenido lugar en nuestra tradición filosófica, destacando, especialmente, tres momentos:

1.º La reforma llevada a cabo por el racionalismo para combatir el antiguo realismo greco-medieval. Descartes actúa de impulsor y principal protagonista de dicha reforma, al denunciar la ingenuidad de la filosofía realista que admite una supuesta realidad extramental del sujeto. El sistema cartesiano viene a negar tal realidad, identificando únicamente el ser con la conciencia del sujeto. La realidad primera e indudable son las ideas, las intuiciones intelectuales del sujeto, mientras que la supuesta realidad del mundo sensible debe ser puesta en duda, cuestionada como poco fiable. Con ello, el Ser queda circunscrito al espacio del sujeto pensante.

2.º La segunda reforma acaece en el periodo ilustrado, en el que numerosos filósofos sienten la necesidad de reflexionar sobre el entendimiento para hallar sus verdaderos límites, cuestionando la identidad entre ser y pensar defendida por los racionalistas. *El ensayo sobre la naturaleza humana,* de Locke, *El ensayo sobre el entendimiento humano,* de Hobbes, y, sobre todo, *La crítica de la razón pura,* de Kant, son hitos importantísimos de esta segunda reforma. Sin embargo, según Zambrano, esta dura crítica no logró mitigar el absolutismo metafísico del racionalismo, sino que sirvió de fundamento teórico para un racionalismo todavía mucho más exacerbado, el idealismo alemán, que radicalizó la violenta reducción de lo real a conciencia o espíritu, pero con una diferencia:

Hegel tuvo en cuenta, por primera vez, el factor tiempo: el espíritu absoluto se desarrolla en la historia.

3.º El tercer momento de una reforma de la razón correspondería a la última filosofía europea surgida a finales del XIX y principios del XX, principalmente el vitalismo e historicismo, que lucha denodadamente contra el movimiento idealista, destacando el carácter histórico de la razón y reivindicando una nueva atención reflexiva sobre la vida. La autora menciona especialmente la crítica de Ortega al idealismo, desarrollada por el filósofo madrileño en un breve ensayo titulado *Ni vitalismo ni racionalismo* (1924).

Detengámonos, un momento, en este ensayo orteguiano, porque nos va a permitir no sólo ver la diferente manera que tienen estos dos pensadores de encarar la crisis de la razón sistemática, sino también sus distintas concepciones de la razón. *Ni vitalismo ni racionalismo* fue publicado en octubre de 1924 en la *Revista de Occidente,* y en él Ortega, en un intento por deslindar su filosofía de las falsas adscripciones de las que había sido objeto, plantea el difícil problema de los límites de la razón, la dialéctica existente entre lo racional y lo irracional. La tesis que defiende puede resumirse en esta frase: «en la razón misma encontraremos, pues, un abismo de irracionalidad»[111]. Y su desarrollo es el siguiente: Ortega parte del análisis de la definición que en el *Teeteto* nos da Platón del conocimiento teórico como «dar razón» de algo, y ello supone averiguar su causa. Razonar es ir al principio de una cosa, adentrarse en su intimidad. Por eso, Platón vio en la definición el arquetipo de la *ratio*. Recordemos que «definir» consiste en descomponer un objeto en sus elementos últimos, con el fin de penetrar en su ser más entrañable:

> Cuando la mente analiza algo y llega a sus postreros ingredientes, es como si penetrara en su intimidad, como si lo viese por dentro. El entender, *intus-legere*, consiste ejemplar-

---

[111] José Ortega y Gasset, *El tema de nuestro tiempo,* Madrid, Revista de Occidente en Alianza Editorial, 1987, pág. 214.

mente en esa reducción de lo complejo, y como tal, confuso a lo simple, y como tal, claro. En rigor, racionalidad significa ese movimiento de reducción y puede hacerse sinónimo de definir[112].

Ahora bien, Ortega señala cómo Platón, cuando llega a este punto, se encuentra con una antinomia de la razón: «Al hallarse la mente ante los últimos elementos no puede seguir su faena resolutiva o analítica, no puede descomponer más. De donde resulta que, ante los elementos, la mente deja de ser racional»[113]. Esto conduce a la siguiente paradoja: o bien la mente deja de ser racional ante los últimos elementos, o bien los conoce a través de un elemento no racional como es la intuición. Si aceptamos la primera posibilidad, asumimos la condena de que conocer un objeto es descomponerlo en elementos incognoscibles. Si, en cambio, admitimos la segunda posibilidad, debemos reconocer que la racionalidad conduce a —y se fundamenta en— un elemento irracional. Esta misma antinomia de la razón la descubre Ortega también en el racionalismo de Leibniz:

> Leibniz designa la razón con la misma fórmula que Platón. El principio de todo conocimiento es el *principium reddendae rationis* —el «principio de dar razón», esto es, de la prueba. La prueba de una proposición no consiste en otra cosa que en hallar la conexión necesaria entre el sujeto y el predicado de ella. Ahora bien, esta conexión es unas veces manifiesta, como cuando digo A es A; por tanto, en todas las proposiciones idénticas. O bien es preciso obtenerla *per resolutionem terminorum*, es decir, descomponiendo los conceptos del sujeto y predicado en sus ingredientes o *requisita*. Para Leibniz, como antes para Platón, y entremedias para Descartes, la racionalidad radica en la capacidad de reducir el compuesto a sus postreros elementos, que Leibniz y Descartes llaman *simplices*[114].

---

[112] *Ibídem*, pág. 124.
[113] *Ibídem*, pág. 124.
[114] *Ibídem*, pág. 125.

Leibniz tiene que reconocer, finalmente, que la definición descansa en la intuición, y debería aceptar que su método de «análisis de conceptos» es incapaz de llegar hasta el fondo de una cosa, hasta sus últimos elementos, pues éstos sólo pueden ser conocidos por sí mismos, de un modo irracional:

> Esto es lo que hace inadmisible el racionalismo para todo espíritu severo y veraz. Siempre acaba por descubrirse en él su carácter utópico, irrealizable, pretencioso y simplista. El método que propone acaba por negarse a sí mismo, como todo falso personaje de tragedia incapaz de llevar su misión *jusqu'au bout*[115].

Para Ortega, «la razón es una breve zona de claridad analítica que se abre entre dos estratos insondables de irracionalidad»[116]. El gran error del racionalismo radica, según el filósofo, en dos elementos: por un lado, en su gran ceguera por no querer reconocer la irracionalidad de los elementos últimos de la cosa; y, por otro, en partir del supuesto totalmente arbitrario de que las cosas se comportan como nuestras ideas, de que la estructura de lo real es racional. Sin embargo, esto no es así, no sólo referido a la realidad, sino incluso referido a las matemáticas y a la física, ciencias en las que siempre acabamos topándonos con lo irracional, por lo que Ortega añade:

> Por todas partes tropezamos con el hecho gigante de que las cosas —números o cuerpos o almas— poseen una estructura, un orden y conexión de sus partes, distintos del orden y conexión que tienen nuestras ideas. La identificación de lo uno con lo otro, del *lógos* con el ser, formulada en las palabras de Spinoza —*ordo et connexio idearum idem est ac ordo et connexio rerum*— es la transgresión, la ligereza que el racionalismo añade al recto uso ilimitado de la razón[117].

Por ello, Ortega denuncia el carácter violento e impositivo del racionalismo: en lugar de contemplar y recibir el mundo,

---

[115] *Ibídem*, pág. 216.
[116] *Ibídem*, pág. 219.
[117] *Ibídem*, pág. 221.

el racionalista impone sus estructuras racionales a lo real, como efectivamente vio Kant al señalar en *La crítica de la razón pura* que no es el entendimiento el que ha de regirse por el objeto, sino el objeto por el entendimiento. «Pensar —nos dice Ortega— no es ver, sino legislar, mandar». Pero esta falta de coincidencia entre el pensar y el mundo, no hace a los racionalistas rectificar su actitud, sino todo lo contrario: se empeñan en que cambie el mundo, y sea éste el que se adapte a las estructuras racionales del sujeto. El filósofo madrileño nos trae a colación la figura de Fichte, «para quien el papel de la razón no es comprender lo real, formar en la mente copias de las cosas, sino «crear modelos» según los cuales éstos han de conducirse»[118]. La verdadera intención del racionalismo no es tanto un conocimiento teórico de la realidad, como una intervención directa en ella para cambiarla y ajustarla a su propio ideal, al *deber ser*. Hay que combatir, concluye Ortega, este arcaico «misticismo de la razón», este carácter impositivo que fundamenta a la filosofía racionalista.

Esta crítica al idealismo no se traduce, en el pensamiento orteguiano, en una defensa del irracionalismo, sino más bien en lo contrario. El propio filósofo nos lo aclara en las siguientes palabras: «Mi ideología no va contra la razón, puesto que no admite otro modo de conocimiento teórico que ella: va sólo contra el racionalismo»[119]. La filosofía orteguiana supone un serio intento de superar las contradicciones inherentes tanto al idealismo como al realismo antiguo. Esta superación la lleva a cabo con su propuesta de un *raciovitalismo* que apuesta por la vida como realidad radical, definiéndola como la coexistencia del sujeto con el mundo: «Esta, que es la realidad, se compone de mí y de las cosas. Las cosas no son yo ni yo soy las cosas: nos somos mutuamente transcendentes, pero ambos somos inmanentes a esa coexistencia absoluta que es la vida»[120].

[118] *Ibídem*, pág. 221.
[119] *Ibídem*, pág. 213.
[120] José Ortega y Gasset, *Unas lecciones de Metafísica*, Madrid, Revista de Occidente en Alianza Editorial, 1981, pág. 160.

Ortega reclamaba una recuperación de lo real como «contravoluntad», como aquello que ofrece resistencia al sujeto, como aquello que *previamente hay,* mucho antes de que el hombre decida apresarlo con su pensamiento: «El error más inveterado ha sido creer que la filosofía necesita descubrir una realidad nueva que sólo bajo su óptica gremial aparece, cuando el carácter de la realidad frente al pensamiento consiste precisamente en estar ya ahí de antemano, *en preceder al pensamiento*»[121].

Ahora bien, esto otro que me rodea no permanece junto a mi yo de un modo yuxtapuesto, sino que hay que hablar más bien de una pura interacción de ambos: yo no soy nada sin las cosas, y las cosas no son nada sin mí. A esta interacción la denomina Ortega *acontecer.* La vida es acontecimiento, es lo que le pasa a un yo en su mundo. Por lo tanto, el ser ha de ser concebido como acontecer y drama: «El ser es algo que pasa, es un drama». Esta nueva ontología choca frontalmente con la concepción estática y sustancialista del ser defendida por buena parte de la tradición metafísica. Por ello, Ortega denunciará que las categorías de la razón pura han quedado obsoletas como vehículos de aprehensión de la nueva realidad vital. Se precisa una reforma de la filosofía que plantee un «nuevo decir», una renovación de los viejos conceptos para poder desentrañar la vida:

> Necesitamos, pues, toda una nueva filosofía, todo un nuevo repertorio de conceptos fundamentales y aborígenes. Estamos iluminados, por una novísima fulguración. Esto, claro está, no puede hacerse de golpe porque no nos entenderíamos ustedes y yo. Tenemos que ir despegando —como dicen los aviadores—, tenemos que ir despegando de la filosofía tradicional, del repertorio de los conceptos recibidos, notorios y hasta populares; usando, *por lo pronto,* aquellos de entre ellos que se acercan un poco más, que se aproximan al cariz de esta nueva realidad entrevista[122].

---

[121] José Ortega y Gasset, «Prólogo para alemanes», *El tema de nuestro tiempo, op. cit.,* pág. 63.

[122] José Ortega y Gasset, *Sobre la razón histórica,* Madrid, Revista de Occidente en Alianza Editorial, 1983, págs. 72-73.

Este breve excurso sobre Ortega nos permite mostrar, sin ninguna duda, que el diagnóstico zambraniano sobre la crisis de la razón discursiva es deudor de la crítica orteguiana del idealismo. Zambrano sigue hasta aquí a su maestro, y, al igual que éste, sostiene que el fondo último de lo real es siempre irracional, alógico, y que sólo cabe un conocimiento inmediato de ello, ofrecido por la intuición. Sin embargo, la trayectoria de estos dos filósofos se bifurca, justamente, en este punto, pues Ortega, a pesar de reconocer lo necesario del conocimiento intuitivo y de un lenguaje metafórico como receptáculo de esta intuición («la metáfora es el auténtico nombre de las cosas», nos dice en *La idea de principio en Leibniz)*, insistía en que el conocimiento intuitivo debía estar acompañado por un sistema conceptual y que la metáfora sólo constituye un paso previo a la elaboración de nuevos conceptos capaces de apresar la vida. Ya desde sus *Meditaciones del Quijote* postulaba la exigencia de elevar el conocimiento intuitivo a conocimiento conceptual: «Sin el concepto, no sabríamos bien dónde empieza ni dónde acaba una cosa; es decir, las cosas como impresiones son fugaces, huideras, se nos van de entre las manos, no las poseemos. Al atar el concepto unas con otras, las fija y nos las entrega prisioneras»[123]. Sólo a través de este entramado conceptual podremos descubrir la unidad última de lo real, el sistema de relaciones que constituyen el entramado del mundo. La apuesta de Ortega es clara: «El concepto será el verdadero instrumento u órgano de la percepción y apresamiento de las cosas» (pág. 63). Como acertadamente ha señalado Francisco José Martín en *La tradición velada. Ortega y el pensamiento humanista:*

> Cuando Ortega solicita la reforma de la filosofía no se le escapa que esto mismo debe ir acompañado de una reforma del lenguaje de la filosofía. En este punto, Ortega va a reclamar la metáfora como un primer momento en la construcción del nuevo vocabulario (recuérdese el ejemplo de «serme flor la flor» que él mismo ponía), pero reserva para los conceptos un

---

[123] José Ortega y Gasset, *Meditaciones del Quijote,* Madrid, Revista de Occidente en Alianza Editorial, 1987, pág. 63.

lugar principal de ese mismo vocabulario —esos conceptos que aún no existen, pero que deberán crearse a partir de esas metáforas. Es decir, Ortega reconoce la preeminencia y la originalidad de la metáfora respecto al concepto, pero se mantiene fiel a una convicción que hace de la razón la máxima representante de la potencialidad de la filosofía, por lo que acabará reclamando para la nueva filosofía el papel fundamentalmente preeminente de los conceptos —Ortega mismo declara que en la expresión de la nueva filosofía se usarán las metáforas mientras los conceptos lleguen. El raciovitalismo se sirve de la metáfora, pero no es nunca una filosofía metafórica[124].

La reforma orteguiana de la razón estaría, por tanto, en un lugar intermedio entre los dos tipos de reforma apuntados por la autora en su ensayo: por un lado, se situaría más allá de aquellas reformas parciales que cuestionan tan sólo el funcionamiento del instrumento racional, al poner en duda el supuesto carácter racional de lo real, la infundada identidad entre el ser y el pensar, pero no llegaría a constituirse en una reforma radical de la razón por haber seguido apostando por el conocimiento conceptual y objetivo como único medio del que disponemos para penetrar en la realidad extramental. La reforma orteguiana de la filosofía no es suficiente para Zambrano. La autora exigía una salida más radical y extremada a la crisis de la razón discursiva: no se contentaba con una reforma del entendimiento, sino que había que postular una nueva forma de razón que superara las antinomias del *logos* y fuera capaz de enfrentarse al fondo irracional de lo real, a «lo otro», como lo denomina la autora, a esa experiencia primigenia dada en la intuición que acontece fuera del *logos* discursivo. En una carta dirigida al escritor gallego Rafael Dieste, fechada en La Habana el 7 de noviembre de 1944, la autora manifiesta abiertamente su discrepancia con el pensador madrileño:

Hace ya años en la guerra sentí que no eran «nuevos principios ni una Reforma de la Razón», como Ortega había postulado en sus últimos cursos, lo que ha de salvarnos, sino

---

[124] Francisco José Martín, *La tradición velada. Ortega y el pensamiento humanista*, Madrid, Biblioteca Nueva, 1999, págs. 87-88.

algo que sea razón, pero más ancho, algo que se deslice también por los interiores, como una gota de aceite que apacigua y suaviza, una gota de felicidad. Razón poética... es lo que vengo buscando.

Se trata de una *razón poética*, que descubre en la metáfora y el símbolo el verdadero sustituto del concepto a la hora de recoger esa experiencia inmediata de la realidad intuida:

> La metáfora es una forma de relación que va más allá y es más íntima, más sensorial también, que la establecida por los conceptos y sus respectivas relaciones. Es análoga a un juicio, sí, pero muy diferente. [...]. No se trata, pues, en la metáfora de una identificación ni de una atribución, sino de otra forma de enlace y unidad. Porque no se trata de una relación «lógica» sino de una relación más aparente y a la vez más profunda[125].

Frente a la frialdad del lenguaje racional, que atiende únicamente a relaciones formales y que hace abstracción de toda experiencia inmediata y particular de las cosas, que le aleja de la vida, el lenguaje metafórico se constituye en expresión de lo originario, pues la potencia creadora y expresiva de la metáfora es capaz de traducir en imágenes lingüísticas lo visto en la intuición. Además, este lenguaje metafórico acoge el orden pático del hombre al constituirse en expresión de la experiencia inmediata de lo real y del sujeto, dada en el sentir originario. Se trata, por tanto, de un lenguaje que aúna la razón con el sentimiento, en una simbiosis que acierta a decir imaginativamente aquello que clama en las entrañas.

Este lenguaje metafórico constituye, para Zambrano, el lenguaje nuevo que Ortega reclamaba para la nueva filosofía y que él mismo sólo entrevió y no supo, o no quiso, aprovechar. Podríamos decir que Zambrano desarrolló con su pensamiento lo que Ortega simplemente vislumbró en su filosofía. No nos extrañe, por tanto, que nuestra autora se siguiese reconociendo, incluso al final de su vida, discípula de su

---

[125] María Zambrano, *Notas de un método*, Madrid, Mondadori, 1989, pág. 120.

maestro, a pesar de que su filosofía hubiera tomado derroteros muy distintos a los del pensador madrileño. En uno de sus últimos libros, *De la Aurora* (1986), encontramos estas reveladoras palabras sobre el «*logos* del Manzanares» de Ortega:

> Un *logos* que constituye un punto de partida indeleble para mi pensamiento, pues que me ha permitido y dado aliento para pensar, ya por mí misma, mi sentir originario acerca de un *logos* que se hiciera cargo de las entrañas, que llegase hasta ellas y fuese cauce de sentido para ellas; que hiciera ascender hasta la razón lo que trabaja y duele sin cesar, rescatando la pasividad y el trabajo, y hasta la humillación de lo que late sin ser oído, por no tener palabra. [...]. La senda que yo he seguido, que no sin verdad puede ser llamada órfico-pitagórica, no debe ser, en modo alguno, atribuida a Ortega. Sin embargo, él, con su concepción del *logos* (expresa en el «*logos* del Manzanares»), me abrió la posibilidad de aventurarme por una tal senda en la que me encontré con la razón poética[126].

Hay que ir, pues, más allá del raciovitalismo orteguiano y atreverse a adentrarse con la razón en aquellas parcelas en las que Ortega siempre rehusó entrar: en lo infraconsciente (la dimensión pática y onírica del hombre) y en lo supraconsciente (la relación con lo divino), lugares que el filósofo madrileño siempre desdeñó, desde la atalaya de la razón, como cuestiones de mistagogos, pero nunca de filósofos, y a los que, en cambio, Zambrano siempre buscó penetrar para dotarlos de una tenue claridad. Veamos, a este respecto, un párrafo de *¿Qué es Filosofía?* donde irónicamente Ortega se opone a este abismarse en lo profundo que nos propone la razón poética:

> El misticismo tiende a explotar la profundidad y especula con lo abismático; por lo menos, se entusiasma con las honduras, se siente atraído por ellas. Ahora bien, la tendencia de la filosofía es de dirección opuesta. No le interesa sumergirse

---

[126] María Zambrano, *De la Aurora*, Madrid, Turner, 196, pág. 123.

en lo profundo, como a la mística, sino, al revés, emerger de lo profundo a la superficie[127].

A tenor de estas palabras, si Ortega hubiese tenido la oportunidad de conocer la obra posterior de María Zambrano, quizás la hubiera descalificado como la obra de una mistagoga.

Retornando, de nuevo, a *Claros del bosque*, hemos de apuntar que esta nueva razón *más ancha* que nos propone Zambrano tiene como principal cometido crear en el interior del hombre un nuevo espacio de visibilidad, un claro en el que sea posible la «aurora» de su ser escondido y, por ende, el reencuentro con la fuente de vida que lo sustenta. El método de la razón poética es el método que nos enseña a abrir esos claros o espacios abiertos donde tiene lugar la revelación y la contemplación de la verdad. Este método se inspira claramente en la mística, en las diferentes etapas que debe afrontar el iniciado que quiera llegar al encuentro con Dios. La razón poética busca ensanchar los límites de la razón y renovar su método recogiendo el fruto de esta experiencia mística, experiencia que nos remite a un modo inmediato, intuitivo, de conocimiento de una realidad espiritual que se expresa a través de imágenes simbólicas que, al par que la revelan, nunca agotan su contenido. Además, la mística nos adiestra en la propia experiencia del límite, pues si la mística lucha con lo indecible, el pensamiento lucha con lo impensable. De esta lucha que ha entablado siempre la mística con lo alógico, con lo que sobrepasa al *logos*, entendido como razón y lenguaje, ha de aprender la filosofía, pues ésta mantiene una contienda muy similar con lo irracional. Por ello, todos los últimos filósofos, según la autora, que han pretendido ampliar el espacio de la razón, se han mostrado muy receptivos a la contemplación mística. Zambrano menciona el caso de Henri Bergson[128],

---

[127] José Ortega y Gasset, *¿Qué es filosofía?*, Madrid, Revista de Occidente en Alianza Editorial, 1985, pág. 91.

[128] «De ahí, que sea entre los filósofos que afirman la autonomía de la mirada filosófica donde se encuentre un pensamiento acerca de la mística, como en Henri Bergson, aunque quizá no gozara éste de entera libertad para recoger el fruto de su propia experiencia», M. Zambrano «Miguel de Molinos, reaparecido», *Ínsula* (Madrid), núm. 338, enero de 1975, pág. 3.

al que nosotros añadimos, si duda, el de Martin Heidegger. La experiencia mística, en este sentido, se revela como una experiencia que vivifica al pensamiento filosófico, indicándole la senda a seguir para habérselas con los márgenes de la razón, para saber tratar piadosamente con lo otro de sí.

De ahí que Zambrano, siguiendo el ejemplo del místico, ejerza en *Claros del bosque* de guía espiritual que nos va indicando las etapas que debemos seguir —especie de moradas de santa Teresa o los pasos indicados por san Juan en la *Subida al Monte Carmelo*— para hacer en nuestra intimidad un aposento que acoja el advenimiento de la verdad. Este itinerario reproduce el esquema de iniciación de toda experiencia mística. Recordemos que dicha experiencia, considerada genéricamente, pasa por tres momentos o vías: la purgativa, la iluminativa y la unitiva. La vía purgativa comienza con la conversión del místico, con un despertar a una nueva realidad impregnada de Dios que le lleva a despreciar su vida anterior. Toda experiencia mística se inicia, pues con una *vita nova*. Recordemos que Zambrano, haciéndose eco de esta experiencia, define todo verdadero método como un *Incipit vita nova*. Esta metamorfosis interior supone un ascetismo esencialmente activo por el que el iniciado, ayudándose de la meditación, se desprende de sus sentidos y de su voluntad para despejar su corazón de todo aquello que pueda enturbiar la llegada de la divinidad. Esta purificación tiene un aspecto negativo de mortificación, por el que el alma extirpa todos sus apetitos que le distraen del amor de Dios, y un aspecto positivo, de liberación del «hombre viejo» que va a ceder paso al «hombre nuevo», henchido del amor divino. Zambrano emplea la imagen de la crisálida que «deshace el capullo donde está amortajada»[129] para describir esta transformación interior. Cuanto mayor sea el desasimiento, el desapego de uno mismo, el abandono de sí, mayor será su disponibilidad para albergar a esa alteridad que nos reclama. Pobreza, desprendimiento, renuncia son las condiciones *a priori* para lograr llegar

[129] María Zambrano, «San Juan de la Cruz (De la noche oscura a la más clara mística)», en *Senderos*, Barcelona, Anthropos, 1986, pág. 184.

a la iluminación y a la unión con la divinidad. Sólo cuando el hombre hace la nada y el vacío en su interior, guiado por la voracidad de su amor, prepara el alma para su éxtasis, para su vuelo que le ha de conducir hasta el Uno. Recordemos, en este sentido, las palabras de san Juan de la Cruz en la *Subida al Monte Carmelo:* «Para venir a serlo todo, / no quieras ser algo en nada»[130]. Nos dice María Zambrano:

> Y así vemos que el místico ha realizado toda una revolución; se hace otro, se ha enajenado por entero; ha realizado la más fecunda destrucción de sí mismo, para que en este desierto, en este vacío, venga a habitar por entero otro; ha puesto en suspenso su propia existencia para que este otro se resuelva a existir en él[131].

El hombre tiene que entrarse adentro, recogerse en quietud y silencio en su centro. Nos dice Miguel de Molinos en su *Guía espiritual:* «Has de saber que es tu alma el centro, la morada y reino de Dios. Pero para que el gran rey descanse en ese trono de tu alma, has de procurar tenerla limpia, quieta, vacía y pacífica»[132], y añade: «Qué dichosa será tu alma y qué bien empleada estará si se entra dentro y se está en su nada, allá en el centro»[133].

La segunda vía, la iluminativa, supone el paso de la meditación a la contemplación, en la que el alma recibe la luz divina, el «divino fuego», «la llama de amor viva» —en términos sanjuanistas— que le proporciona el conocimiento y el amor infuso. En esta etapa, después de liberarse de sus sentidos y de las potencias superiores de su alma (entendimiento, memoria y voluntad), después de haberse adentrado en su «noche oscura», se produce el éxtasis, en el que el alma abandona su recinto para ir de vuelo hacia la divinidad, guiada por ella: «En una noche oscura / con ansias en amores infla-

---

[130] San Juan de la Cruz, *Subida al Monte Carmelo,* I, 13, 11, pág. 162.
[131] María Zambrano, «San Juan de la Cruz (De la noche oscura a la más clara mística)», *op. cit.,* pág. 191.
[132] Miguel de Molinos, *Guía espiritual,* Madrid, Alianza Editorial, 1989, pág. 45.
[133] *Ibídem,* pág. 72.

mada, / ¡oh dichosa ventura! / salí sin ser notada, / estando ya mi casa sosegada», nos dice san Juan de la Cruz en el célebre poema *Noche oscura*. José Ángel Valente nos advierte:

> La salida o éxtasis, elemento desencadenante y constitutivo de toda experiencia mística, es un proceso de descondicionamiento del alma en el que ésta va reduciéndose a su solo centro, que ha de vaciarse de toda forma o imagen creada para que en el alma, ya de por sí salida, se llene ese centro vacío con la plenitud de lo que no tiene forma ni imagen[134].

El alma debe alcanzar su absoluta transparencia y disponibilidad para acoger a la divinidad. La tercera vía, la unitiva, culmina con la unión entre el alma y Dios. En esta unión el alma deviene en aposento de la divinidad, en recinto de una epifanía: «Entrado se ha la Esposa / en el ameno huerto deseado, / y a su sabor reposa, / el cuello reclinado / sobre los dulces brazos del Amado»[135], canta san Juan. En algunos místicos cristianos, esta unión no supone una fusión de ambos en un solo ser, sino un acercamiento en el que se conserva la identidad de cada uno de ellos.

En *Claros del bosque* vamos a ver cómo Zambrano aplica al ámbito del pensamiento este esquema de toda experiencia mística, haciendo de la filosofía una *quête* espiritual que nos ha de conducir hacia el origen sagrado de la vida que nos redima del exilio metafísico en el que vivimos. Para lograr esta unión (vía unitiva), según la autora, es necesario un doble proceso de transformación interior: por un lado, un acto de renuncia del propio yo, un perderse, un abandonarse (vía purgativa), y por otro, un salir de sí para ir al encuentro de la divinidad (vía iluminativa). La fidelidad al amor preexitente nos conmina, pues, a un primer momento de vaciamiento para dejar un espacio libre a la llegada de la verdad. «Sin

---

[134] José Ángel Valente, «Ensayo sobre Miguel de Molinos», *Variaciones sobre el pájaro y la red, precedido de La piedra y el centro*, Barcelona, Tusquets, 1991, pág. 91.

[135] San Juan de la Cruz, *Cántico Espiritual. Obra Completa, I,* Madrid, Alianza Bolsillo, 2003, pág. 68.

desnudez no hay renacer posible; sin despojarse o ser despojado de toda vestidura, sin quedarse sin dosel, y aun sin techo, sin sentir la vida toda como no pudo ser sentida en el primer nacimiento; sin cobijo, sin apoyo, sin punto de referencia», nos dice Zambrano. El *a priori* de esta *quête* espiritual es siempre este «querer» que compromete a un desasimiento, a una entrega voluntaria de nuestro yo que nos haga receptivos a la llegada de la luz que ha de iluminar nuestras entrañas donde está agazapado nuestro ser escondido. El hombre tiene que exiliarse de sí mismo para dejar sitio en su interior a la alteridad anhelada. La autofagia que opera el Amor preexistente es una condición *sine qua non* de la receptividad de la verdad. Por ello, el claro es un lugar vacío, sitio sin sitio, un no-lugar, un centro que nos remite a un aislamiento del sujeto de sus circunstancias, a una ruptura de la cotidianidad, a un hueco hecho en la continuidad de la conciencia y en la linealidad del transcurrir temporal donde se da el acontecimiento del encuentro entre el alma y su ser, entre el ser y la vida. En esta nueva visibilidad «el pensamiento y el sentir se identifican sin que sea a costa de que se pierdan el uno en el otro o de que se anulen». Es una forma inédita de visión que Zambrano califica como «lugar de conocimiento y de vida sin distinción».

Por supuesto que no podemos obviar las similitudes que guarda este concepto zambraniano con la *lichtung* heideggeriana[136]. Heidegger reclamaba también como la tarea principal reservada al pensar la de prestar atención al acontecimiento que tiene lugar en el «claro de lo abierto», espacio en el que se da la «posibilidad de todo aparecer, aquella posibilidad, en una palabra, en que adviene el reino mismo de la presencia»[137], en la que el ser se hace presente al hombre al

---

[136] Para un estudio en profundidad de la relación entre Zambrano y Heidegger, véase Chantal Maillard, *La creación por la metáfora. Introducción a la razón poética*, Barcelona, Anthropos, 1992, págs. 140-146, y Ana Bundgaard, *Más allá de la filosofía. Sobre el pensamiento filosófico-místico de María Zambrano*, *op. cit.*, págs. 415-423.

[137] Martin Heidegger, «El final de la filosofía y la tarea del pensar», en *Kierkegaard vivo*, Madrid, Alianza Editorial, 1980, pág. 146.

salir de su estado de ocultación. La *lichtung* nos señala hacia un lugar del bosque desbrozado de árboles, un espacio despejado y libre apto para la visión y para la recepción de la luz. Luego es un espacio que no crea la luz, sino que la antecede como su condición de posibilidad. El estado de no encubrimiento que se consigue en el claro «permite al ser y al pensar advenir a su presencia uno a otro y uno para otro»[138]. Por ello, la *lichtung* «es el asilo en cuyo seno encuentra su sitio el acorde de ambos en la unidad de lo Mismo»[139].

Tanto Zambrano como Heidegger consideran, en contra de toda la tradición metafísica, que la verdad no se obtiene como fruto de un esfuerzo racional, sino que es donación gratuita que se le ofrece a aquel que ha sabido dibujar en sus entrañas un centro como espacio de la receptividad. La verdad no es la recompensa que se obtiene como resultado de una búsqueda intencional, ni tampoco es el hallazgo de una respuesta tras un duro interrogatorio. Es un don que no hay que buscar. «A los claros del bosque no se va, como en verdad tampoco va a las aulas el buen estudiante, a preguntar», nos dice Zambrano. En esto también se distancia la filósofa de su maestro, en tanto que, para Ortega, la verdad es siempre desvelamiento[140] *(alétheia)* y no revelación, como lo es para nuestra autora. El saber no se alcanza por un empeño continuado e insistente del sujeto, pues quien así actúa obliga a la realidad a darse bajo los esquemas de aquel que interroga, impidiendo que ésta se manifieste tal y como es. La verdad no es conquista, sino advenimiento que se ofrece «a quien renunció a toda vanidad y no se ahincó soberbia-

---

[138] *Ibídem.*

[139] *Ibídem.*

[140] «Es la filosofía un gigantesco afán de superficialidad, quiero decir, de traer a la superficie y tornar patente, claro, perogrullesco si es posible, lo que estaba subterráneo, misterioso y latente. Detesta el misterio y los gestos melodramáticos del iniciado, del mistagogo», J. Ortega y Gasset, *¿Qué es filosofía?, op. cit.,* pág. 91. Sobre la relación entre las filosofías de Ortega y Zambrano, véase el artículo de M. Gómez Blesa «De la razón vital a la razón poética», en *El primado de la vida (Cultura, estética y política en José Ortega y Gasset),* Ciudad Real, Servicios de Publicaciones de la Universidad de Castilla-La Mancha, 1997, págs. 207-217.

mente en llegar a poseer por fuerza lo que es inagotable»[141]; a éste, continúa Zambrano, «la realidad le sale al encuentro y su verdad no será nunca verdad conquistada, verdad raptada, violada; no es *alezeia*, sino revelación graciosa y gratuita»[142]. El viviente no puede forzar la mostración de su ser, no puede ejercer presión sobre su ser oculto para que salga a la luz, pues esta violencia le retraería más a la oscuridad de su escondite. Debe crear ese espacio íntimo para el advenimiento de la luz. Esta luz que nos propone la autora, y en ello coincide también con Heidegger, es una luz tenue, una «aurora» deseada que nos despierta a nuestro ser, pero, al mismo tiempo lo resguarda en una cierta penumbra. Es una luz que ilumina, sin deslumbrar y que al par que revela, oculta, protege al ser; chispa, fulgor donde «todo es alusión y todo es oblicuo». Es una luz humilde y misericordiosa, no impositiva ni violenta, que desciende a la oscuridad de las entrañas, aclarándolas, pero también respetando su umbría. Por ello, el claro es un espacio de luz y de sombras o, como dice Heidegger, «la *lichtung* es el claro o lugar despejado para la presencia y para la ausencia»[143].

La tarea reservada al pensar que nos proponen ambos autores es, por ello, un «saber de oído» —en términos zambranianos— o un «estar a la escucha» —en términos heideggerianos— esto es, un saber que apunta hacia una contemplación o receptividad pasiva donde se da el germinar lento de la verdad, la recuperación de la palabra inicial o absoluta que adviene en el desasimiento de nuestro yo. El saber que se revela en el claro del bosque es el saber de esta palabra originaria, «con la que el hombre trataba en don de gracia y de verdad, la palabra verdadera sin opacidad y sin sombra, dada y recibida en el mismo instante, consumida sin desgaste»; palabra poética «celada en el silencio», escondida como semilla que da cuenta del «secreto del amor divino-humano»; «palabra, nos dice Zambrano, que no es concepto porque es

---

[141] María Zambrano, *Pensamiento y poesía en la vida española. Obras reunidas,* Madrid, Aguilar, 1971, pág. 295.
[142] *Ibídem,* pág. 295.
[143] *Ibídem,* pág. 143.

ella la que hace concebir», en tanto fuente de todo sentido y conocimiento, palabra que asiste como una lámpara que se enciende y apaga siguiendo un orden regular. Esta palabra primera, palabra liberada del lenguaje, no tiene como objeto la comunicación, ni la notificación, sino la comunión del ser y la vida. Es palabra mediadora que transparenta el ser, «antepalabra o palabra absoluta —apunta José Ángel Valente—, todavía sin significación, o donde la significación es pura inmanencia, matriz de todas las significaciones posibles: palabra naciente»[144]. Zambrano nos remite con esta concepción del *logos*, como muy bien ha apuntado Ana Bundgaard, a una teología de la palabra, inspirada en la teología del Verbo del Evangelio de San Juan, en la que el *logos* es un *logos* encarnado que actúa de mediador y de espejo de la unión entre lo humano y lo divino. «La palabra es para Zambrano Verbo, Principio, es "lengua de fuego", análoga a las lenguas de fuego que se asentaron sobre los Apóstoles en Pentecostés»[145]. Es palabra auroral, palabra recibida que nos remite a un tiempo de plenitud en el que se daba la unidad primera. De esta remota plenitud nos queda el recuerdo de esta palabra perdida, palabra que se ofrece a aquel que ha sabido hacer el vacío en su interior, a aquel que ha sabido hacerle un lugar en el silencio de su recogimiento[146].

En esta quietud silenciosa, el corazón lleva a cabo una acción: la de esperar con padecimiento, resistiendo al dolor, la llegada de esta palabra que transparenta al ser y a la divinidad que lo sustenta. El alma, olvidada de sí, ha de partir de vuelo, como paloma, abandonando su prisión para conducirse hacia otra zona de la vida donde le espera el ser divino que le está llamando. Esta zona se sitúa entre la vida y la muerte, es una vida más allá de la vida, una vida que se alcanza al

---

[144] José Ángel Valente, «Del conocimiento pasivo o saber de quietud», *Los Cuadernos del Norte* (Oviedo), año II, núm. 8, julio de 1981, pág. 8.
[145] Ana Bundgaard, *Más allá de la filosofía. Sobre el pensamiento filosófico-místico de María Zambrano, op. cit.,* pág. 453.
[146] Para un análisis detallado de la concepción teológica de la palabra en María Zambrano, véase el capítulo 13, «Palabras y signos: el decir del ser» del ensayo de Ana Bundgaard, *Más allá de la filosofía. Sobre el pensamiento filosófico-místico de María Zambrano, op. cit.,* págs. 425-462.

adentrarse en lo profundo del ser. Parecería, en principio, que la unión entre el ser y la vida sólo se puede producir con la llegada de la muerte. Sin embargo, para Zambrano esto no es así y nos advierte:

> Aunque parezca imposible existe un medio entre la vida y la muerte. San Juan nos muestra que se puede haber dejado de vivir sin haber caído en la muerte; que hay un reino más allá de esta vida inmediata, otra vida en este mundo en que se gusta la realidad más recóndita de las cosas[147].

No se trata de una salida de la vida, «sino el ir entrando en espacios más anchos, en verdad indefinidos, no medidos por referencia alguna a la cantidad, donde la cantidad cesa, dejando al sujeto a quien esto sucede no en la nada, ni en el ser, sino en la pura cualidad que se da todavía en el tiempo. En un modo del tiempo que camina hacia un puro sincronismo». En este reino es donde se logra, por fin, cuando ya nada se espera, la unión entre el ser y la vida, la sincronía entre el «propio ser vacilante y desprovisto, con el ser simple y uno». Cuando esto acontece se alcanza «esa paz que proviene de sentirse al descubierto y en sí mismo, sin irse a enfrentar con nada y sin andar con la existencia a cuestas». Se adquiere una ligereza que nos libera de la carga de nuestro yo, al sentirse sustentado por la fuente de la vida, por la divinidad.

Estos momentos súbitos de lucidez, de éxtasis, duran sólo un instante para desaparecer dejando la huella de su existencia, huella de un «orden remoto» que nos atrae como una órbita que invita a ser recorrida. Por eso, el «amigo del bosque» va de claro en claro, de centro en centro, como se va de «aula en aula», en una absoluta discontinuidad, que es «imagen fiel del vivir mismo, del propio pensamiento, de la discontinua atención, de lo inconcluso de todo sentir y apercibirse, y aun más de toda acción», nos advierte la autora. El que ha vislumbrado una vez su ser y el fundamento de su ser,

---

[147] María Zambrano, «San Juan de la Cruz (De la noche oscura a la más clara mística)», *op. cit.*, pág. 192.

la divinidad, quedará marcado por esa verdad que atrae, por ese amor que llega desde lejos y nos invita, de nuevo, al recogimiento interior para hacer de nuestro centro, otra vez, un nuevo espejo del ser, el lugar de una nueva epifanía. Nuestra existencia es «un anhelar y apetecer apaciguados por instantes de plenitud en el olvido de sí mismo, que los reavivan luego, que los reencienden. Y así seguirá, a lo que se vislumbra, inacabablemente». Sin acabar de nacer del todo. Ésta es la extraña condición del ser humano: la de estar siempre en vías de nacer.

No quisiera terminar este estudio introductorio sin agradecer a la Fundación María Zambrano de Vélez-Málaga, especialmente a Juan Fernando Ortega Muñoz, a Luis Ortega Hurtado y a José Antonio Franco, la colaboración y el apoyo que me han prestado en la elaboración de esta edición.

98

Bibliografía

LIBROS DE MARÍA ZAMBRANO

Nuevo liberalismo (en la cubierta: *Horizonte del liberalismo)*, Madrid, Morata, Col. Nueva Generación, 1930, 130 págs; y en Madrid, Morata, 1996, estudio introductorio de J. Moreno.

Los intelectuales en el drama de España, Santiago de Chile, Panorama, 1937, 50 págs.; 2.ª ed. aumentada con *Ensayos y Notas* (1936-1939), Madrid, Hispamerca, Col. Textos recuperados, 4 (1977), 208 págs.; y en *Senderos,* Barcelona, Anthropos. Col. Memoria Rota. Exilios y Heterodoxias, 8 (1986); edición ampliada con *Los intelectuales en el drama de España y escritos de la guerra civil,* Jesús Moreno (ed.), Madrid, Trotta, 1998.

Pensamiento y poesía en la vida española, México, La Casa de España, 1939, XII + 179 págs.; Madrid, Endymion, 1991; M. Gómez Blesa (ed.), Madrid, Biblioteca Nueva, 2004.

Filosofía y Poesía, Morelia (México), Publicaciones de la Universidad Michoacana, 1939, 157 págs.; *Obras reunidas,* Madrid, Aguilar. Col. Estudios Literarios, 1971, págs. 114-217; México, F.C.E., 1987 (reimp. 2001).

La confesión como género literario y método, México, Luminar, 1943; *La confesión, género literario y método,* Madrid, Mondadori, 1988; bajo el título *La confesión, género literario,* Madrid, Siruela, 1995.

El pensamiento vivo de Séneca (Presentación y Antología), Buenos Aires, Losada, 1944, 194 págs.; Madrid, Cátedra, 1987; bajo el título *Séneca,* Madrid, Siruela, 2004.

La agonía de Europa, Buenos Aires, Sudamericana, 1945, 159 págs.; Madrid, Mondadori, 1988; introd. de J. Moreno, Madrid, Trotta, 2000.

Hacia un saber sobre el alma, Buenos Aires, Losada, 1950, 165 págs.; Madrid, Alianza, 1987 (reimp. 2004).

El hombre y lo divino, México, F.C.E., 1955 (reimp. 1966), 295 págs.; Brevarios, 103, 2.ª ed. numerada, 1973 (reimp. 1986 y 1993), 408 págs.; Madrid, Siruela, 1992; estudio introd. de J. Moreno, Barcelona, Círculo de Lectores, 2000.

Persona y democracia, San Juan de Puerto Rico, Departamento de Instrucción Pública, 1958, 146 págs.; Barcelona, Anthropos, 1988; Madrid, Siruela, 1996.

La España de Galdós, Madrid, Taurus, Col. Cuadernos Taurus, 1960, 114 págs.; Barcelona, La Gaya Ciencia, Col. Ensayo, 1982, 148 págs; Madrid, Endymion, 1989; Barcelona, Círculo de Lectores, 1991.

España, sueño y verdad, Barcelona, Edhasa, 1965, 216 págs.; 2.ª ed. aumentada, Barcelona, Edhasa, 1982 (reimp. 2002), 253 págs.; Madrid, Siruela, 1994.

El sueño creador, Xalapa (México), Universidad Veracruzana, Col. Cuadernos de la Facultad de Filosofía, Letras y Ciencias, 1965, 179 págs., en *Obras Completas,* I, serie aumentada con el apéndice *El sueño de los discípulos en el Huerto de los Olivos,* Madrid, Aguilar, Col. Estudios Literarios, 1971, págs. 17-112; Madrid, Turner, 1986, 143 págs. (edición corregida y aumentada con los artículos «Los sueños y el tiempo», «Lugar y materia de los sueños» y «Sueño y verdad»).

La tumba de Antígona, México, Siglo XXI, Col. Mínima, 1967, 90 págs.; Málaga, *Litoral,* núms. 121-122-123, págs. 25-85; y en *Senderos,* Barcelona, Anthropos, Col. Memoria Rota. Exilios y Heterodoxias, 8 (1986), págs. 199-265; Madrid, Mondadori, 1989, editado conjuntamente con «Diótima de Mantinea», Málaga, Litoral, 1989.

Obras reunidas (Primera Entrega). Contiene: *El sueño creador, Filosofía y poesía, Apuntes sobre el lenguaje sagrado y las artes, Poema y sistema, pensamiento y poesía en la vida española, Una forma de pensamiento: la guía,* Madrid, Aguilar, Col. Estudios Literarios, 1971, 371 págs.

Claros del bosque, Barcelona, Seix Barral, Col. Biblioteca Breve, 434, 1977, 159 págs. (reimp. 1993).

De la Aurora, Madrid, Turner, 1986, 128 págs.; edición ampliada en Madrid, Tabla Rasa, 2004.

Senderos, Barcelona, Anthropos, Col. Memoria Rota. Exilios y Heterodoxias, 8 (1986), 276 págs.

María Zambrano en Orígenes, México, El Equilibrista, 1987.

Notas de un método, Madrid, Mondadori, 1989.

Delirio y destino, Madrid, Mondadori, 1989; Barcelona, Círculo de Lectores, 1989; edición ampliada a cargo de J. Moreno, Madrid, Centro de Estudios Ramón Areces, 1997.

Para una historia de la Piedad, Málaga, Torre de las Palomas, 1989.
Algunos lugares de la pintura, Madrid, Espasa-Calpe, Col. Acanto, 1989.
Los bienaventurados, Madrid, Siruela, 1990 (reimp. 2004).
Los sueños y el tiempo, J. Moreno (ed.), Madrid, Siruela, 1992 (reimp. 1998).
Las palabras del regreso, Mercedes Gómez Blesa (ed.), Salamanca, Amarú Ediciones, Col. Mar Adentro, 1995; Madrid, Cátedra, Letras Hispánicas, 2009.
Un descenso a los infiernos, Cuadernos de Estética. Fulgores, 3, I. B. «La Sisla», Sonseca (Toledo), 1995.
La Cuba Secreta y Otros Ensayos, Madrid, Endymion, 1996, 278 págs.
Unamuno, M. Gómez Blesa (ed.), Barcelona, Debate, 2003; Barcelona, Debolsillo, 2003.
Algunos lugares de la poesía, J. F. Ortega Muñoz (ed.), Madrid, Trotta, 2007.
Esencia y hermosura, José-Miguel Ullán (ed.), Barcelona, Galaxia Gutenberg-Círculo de Lectores, 2010.

Libros sobre María Zambrano

Abellán, J. L., *Filosofía española en América,* Madrid, Guadarrama, 1966.
— *El exilio español de 1939,* vol. 3, Madrid, Taurus, 1976.
— *El exilio como constante y como categoría,* Madrid, Biblioteca Nueva, 2001.
— *María Zambrano: una pensadora de nuestro tiempo,* Barcelona, Anthropos, 2006.
Balza, I., *Tiempo y escritura en María Zambrano,* Donostia, Iralka, 2000.
Blanco Martínez, R. y Ortega Muñoz, J. F., *María Zambrano,* Madrid, Ediciones del Orto, 1997.
Beneyto, J. M. y González Fuentes, J. A., *María Zambrano. La visión más transparente,* Madrid, Trotta-Fundación Carolina, 2004.
Bundgaard, A., *Más allá de la filosofía. Sobre el pensamiento filosófico-místico de María Zambrano,* Madrid, Trotta, 2000.
Eguizábal, J. I., *La huida de Perséfone. María Zambrano y el conflicto de la temporalidad,* Madrid, Biblioteca Nueva, 1999.
— *El exilio y el reino. En torno a María Zambrano,* Madrid, Huerga y Fierro, 2002.
Gómez Blesa, M. y Santiago Bolaños, M.ª F., *María Zambrano: el canto del laberinto,* Segovia, Gráficas Ceyde, 1992. Obra en colaboración.

GÓMEZ BLESA, M., *La razón mediadora. Filosofía y Piedad en María Zambrano*, Burgos, Editorial Gran Vía, 2008.

— *Las intelectuales republicanas: la conquista de la ciudadanía*, Madrid, Biblioteca Nueva, 2007.

— *Modernas y vanguardistas. Mujer y democracia en la II República*, Madrid, Laberinto, 2009.

GÓMEZ CAMBRES, G., *El camino de la razón poética*, Málaga, Ágora, 1990.

— *La aurora de la razón poética: la vocación del maestro*, Málaga, Ágora, 2000.

LOBATO PÉREZ, J., *El acontecer y la presencia*, Vélez-Málaga, Ayuntamiento/Fundación María Zambrano, 1998.

MAILLARD, Ch., *La creación por la metáfora. Introducción a la razón poética*, Barcelona, Anthropos, 1992.

— *El monte Lu en lluvia y niebla. María Zambrano y lo divino*, Málaga, Diputación Provincial, 1990.

MAILLARD GARCÍA, M.ª L., *La literatura como conocimiento y participación en María Zambrano*, Madrid, UNED, 1994.

MASCARELL, R., *Una obra inacabada*, Vélez-Málaga, Fundación María Zambrano, 1990.

MORA, J. L. y MORENO YUSTE, J. M. (eds.), *Pensamiento y palabra en recuerdo de María Zambrano (1904-1991)*, Valladolid, Junta de Castilla y León, Consejería de Cultura y Turismo, 2005.

MORENO SANZ, J., *El Ángel del límite y el confín intermedio: tres poemas y un esquema de María Zambrano*, Madrid, Endymion, 1998.

— *El logos oscuro: tragedia, mística y filosofía en María Zambrano*, 4 vols., Madrid, Verbum, 2008.

ORTEGA MUÑOZ, J. F., *María Zambrano o la metafísica recuperada*, Málaga, Universidad/Ayuntamiento de Vélez-Málaga, 1982.

— *Homenaje a María Zambrano. Antología de textos*, Málaga, Ayuntamiento de Vélez-Málaga, 1985.

— *María Zambrano. Su vida y su obra*, Málaga, Consejería de Cultura de la Junta de Andalucía, 1992.

— *Introducción al pensamiento de María Zambrano*, México, F.C.E., 1994.

— *María Zambrano desde Málaga en su 90 aniversario*, Málaga, Obra Cultural de Unicaja, 1994.

— *La eterna Casandra*, Málaga, Servicio de Publicaciones de la Universidad de Málaga, 1997.

— *La vuelta de Ulises*, Madrid, Endymion, 1999.

REVILLA, C. (ed.), *Claves de la razón poética. María Zambrano: un pensamiento en el orden del tiempo*, Madrid, Trotta, 1998.

ROCHA BARCO, T. (ed.), *María Zambrano: la razón poética o la filosofía*, Madrid, Tecnos, 1997.

Santiago Bolaños, M.ª F. (ed.), *La llama sobre el agua*, Alicante, Ediciones Aitana, 1994.

Verdú de Gregorio, J., *Reflejos del sueño en la palabra*, Madrid, Libertarias- Prodhufi, 1993.

— *La palabra al atardecer*, Madrid, Endymion, 2000.

VV. AA., *Palabras de caminante. Bibliografía de y sobre María Zambrano*, ed. Centro «María Zambrano», Málaga, UNED, 2000.

— *Papeles de Almagro. El pensamiento de María Zambrano*, Madrid, Zero Zyx, 1993.

— *La Tumba de Antígona de María Zambrano*, Vélez-Málaga, Compañía de Teatro María Zambrano/Vicerrectorado de Extensión Universitaria de Málaga, 1990.

— *María Zambrano. Premio «Miguel de Cervantes» 1988*, Barcelona, Anthropos/Ministerio de Cultura, 1989.

— *María Zambrano. Premio Miguel de Cervantes (1988)*, Madrid, Ministerio de Cultura, 1989.

— *María Zambrano. Prix Miguel de Cervantes 1988*, Ginebra, Edirart, 1989.

— *Actas del II Congreso Internacional sobre la vida y obra de María Zambrano*, Vélez-Málaga, Fundación María Zambrano, 1998.

— *Homenaje a María Zambrano*, México, Colegio de México, 1998.

— *María Zambrano (1904-1991). De la razón cívica a la razón poética*, Madrid, Residencia de Estudiantes/Fundación María Zambrano, 2004.

ARTÍCULOS EN LIBROS SOBRE MARÍA ZAMBRANO

Abellán, J. L., «María Zambrano. La razón poética en marcha», en *Filosofía española en América*, Madrid, Guadarrama, 1966, págs. 166-189.

— «Filosofía y pensamiento en el exilio: María Zambrano», en *El exilio español de 1939*, vol. 3, Madrid, Taurus, 1976, págs. 175-178.

— «La voz de María Zambrano», en *París o el mundo es un palacio: guía de París para mi propio uso*, Barcelona, Anthropos, 1987, págs. 42-44.

Arrabal, F., «María Zambrano (Una patinadora vándala)», en *Genios y figuras*, Madrid, Espasa-Calpe, 1993, pág. 67.

Colinas, A., «La carta que no envié a María Zambrano», en *El sentido primero de la palabra poética*, México, Madrid y Buenos Aires, F.C.E., 1989.

Dieste, R., «Cartas a María Zambrano» en *Testimonios y homenajes*, Barcelona, Laila, 1983, págs. 60-73.

FERRATER MORA, J., «María Zambrano», en *Diccionario de Filosofía*, Buenos Aires, Sudamericana, 1965, t. 2, págs. 955-957; Madrid, Alianza, 1990, vol. IV, pág. 3527.

GÓMEZ BLESA, M., «Zambrano-Colinas: Misterium Fascinans», en Antonio Colinas *et al.*, *El viaje hacia el centro (La poesía de Antonio Colinas)*, Madrid, Calambur, 1997, págs. 129-140.

— «De la razón vital a la razón poética», en Atilano Domínguez, Jacobo Muñoz y Jaime de Salas (coord.), *El primado de la vida. (Cultura, estética y política en Ortega y Gasset)*, Cuenca, Ediciones de la Universidad de Castilla-La Mancha, 1997, págs. 207-217.

— «Unamuno-Zambrano: la tragedia de la razón», en Manuel Alcántara (ed.), *América Latina. Realidades y perspectivas. I Congreso europeo de latinoamericanistas*, Salamanca, Colección Aquilafuente, Ediciones Universidad de Salamanca (1 disco compacto + 1 folleto), 1997.

— «De lo que no se puede hablar...», en VV.AA., *Actas II Congreso Internacional sobre la vida y obra de María Zambrano*, Vélez-Málaga, Fundación María Zambrano, 1998, págs. 315-324.

— «María Zambrano: Del escribir», en M. Villalba Álvarez (coord.), *Mujeres novelistas en el panorama literario del siglo xx*, Cuenca, Ediciones de la Universidad de Castilla-La Mancha, 2000, págs. 163-171.

— «Ortega, Unamuno, Zambrano: la relación entre razón-vida», en VV.AA., *Actas III Congreso Internacional sobre la vida y obra de María Zambrano. «María Zambrano y la Edad de Plata»*, Vélez-Málaga, Fundación María Zambrano, 2004, págs. 158-172.

— «Zambrano: La condenación platónica de la poesía», en J. M.ª Beneyto y J. A. González Fuentes, *María Zambrano. La visión más transparente*, Madrid, Trotta-Fundación Carolina, 2004, págs. 61-75.

— «La Piedad: el trato con lo otro», en *María Zambrano (1904-1991). De la razón cívica a la razón poética*, Madrid, Residencia de Estudiantes/Fundación María Zambrano, 2004, págs. 485-493.

— «Una hermenéutica de la crisis europea: el problema religioso», en J. L. Mora y J. M. Moreno Yuste (eds.), *Pensamiento y palabra en recuerdo de María Zambrano (1904-1991)*, Valladolid, Junta de Castilla y León, Consejería de Cultura y Turismo, 2005, págs. 239-251.

GUY, A., «María Zambrano», en *Los filósofos españoles de ayer y de hoy*, Buenos Aires, Losada, 1966, págs. 207-211.

LEZAMA LIMA, J., *Cartas (1936-1976)*, Madrid, Orígenes, 1979, páginas 71-102.

Muñiz, A., «María Zambrano: castillo de razones y sueño de inocencia», en *Más allá de Litoral*, México, Facultad de Filosofía y Letras, págs. 315-328.

Muñoz Alonso, A., «María Zambrano», en *Las grandes corrientes del pensamiento contemporáneo*, Madrid, Guadarrama, 1959, págs. 399-400.

Ortega Muñoz, J. F., «Mujer y filosofía», en Lomba-Barceló, *El arte de vivir. Curso de iniciación a la filosofía para no filósofos*, Zaragoza, Ibercaja, 1994, págs. 119-144.

— «Los intelectuales en el drama de España», en M. Zambrano, *La tumba de Antígona. Diotima de Mantinea. Papeles para una poética del ser*, Málaga, Litoral Autores, 1989, págs. 197-207.

— «El exilio filosófico español del siglo xx a través de la obra y el pensamiento de María Zambrano», en A. Heredia Soriano, *Exilios filosóficos en España*, Salamanca, Universidad de Salamanca, 1992.

— «El Dios del horizonte. Estudio sobre el pensamiento teológico de María Zambrano», en J. L. Cabria y J. Sánchez-Gey, *Dios en el pensamiento hispano del siglo xx*, Salamanca, Sígueme, 2002.

Rodríguez de Lecea, T., «España en la imagen de María Zambrano», en *Memoria académica del Instituto Fe y Secularidad*, 1992-1993, págs. 73-8.

Rosales, E., «Hacia el sentir iluminante de María Zambrano», en M. Zambrano, *Andalucía sueño y realidad*, Granada, EAUSA, 1984, págs. 9-15.

Salguero Robles, A. A., «El pensamiento social de María Zambrano», en VV.AA., *El reto europeo. Actas de las I Jornadas de Hispanismo Filosófico*, Madrid, Trotta, 1994, págs. 347-353.

Sánchez-Gey Venegas, J., «La evolución del pensamiento en María Zambrano», en VV.AA., *El reto europeo. Actas de las I Jornadas de Hispanismo Filosófico*, Madrid, Trotta, 1994, págs. 335-345.

Semprum, J., «Discurso pronunciado con motivo de la entrega del Premio Cervantes a María Zambrano», Madrid, Ministerio de Cultura, 1988.

Valente, J. A., «El sueño creador», en *Las palabras de la tribu*, Madrid, Siglo XXI, 1971.

Artículos en publicaciones periódicas

Aguilar, J., «Carta abierta a J. L. López Aranguren sobre María Zambrano», *El País* (Madrid), 27 de noviembre de 1977.

Alberti, R., «Recuerdo de una vida alejada y silenciosa», *Diario 16*, (Madrid) 7 de febrero de 1991, pág. 29.

— «Filosofía y poesía», *Diario 16* (Madrid), 3 de diciembre de 1988.

ALBIAC, G., «Figuras de soledad», *Diario 16* (Madrid), 3 de diciembre de 1988.

ANDÚJAR, M., «María Zambrano», *Pueblo Literario* (Madrid), 23 de marzo de 1979.

ARANGUREN, J. L., «Los sueños de María Zambrano», *Revista de Occidente* (Madrid), febrero de 1960, págs. 207-212; J. F. Ortega Muñoz, *María Zambrano o la metafísica recuperada*, Málaga, Universidad/Ayuntamiento de Vélez-Málaga, 1982, págs. 43-51.

— «Literatura y mística», *Diario 16* (Madrid), 3 de diciembre de 1988.

— «Comunión entre poesía y filosofía», *Diario 16* (Madrid), 7 de febrero de 1991.

— «La filosofía poética de una vida fecunda», *El País* (Madrid), 7 de febrero de 1991.

ARRABAL, F., «Una patinadora vándala», *ABC* (Madrid), 23 de abril de 1989, pág. 72.

AYALA, F., «Mi apesadumbrado silencio», *ABC* (Madrid), 7 de febrero de 1991.

BONILLA, A. B., «Palabra y razón poética en la obra de María Zambrano», *Revista Universitaria de Letras*, núm. 1, 1981, págs. 95-120.

CACCIARI, M., «La Europa de María Zambrano», *Diario 16* (Madrid), 23 de noviembre de 1994, págs. I-IV.

CAMMARANO, L., «La riaparizione del sacro», *Prospettiva settanta*, (Roma), julio-septiembre de 1975; y con el título «Muerte y resurrección de lo sagrado», Anthropos (Barcelona), núms. 70-71, 1985, págs. 99-102.

CANO, J. L., «María Zambrano. Los intelectuales en el drama de España», *Ínsula* (Madrid), núm. 384, 1978, págs. 8-9.

CASTAÑÓN, A., «Dos visitas a María Zambrano», *La Gaceta*, núm. 205, enero de 1988, pág. 23

CASTRO FLORES, F., «El valor de la palabra. El más allá filosófico», *El Urogallo* (Madrid), núms. 52-53, 1990, págs. 20-25.

— «La lucidez de la mirada», *El Sol* (Madrid), 7 de febrero de 1991.

CAUDET, E., «Los intelectuales en el drama de España», *Informaciones de las artes y de las letras*, 16 de noviembre de 1918.

CELA, C. J., «Me ayudó en mis comienzos», *ABC* (Madrid), 26 de noviembre de 1988.

CEREZO GALÁN, P., «Criaturas de la aurora», *Saber leer*, núm. 10, diciembre de 1987, págs. 4-5.

— «María Zambrano, criatura de la aurora», *Ideal*, 8 de febrero de 1991, pág. 12.

CHACEL, R., «Su obra es perfecta», *ABC* (Madrid), 26 de noviembre de 1988.

— «Felicitar el pensamiento», *ABC* (Madrid), 23 de abril de 1989.

CIOCHINI, E., «La santa realidad sin nombre», *Ínsula* (Madrid), núm. 388, 1979, pág. 3.

CIORAN, E. M., «María Zambrano: una presencia decisiva», *El País* (Madrid), 4 de noviembre de 1979; *Cuadernos del Norte* (Oviedo), núm. 9, 1981, pág. 23; *La Gaceta del PCE*, núm. 186, 1986, págs. 14-15; *Exercices d'admiration. Essais et portraits,* París, Gallimard, 1986; *María Zambrano. Premio Miguel de Cervantes 1988,* Madrid, Ministerio de Cultura, 1989, pág. 9.

— «Una presencia decisiva», *ABC* (Madrid), 27 de noviembre de 1988, pág. 70.

COBOS, P. de A., «Noticia de una segoviana de nuestra hora en juicios y figura Madrid», *Ancos,* 1970, págs. 223-233.

— «Recuerdos», *Índice,* núm. 111, año XIII, marzo de 1958, páginas 7-8.

COLINAS, A., «Razonar el delirio», *ABC* (Madrid), 23 de abril de 1989, pág. 72.

— «Una luz que duele», *Diario 16* (Madrid), 3 de diciembre de 1988.

— «La duda inspirada», *El País* (Madrid) 26 de noviembre de 1988.

— «Una luz que duele en la soledad», *Diario 16* (Madrid), 7 de febrero de 1991.

CRUZ, J., «Regreso de una exiliada», *El País* (Madrid), 27 de noviembre de 1984.

— «La férrea fragilidad», *El País* (Madrid), 7 de febrero de 1991.

DELIBES, M., «Una intelectual pura», *ABC* (Madrid), 26 de noviembre de 1988.

DOBLAS BRAVO, A., «Los sueños en María Zambrano», *Sur* (Málaga), 18 de enero de 1979.

— «María Zambrano y la mística teresiana», *Sur* (Málaga), 21 de octubre de 1981.

— «María Zambrano o la comunicación sentida», *El Comarcal de la Anarquía* (Vélez-Málaga), pág. 7.

— «Semblanza de María Zambrano y consideraciones acerca de la cultura española», *Jábega* (Málaga), núm. 45, págs. 57-63.

DUQUE, F., «De la España de las soledades», *El Independiente* (Madrid), 8 de febrero de 1991, pág. 46.

EGUIZÁBAL, J. L., «El poeta y lo sagrado. Aproximación a la poética de María Zambrano», *Altazor,* núm. 4, noviembre de 1993, páginas 9-14.

FERRATER MORA, J., «Una amistad de medio siglo», *La Vanguardia* (Barcelona), 7 febrero de 1991, pág. 36.

— «María Zambrano: Filosofía y poesía», *Sur* (Málaga), núm. 75, 1940, págs. 161-165.

FUENTES, C., «Vida y obra informes», *ABC* (Madrid), 7 de febrero de 1991, pág. 60.

— «La hermana de Antígona», *Diario 16* (Madrid), 7 de febrero de 1991, pág. 29.

— «Faro de una generación», *ABC* (Madrid), 26 de noviembre de 1988.

GAYA, R., «He pintado ese momento», *ABC* (Madrid), 23 de abril de 1989, pág. 73.

GIL DE BIEDMA, J., «Piazza del popolo», *ABC* (Madrid), 26 de noviembre de 1988.

GIMFERRER, P., «En la morada del lenguaje», *El País* (Madrid), 26 de noviembre de 1978, pág. V; y en J. F. Ortega Muñoz, *María Zambrano o la metafísica recuperada, op. cit.*, págs. 239-244.

GINER DE LOS RÍOS, F., «No puedo imaginarla callada», *Sur* (Málaga), 7 de febrero de 1991, pág. 4.

GÓMEZ BLESA, M., «Zambrano: el viaje de la escritura», *Turia* (Zaragoza), núm. 57, junio de 2001, págs. 107-113.

— «El *Unamuno* de María Zambrano», *Boletín de la Institución Libre de Enseñanza* (Madrid), diciembre de 2002, núm. 48, págs. 141-150.

— «Apuntes para una biografía espiritual», *Quimera* (Barcelona), enero de 2003, págs. 119-120.

— «Hacia una nueva razón», *ABC (Blanco y Negro Cultural)* (Madrid), núm. 638, 17 de abril de 2004, págs. 4 y 5.

— «Centenario de María Zambrano», *Minerva*, Revista del Círculo de Bellas Artes (Madrid), abril de 2004.

GULLÓN, R., «España y Galdós: una meditación», *ABC* (Madrid), 7 de febrero de 1991, pág. 61.

— «Pensadora rigurosa», *ABC* (Madrid), 26 de noviembre de 1988.

GURMÉNDEZ, C., «Una discípula heterodoxa de Ortega», *El País* (Madrid), 26 de noviembre de 1988.

IGLESIAS, A., «Amor-Roma, itinerarios de María Zambrano», *Boletín de la Fundación García Lorca*, núm. 9, 1991, págs. 17-25.

— «María Zambrano: Lo más hermoso del premio es que me lo hayan concedido por unanimidad», *Diario 16* (Madrid), 27 de noviembre de 1988.

— «Una caja de música», *Diario 16* (Madrid), 7 de febrero de 1991.

— «El árbol de la vida. La sierpe», *Diario 16* (Madrid), 16 de febrero de 1991.

IMAZ, E., «Dos libros de María Zambrano», *España peregrina*, núm. 1, 1940, págs. 38-39.

JANÉS, C., «El clamor poético», *El Mundo* (Madrid), 7 de febrero de 1991.

LAFORET, C., «Instantánea de un encuentro», *El País* (Madrid), 16 de septiembre de 1983.

LEZAMA LIMA, J., «Poema a María Zambrano», *Vivarium* (La Habana), núm. IX, junio de 1994, pág. 74; *Fragmentos a su imán*, México, Era, 1978; Barcelona, Lumen, 1978, págs. 166-167.

— «Carta a María Zambrano (diciembre 1955)», *La Gaceta del F.C.E* (México), núm. 186, 1986, pág. 12.

— «Cartas a María Zambrano», *Creación*, núm. 8, 1993, págs. 68-72.

MACHADO, A., «Don Blas Zambrano», *Índice*, año XXIV, núm. 248, 1 de junio de 1969, pág. 9.

MAILLARD, Ch., «Un tropiezo con María Zambrano», *Sur* (Málaga), 25 de mayo de 1983.

— «María Zambrano y lo divino», *Jábega* (Málaga), núm. 46, 1984, págs. 76-83.

— «Filosofía y poesía o los límites del tiempo. Trazos de María Zambrano y Emilio Prados», *Jábega* (Málaga), núm. 50, 1985, págs. 223-226.

— «Para una fenomenología del ser en María Zambrano», *Claros del bosque* (Sevilla), núms. 2 y 3, diciembre de 1986, págs. 11-13.

— «Creación de la persona», *Philosophica Malacitana* (Málaga), 1989, págs. 147- 152.

— «Idea for a phenomenology of the Divine», *Analecta Husserliana*, núm. 26, 1989.

— «María Zambrano y el Zen», *Cuadernos hispanoamericanos* (Madrid), núm. 490 (1991).

MAINER, J.-C., «España, sueño y verdad de María Zambrano», *Ínsula* (Madrid), núm. 230, 1966, pág. 8.

MARÍ, A., «Amb María Zambrano. A Ginebra davant del Llac Léman», *El Món*, núm. 229, 1986, págs. 42-43.

— «La pretensión de decir la palabra exacta con la voz justa», *La Vanguardia* (Barcelona), 7 de febrero de 1991, pág. 35.

— «Viaje a la semilla», *El País* (Madrid), 8 de febrero de 1991, pág. 28.

MARICHAL, J., «Gana el ensayo», *El País* (Madrid), 26 de noviembre de 1988.

MARSET, J. C., «María Zambrano: He estado siempre en el límite», *ABC* (Madrid), 24 de abril de 1989, págs. 70-71.

— «Hacia una "poética del sacrificio" en María Zambrano», *Claros del bosque* (Sevilla), núms. 2 y 3, diciembre de 1986, págs. 23-30.

MARTÍN, F. J., «Por una "filosofía española"», *ABC (Blanco y Negro Cultural)* (Madrid), núm. 638, 17 de abril de 2004, pág. 7.

MARTÍN GAITE, C., «Magnífica prosa», *ABC* (Madrid), 26 de noviembre de 1988.

MATE, R., «La razón apasionada», *El País* (Madrid), 7 de febrero de 1991.

MOLINA, C. A., «Amor Roma», *ABC (Blanco y Negro Cultural)* (Madrid), núm. 638, 17 de abril de 2004, pág. 6.

MORENO SANZ, J., «Cuerpo prometido», *Diario 16* (Madrid), 17 de mayo de 1970.

— «Inéditos y recuperaciones», *Revista mexicana de Cultura* (México), 1988; y en *Diario 16* (Madrid), 9 de marzo de 1989.

— «Amor intellectualis», *Diario 16* (Madrid), 3 de diciembre de 1988.

— «Elogio de María Zambrano», *Diario 16* (Madrid), 16 de febrero de 1991.

— «Confines de España», *Diario 16* (Madrid) (Suplemento *Culturas)*, 25 de enero de 1995, pág. XVI.

— «Historia de una intercesión», *ABC (Blanco y Negro Cultural)* (Madrid), núm. 638, 17 de abril de 2004, págs. 9.

MUÑOZ, J., «El barro de la tierra», *ABC* (Madrid), 13 de enero de 1995.

ORTEGA MUÑOZ, J. F., «La filosofía desconocida de María Zambrano», *Sur* (Málaga), 10 de diciembre de 1978, pág. 7.

— «La crisis de Europa en el pensamiento de María Zambrano», *Religión y cultura,* vol. XXV, núm. 108 (enero-febrero de 1979) págs. 41-69; en J. F. Ortega Muñoz, *María Zambrano o la metafísica recuperada, op. cit.,* págs. 245-283.

— «La superación del racionalismo en la filosofía de María Zambrano», *Analecta Malacitana* (Málaga), vol. III, núm. 1, 1980, págs. 75-111; en J. F. Ortega Muñoz, *María Zambrano o la metafísica recuperada, op. cit.,* págs. 53-99.

— «María Zambrano, señora de la palabra», *Sur* (Málaga), 20 de marzo de 1981, pág. 10.

— «Indignación y esperanza», *Sur* (Málaga), 3 de julio de 1981.

— «María Zambrano y el renacer filosófico en España», *Sur* (Málaga), 8 de octubre de 1981.

— «La confesión, género literario y método en filosofía», *Analecta Malacitana* (Málaga), vol. IV, 2, 1981, págs. 229-260; en J. F. Ortega Muñoz, *María Zambrano o la metafísica recuperada,* págs. 111-153.

— «María Zambrano, las veleidades de la fortuna», *Sur* (Málaga), 21 de abril de 1985, pág. 18.

— «El sentido teologal de la filosofía de Zambrano», *Azafea* (Salamanca), núm. 1, 1985, págs. 237-273.

— «María Zambrano, sueño y verdad», *ABC* (Madrid), 26 de noviembre de 1987, pág. 8.

— «La fenomenología de la forma-sueño en María Zambrano», Barcelona, Anthrophos, núms. 70-71, 1987, págs. 103-113.

— «María Zambrano, filósofo y poeta de un mundo en crisis», *Sur Cultural* (Málaga), núm. 98, 28 de marzo de 1987.
— «España, sueño y verdad, según María Zambrano», *Bulevar,* 6-7 (1989), págs. 3-4.
— «Persona y democracia en María Zambrano», *Jábega* (Málaga), núm. 59, 1989, págs. 73-78.
— «Fenomenología y poética en María Zambrano», *Philosophica Malacitana* (Málaga), vol. II, 1989, págs. 169-189.
— «El exilio y la emergencia del ser en María Zambrano», *Anuario de la UNED de Málaga* (Málaga), vol. V, 1991, págs. 31-48.
— «María Zambrano, in memoriam», *Jábega* (Málaga), núm. 65, 1991, págs. 3-10.
— «Antígona, arquetipo de la naturaleza humana», *Cor Unum,* vol. 46, núm. 213, 1991, págs. 37-48.
— «Encuadramiento órfico-pitagórico de la filosofía zambraniana», *Philosophica Malacitana* (Málaga), vol. IV, 1991, páginas 197-215.
— «Una filosofía próxima a la razón poética», *La Vanguardia,* 7 de febrero de 1991, pág. 36.
— «La palabra viva», *ABC* (Madrid), 7 de febrero de 1991, pág. 60.
— «María Zambrano», *Isegoría* (Madrid), núm. 4, 1991, págs. 229-230.
— «Apuntes para una teoría de Andalucía», Málaga, Ágora, 1992, págs. 255-259.
— «María Zambrano. La filosofía de la aurora», El giro posmoderno. Suplemento núm. 1, *Philosophica Malacitana* (Málaga), 1993, págs. 125-139.
— «María Zambrano, un pensador comprometido», *Philosophica Malacitana* (Málaga), vol. VII, 1994, págs. 97-115.
PAZ, O., «Poesía y pensamiento», *ABC* (Madrid), 26 de noviembre de 1988.
— «La voz de María», *ABC* (Madrid), 7 de febrero de 1991, pág. 59.
— «Memoria de una voz», *Diario 16* (Madrid), 23 de marzo de 1991.
— «María Zambrano», *La Nación* (Buenos Aires), 12 de mayo de 1991.
RIVAS, E., «María Zambrano», *Revista Settanta,* núms. 20-21 (1972), págs. 62-63.
ROF CARBALLO, J., «Aunque es de noche», *ABC* (Madrid), 28 de diciembre de 1978.
ROSALES, E., «El saber de los claros del bosque», *ER. Revista de Filosofía* (Sevilla), núm. 1 (1985), págs. 51-76.
RUBIO, E., «María Zambrano o el recuerdo de un tono», *Palabras del 27,* 1, pág. 38.

— «Vivir la escritura como destino», *Diario 16* (Madrid), 12 de septiembre de 1982.

— «Finalmente poema», *El País* (Madrid), 26 de noviembre de 1988.

— «Mas», *El Mundo* (Madrid), 7 de febrero de 1991.

RUBIO TOVAR, J., «El hombre y lo divino», *ABC* (Madrid), 25 de mayo de 1991.

RUIZ, J., «Senderos de la tradición», *Diario 16* (Madrid), 3 de diciembre de 1988.

SALINAS, J., «Un lazo mágico», *El País* (Madrid), 8 de febrero de 1991, pág. 28.

SÁNCHEZ-GEY VENEGAS, J., «El hombre en María Zambrano», *Cuadernos de «Espíritu»* (Barcelona), 1944, págs. 815-821.

— Acerca de la mujer (Tristana): El Galdós de María Zambrano», *Cor Unum*, núm. 222, enero-abril de 1994.

SÁNCHEZ ROBAYNA, A., «En el texto de María Zambrano», *Destino* (Barcelona), núm. 21 (1978), págs. 44.

SAVATER, F., «Los "guernicas" que no vuelven», *El País* (Madrid), 28 de enero de 1981.

— «Razón, pasión, poder. Sobre la responsabilidad de los intelectuales», *El Nacional*, págs. 9 y 15.

— «El corazón pensante», *El País* (Madrid), 7 de febrero de 1991; y en *Más allá de Litoral* (México), Facultad de Filosofía y Letras, 1991, págs. 329-337.

— «En presencia de la voz de María Zambrano», *El País* (Madrid), 9 de enero de 1983.

SILES, J., «La idea de sistema en María Zambrano: El paradigma de la desviación», *Claros del bosque* (Sevilla), núms. 2 y 3, diciembre de 1986, págs. 31-39.

SUBIRATS, E., «Una filosofía de la crisis», *El País* (Madrid), 27 de noviembre de 1984, pág. 28.

— «El pensamiento de María Zambrano en el drama de España», *Diario 16* (Madrid), 28 de septiembre de 1986.

— «Un pensamiento vivo», *Diario 16* (Madrid), noviembre de 1988.

— «Una visita a María Zambrano», *Diario 16* (Madrid), 5 de marzo de 1988.

— «Nostalgia del arte», *Diario 16* (Madrid), 11 de enero de 1990.

TRAPIELLO, A., «Una visita esperada», *Sur* (Suplemento Semanal) (Málaga), núm. 246 (12 julio de 1992); *Diario de León*, 12 de julio de 1992.

ULLÁN, J. M., «María Zambrano: ¿Volver a España? Que sea lo que Dios quiera», *El País* (Madrid), 14 de junio de 1981.

— «Sueño y verdad del corazón», *El País* (Madrid), 26 de noviembre de 1978, págs. IV-V.

— «Entrevista con María Zambrano», *El País* (Madrid), 14 de junio de 1981.

VALENTE, J. A., «María Zambrano y el sueño creador», *Ínsula* (Madrid), núm. 238, septiembre de 1966.

— «Del conocimiento pasivo o saber de quietud», *El País* (Madrid), 26 de noviembre de 1978, págs. I-V; J. F. Ortega Muñoz, *María Zambrano o la metafísica recuperada, op. cit.,* págs. 101-108.

— «La doble muerte de María Zambrano», *ABC* (Madrid), 9 de febrero de 1991.

VILLENA, L. A. de, «La dama iluminada», *El Mundo* (Madrid), 7 de febrero de 1991.

Claros del bosque

En memoria de Araceli

Quiero manifestar una vez más mi gratitud a la Fundación Fina Gómez[1] —Caracas, París, Ginebra— por su constante colaboración en la posibilidad de este mi escribir.

MARÍA ZAMBRANO

[1] La Fundación Fina Gómez, con sede en Caracas, París y Ginebra, concedió una beca a María Zambrano para el desarrollo de su obra filosófica. La situación económica de nuestra pensadora era precaria, dadas las duras condiciones vitales a las que le había sometido el exilio, por lo que no es extraño que a lo largo de su vida recibiera este tipo de apoyos económicos que le permitieron continuar su tarea intelectual. La beca de la Fundación Fina Gómez la consiguió la autora en 1959, gracias a la mediación de su buena amiga venezolana Reyna Rivas, tal y como consta en la correspondencia que ésta mantuvo con Zambrano, publicada en 2004 (Caracas, Monte Ávila). La poeta venezolana era la encargada durante esa época de dicha Fundación en Caracas, por lo que actuó de interlocutora entre Fina Gómez y la pensadora malagueña. En una carta dirigida a Fina Gómez, fechada en La Pièce el 8 de agosto de 1977, Zambrano le agradece la ayuda prestada por su Fundación y le anuncia justamente la dedicatoria de este libro: «pienso que te alegrará saber que a fines de este año saldrá al fin mi libro *Claros del bosque,* algo nuevo que inaugura una forma inédita de escribir en mí. Ha estado detenido más de dos años en la Editorial Seix Barral de Barcelona a causa de la cadena de crisis de diverso orden que en ella se han presentado. Y naturalmente, lleva una Nota en que una vez más reconozco a la Fundación Fina Gómez el respiro que me proporciona». Esta beca se prolongó hasta marzo de 1989, como se recoge en otra carta de Fina Gómez a la autora, fechada el 20 de febrero de 1989 y conservada en la Fundación María Zambrano, en la que le comunica, desolada, la decisión de rescindir la ayuda económica: «No te imaginas con cuánta pena te escribo hoy pues nunca pensé que llegaría el día cuando tendría que hacerlo, pero es el caso de que debido a la tremenda devaluación de nuestra Moneda (el Bolívar Venezolano) ya la Fundación se ve obligada a suspender el Programa de Becas y Ayudas Personales pues es totalmente imposible continuarlas en las condiciones económicas que estamos viviendo actualmente».

I

Claros del bosque

El claro del bosque es un centro en el que no siempre es posible entrar; desde la linde se le mira y el aparecer de algunas huellas de animales no ayuda a dar ese paso. Es otro reino que un alma habita y guarda. Algún pájaro avisa y llama a ir hasta donde vaya marcando su voz. Y se la obedece; luego no se encuentra nada, nada que no sea un lugar intacto que parece haberse abierto en ese sólo instante y que nunca más se dará así. No hay que buscarlo. No hay que buscar. Es la lección inmediata de los claros del bosque: no hay que ir a buscarlos, ni tampoco a buscar nada de ellos. Nada determinado, prefigurado, consabido. Y la analogía del claro con el templo puede desviar la atención.

Un templo, más hecho por sí mismo, por «Él», por «Ella» o, por «Ello», aunque el hombre con su labor y con su simple paso lo haya ido abriendo o ensanchando. La humana acción no cuenta, y cuando cuenta da[2] entonces algo de plaza, no de templo. Un centro en toda su plenitud, por esto mismo, porque el humano esfuerzo queda borrado, tal como desde siempre se ha pretendido que suceda en el templo edificado por los hombres a su divinidad, que parezca hecho

---

[2] En el mecanoescrito que se conserva en la Fundación María Zambrano de la obra *Claros del bosque*, como documento M-494 y fechado el 26 de septiembre de 1977, observamos una discrepancia con el texto definitivo: «da» aparece en el texto de las galeradas como «tiene». Hemos creído oportuno hacer esta comparación de versiones para aclarar e iluminar, en la medida de lo posible, todavía más el texto.

por ella misma, y las imágenes de los dioses y seres sobrehumanos que sean la impronta de esos seres, en los elementos que se conjugan, que juegan según ese ser divino.

Y queda la nada y el vacío que el claro del bosque da como respuesta a lo que se busca. Mas si nada se busca, la ofrenda será imprevisible, ilimitada. Ya que parece que la nada y el vacío —o la nada o el vacío— hayan de estar presentes o latentes de continuo en la vida humana. Y para no ser devorado por la nada o por el vacío haya que hacerlos en uno mismo, haya a lo menos que detenerse, quedar en suspenso, en lo negativo del éxtasis. Suspender la pregunta que creemos constitutiva de lo humano. La maléfica pregunta al guía, a la presencia que se desvanece si se la acosa, a la propia alma asfixiada por el preguntar de la conciencia insurgente, a la propia mente a la que no se le deja tregua para concebir silenciosamente, oscuramente también, sin que la interruptora pregunta la suma en la mudez de la esclava. Y el temor del éxtasis que ante la claridad viviente acomete hace huir del claro del bosque a su visitante, que se torna así intruso. Y si entra como intruso, escucha la voz del pájaro como reproche y como burla: «me buscabas y ahora, cuando te soy al fin propicio, te vuelves a ese lugar donde respirar no puedes», o algo por ese estilo suena en su desigual canto. Y un cierto sosiego puede procurar ese reproche y esa burla. En la escena de las bodas, único momento en que Dante encuentra cara a cara a Beatriz, la ve burlarse al modo de una dama sin más, con sus amigas, de la turbación que el enamorado sin par experimenta al verla de cerca y al poder servirla inesperadamente. Y huye a la pieza vecina, y el amigo introductor —guía— le pregunta por la causa de tanta turbación. *Io tenni li piedi in quella parte de la vita di là de la quale non si puote ire più per intendimento di ritornare*[3].

Y aparece luego en el claro del bosque, en el escondido y en el asequible, pues que ya el temor del éxtasis lo ha iguala-

---

[3] Dante Alighieri, *Vita nuova*, capítulo XIV, 8. El texto original italiano dice así: «Io tenni li piedi in quella parte de la vita di là da la quale non si puote ire più per intendimento di ritornare». Ha habido, pues, un pequeño error de transcripción de Zambrano. En el mecanoescrito de *Claros del bosque* la frase de Dante va entrecomillada.

do, el temblor del espejo, y en él, el anuncio y el final de la plenitud que no llegó a darse: la visión adecuada al mirar despierto y dormido al par, la palabra presentida a lo más. Se muestra ahora el claro como espejo que tiembla, claridad aleteante que apenas deja dibujarse algo que al par se desdibuja. Y todo alude, todo es alusión y todo es oblicuo, la luz misma que se manifiesta como reflejo se da oblicuamente, mas no lisa como espada. Ligeramente se curva la luz arrastrando consigo al tiempo. Y no se olvidará nunca que la curvatura de luz y tiempo no es castigo, o que no lo es solamente, sino testimonio y presencia fragmentada de la redondez del universo y de la vida, y que el temblor es irisación de la luz que no deja de descender y de curvarse en todo recoveco oscuro, que se insinúa así, ya que directamente no puede sin violencia arrolladora permitirse entrar en nuestro último rincón de defensa. Y los colores mismos nacen para hacernos la luz asequible. Y el Iris resplandece, antes que arriba en los cielos, abajo entre lo oscuro y la espesura, creando así un imprevisible claro propicio.

Brillan los colores sosteniéndose hasta el último instante de un desvanecimiento en el juego del aire con la luz, y del cielo que apenas perceptiblemente se mueve. Un cielo discontinuo, él mismo un claro también.

Y los colores sombríos aparecen como privilegiados lugares de la luz que en ellos se recoge, adentrándose para luego mostrarse junto con el fuego en la rama dorada que se tiende a la divinidad que ha huido o que no ha llegado todavía. Y así son breves los detenimientos del amigo del bosque. Un doble movimiento lo reclama sobreponiéndose: el de ir a ver y el de llegarse hasta el límite del lugar por donde la divinidad partió o la anunciaba. Y luego hay que seguir de claro en claro, de centro en centro, sin que ninguno de ellos pierda ni desdiga nada. Todo se da inscrito en un movimiento circular, en círculos que se suceden cada vez más abiertos hasta que se llega allí donde ya no hay más que horizonte.

Alguna figura en esta lejanía anda a punto de mostrarse al borde de la corporeidad, o más bien más allá de ella, sin ser un esquema ni un simple signo. Figuras que la visión apetece en su ceguera nunca vencida por la visión de una figura luminosa ni por esplendor alguno. Algún animal sin fábula mira desde esta lejanía. Algún jirón se desprende de una blancura no vista, algo, algo que no es signo. Nada es signo, como si se vislumbrase un reino donde lo que significa y lo significado fuera uno y lo mismo, donde el amor no tiene que ser sostenido ni la naturaleza ande como oveja perdida o sorprendida que se aparece y se esconde. Y la luz no se refleja ni se curva ni se extiende. Y el tiempo sin derrota no transcurre, allá lejos donde se enuncia[4] el centro al que espejan en instantes los claros de este bosque.

Y la visión lejana del centro apenas visible, y la visión que los claros del bosque ofrecen, parecen prometer, más que una visión nueva, un medio de visibilidad donde la imagen sea real y el pensamiento y el sentir se identifiquen sin que sea a costa de que se pierdan el uno en el otro o de que se anulen.

Una visibilidad nueva, lugar de conocimiento y de vida sin distinción, parece que sea el imán que haya conducido todo este recorrer análogamente a un método de pensamiento.

Todo método salta como un «Incipit vita nova» que se nos tiende con su inajenable alegría. Se oye el *alleluia* en el Discurso cartesiano. El resonar del voto aceptado al descubrir[5] la «Clarté» a la oscura sacra Madona de Loreto. Mas lo que se vislumbra, se entrevé o está a punto de verse, y aun lo que llega a verse, se da aquí en la discontinuidad. Lo que se presenta de inmediato se enciende y se desvanece o cesa. Mas no por ello pasa simplemente sin dejar huella. Y lo entrevisto puede encontrar su figura, y lo fragmentario quedarse así como nota de un orden remoto que nos tiende una órbita. Una órbita que menos aún que ser recorrida puede ser vista. Una órbita que solamente se manifiesta a los que fían en la pasividad del entendimiento aceptando la irremediable discontinuidad a cambio de la inmediatez del conocimiento pasivo con su consiguiente y continuo padecer.

---

[4] En el mecanoescrito de *Claros del bosque* el verbo «enuncia» aparece como «anuncia», cobrando la frase, de este modo, mayor sentido.

[5] En el mecanoescrito de *Claros del bosque,* el texto dice así: «al descubridor de la "Clarté" a la oscura sacra Madona de Loreto».

Todo método es un «Incipit vita nova» que pretende estilizarse. Lo propio del método es la continuidad, de tal manera que no sabe pensar en un método discontinuo. Y como la conciencia es discontinua —todo método es cosa de la conciencia— resulta la disparidad, la no coincidencia del vivir conscientemente y del método que se le propone.

Surge todo método de un instante glorioso de lucidez que está más allá de la conciencia y que la inunda. Ella, la conciencia, queda así vivificada, esclarecida, fecundada en verdad por ese instante. Si el método se refiere tan sólo al conocimiento objetivo, viene a ser un instrumento, lógico al fin y sin remedio, aunque vaya más allá del «Organon» aristotélico. Y queda entonces como instrumento disponible a toda hora. Mas no a toda hora el pensamiento sigue la lógica formal ni ninguna otra por material que sea. La conciencia se cansa, decae y la vida del hombre, por muy consciente que sea y por muy amante del conocer, no está empleada continuamente en ello. Y queda así desamparado el ser, queda librado a todo lo demás que en sí lleva, y que si ha sido avasallado, amenaza con la rebelión solapada y con la simple y siempre al acecho inercia.

Y así sólo el método que se hiciese cargo de esta vida, al fin desamparada de la lógica, incapaz de instalarse como en su medio propio en el reino del logos asequible y disponible, daría resultado. Un método surgido de un «Incipit vita nova» total, que despierte y se haga cargo de todas las zonas de la vida. Y todavía más de las agazapadas por avasalladas desde siempre o por nacientes. Un método así no puede tampoco pretender la continuidad que a la pretensión del método en cuanto tal pertenece. Y arriesga descender tanto que se quede ahí, en lo profundo, o no descender bastante, o no tocar tan siquiera las zonas desde siempre avasalladas, que no necesariamente han de pertenecer a ese mundo de las profundidades abisales, de los ínferos, que pueden, por el contrario, ser del mundo de arriba, de las profundidades donde se da la claridad. Mas, ¿cómo sostenerse en ella?

¿Qué significa en verdad este «Incipit vita nova», que todo método, por estrictamente lógico, instrumental que sea, trae consigo? No puede responder más que a la alegría de un ser oculto que comienza a respirar y a vivir, porque al fin ha encontrado el medio adecuado a su hasta entonces imposible o precaria vida. Los ejemplos del método cartesiano, y antes del encuentro de San Agustín con su evidencia, con la verdad que vivifica su corazón —centro de su ser entero— vienen por sí mismos. Y la *Vita Nova* de Dante, enigmático breviario sinuoso, espiral que avanza y retrocede para en un instante recobrarse por entero. ¿No son todos ellos la repercusión de un instante, de un único instante que se perpetúa discontinuamente, a punto de perderse salvándose porque sí y, por lo que al sujeto hace, por una fidelidad sin desfallecimiento? Es un centro, pues, que ha sido despertado, centro de la mente tan sólo —si es que los métodos estrictamente filosóficos de Aristóteles y de Cartesio lo son como se suele creer. Y centro del ser cuando el amor entra en juego declaradamente. Y cuando entra en juego, declarado o sin declarar, es lo que decide. Y entonces se arriesga (pues que desde hace siglos, o desde el principio de la cultura llamada de Occidente, la mística está en entredicho) que se piense que ronda la mística o que recae en ella. Y si el veredicto es más leve, que es cosa de poesía, por tanto tal equívoco, que sería el método de un vivir poético. Y nada habría que objetar si por poético se entendiera lo que poético, poema o poetizar quieren decir a la letra, un método más que de la conciencia, de la criatura, del ser de la criatura que arriesga despertar deslumbrada y aterida al mismo tiempo.

Y se recorren también los claros del bosque con una cierta analogía a como se han recorrido las aulas. Como los claros, las aulas son lugares vacíos dispuestos a irse llenando sucesivamente, lugares de la voz donde se va a aprender de oído, lo que resulta ser más inmediato que el aprender por letra escrita, a la que inevitablemente hay que restituir acento y voz para que así sintamos que nos está dirigida. Con la palabra escrita tenemos que ir a encontrarnos a la mitad del camino. Y siempre conservará la objetividad y la fijeza inanimada de lo que fue dicho, de lo que ya es por sí y en sí. Mientras que de oído se recibe la palabra o el gemido, el susurrar que nos está destinado. La voz del destino se oye mucho más de lo que la figura del destino se ve.

Y así se corre por los claros del bosque análogamente a como se discurre por las aulas, de aula en aula, con avivada atención que por instantes decae —cierto es— y aun desfallece, abriéndose así un claro en la continuidad del pensamiento que se escucha: la palabra perdida que nunca volverá, el sentido de un pensamiento que partió. Y queda también en suspenso la palabra, el discurso que cesa cuando más se esperaba, cuando se estaba al borde de su total comprensión. Y no es posible ir hacia atrás. Discontinuidad irremediable del saber de oído, imagen fiel del vivir mismo, del propio pensamiento, de la discontinua atención, de lo inconcluso de todo sentir y apercibirse, y aun más de toda acción. Y del tiempo mismo que transcurre a saltos, dejando huecos de atemporalidad en oleadas que se extinguen, en instantes como centellas de un incendio lejano. Y de lo que llega falta lo que iba a llegar, y de eso que llegó, lo que sin poderlo evitar se pierde. Y lo que apenas entrevisto o presentido va a esconderse sin que se sepa dónde, ni si alguna vez volverá; ese surco apenas abierto en el aire, ese temblor de algunas hojas, la flecha inapercibida que deja, sin embargo, la huella de su verdad en la herida que abre, la sombra del animal que huye, ciervo quizá también él herido, la llaga que de todo ello queda en el claro del bosque. Y el silencio. Todo ello no conduce a la pregunta clásica que abre el filosofar, la pregunta por «el ser de las cosas» o por «el ser» a solas, sino que irremediablemente hace surgir desde el fondo de esa herida que se abre hacia dentro, hacia el ser mismo, no una pregunta, sino un clamor despertado por aquello invisible que pasa sólo rozando. «¿Adónde te escondiste?...». A los claros del bosque no se va, como en verdad tampoco va a las aulas el buen estudiante, a preguntar.

Y así, aquel que distraídamente se salió un día de las aulas, acaba encontrándose por puro presentimiento recorriendo bosques de claro en claro tras del maestro que nunca se le dio a ver: el Único, el que pide ser seguido, y luego se esconde detrás de la claridad. Y al perderse en esa búsqueda, puede dársele el que descubra algún secreto lugar en la hondonada que recoja al amor herido, herido siempre, cuando va a recogerse.

II
El despertar

La preexistencia del amor

El despertar privilegiado no ha de tener lugar necesariamente desde el sueño. Puesto que sueño y vigilia no son dos partes de la vida, que ella, la vida, no tiene partes, sino lugares y rostros. Y así del sueño y de ciertos estados de vigilia se puede despertar de este privilegiado modo que es el despertar sin imagen.

Despertar sin imagen ante todo de sí mismo, sin imágenes algunas de la realidad, es el privilegio de este instante que puede pasar inasiblemente dejando, eso sí, la huella; una huella inextinguible, mas que no se sabe descifrar, pues que no ha habido conocimiento. Y ni tan siquiera un simple registrar ese haber despertado a este nuestro aquí, a este espacio-tiempo donde la imagen nos asalta. El haber respirado tan sólo en una soledad privilegiada a orillas de la fuente de la vida. Un instante de experiencia preciosa de la preexistencia del amor: del amor que nos concierne y que nos mira, que mira hacia nosotros.

Un despertar sin imagen, así como debemos de estar cuando todavía no hemos aprendido nuestro nombre, ni nombre alguno. Ya que el nombre está ligado a la normal condición humana, a la imagen o al concepto o a la idea. Y el nombre sin nada de ello no se nos ha dado. El de «Dios» sabe a concepto, el del Amor, fatalmente también; y el amor del que aquí se trata no es un concepto, sino (ya que imposible es al nombrarlo no dar un concepto) una concepción. Una concepción que nos atañe y que nos guarda, que nos vigila y que nos asiste

131

desde antes, desde un principio. Y esto no se ve claro, se desliza este sentir sin llegar a ascender a saber, y se queda en lo hondo, casi subterráneo, viniendo de la fuente misma; de la fuente de la vida que sigue regando oculta, de la escondida, de la que no se quiere saber «do tiene su manida», aunque la noche se haya retirado en este instante del privilegiado despertar.

EL NACIMIENTO Y EL EXISTIR

Se nace, se despierta. El despertar es la reiteración del nacer en el amor preexistente, baño de purificación cada despertar y transparencia de la sustancia recibida que así se va haciendo trascendente.

Y la existencia surgida de la pretensión de ser por separado deslumbra y ofusca al individuo naciente que sin ella sería como una aurora. Se rompe la niñez y aparece el adolescente desconocido, la incógnita que juega a serlo, que juega a serse. Se toma la libertad a costa de su propio nacimiento, y así apaga o empalidece, al menos, su aurora. Aparece la conciencia de todo y de sí mismo ante todo. El yo sí mismo se alza y pretende erigirse en ser y medida de todo lo que ve y de lo que así él mismo se oculta. Se muestra y se oculta el existente, él, por sí mismo; es su libertad que ejercita y afila como un arma contra todo lo que se le opone. Y todo, y más todavía del todo, puede oponérsele. Y que solamente en la fatiga, y más venturosamente en el olvido de ese ejercicio, el que inaugura su libertad como suya, su profundidad, puede vislumbrar y ver y sentir. Y esto, ver y sentir, percibir, le vuelve al amor preexistente. Mas teme hundirse en su acogida, en su blandura. Pues que por nacer y para nacer no hay lucha, sino olvido, abandono al amor, como los místicos proponen, los místicos del «nacimiento». Y aun los de la nada, que piden el nacimiento a la nada intercesora con lo divino, intercesora nada la de un Miguel de Molinos[6]. La libertad se hace así impensable; la liber-

---

[6] Miguel de Molinos (1628-1696) fue uno de los principales místicos españoles, fundador del quietismo. Nació en Muniesa (Teruel) y en 1646 obtuvo un beneficio eclesiástico de la Iglesia valenciana de San Andrés para realizar

tad inmediata, que el obstinado sólo en existir descubre y la usa como coraza, la cree invulnerable. Así el adolescente, ese enigma que surge, mientras se afinca en serlo, en no ir más allá. En disponer de sí mismo antes de que el amor disponga de él. Y se

---

sus estudios teológicos en el colegio San Pablo de Valencia, gracias a la mediación de su paisano Bernardo de Murcia. Se ordenó sacerdote en 1652 y fue designado en 1663 por la Diputación del Reino de Valencia como postulador para agilizar en Roma la beatificación del sacerdote Francisco Jerónimo Simó (m. 1612), antiguo beneficiado también de la parroquia de San Andrés. Molinos no pudo satisfacer la tarea encomendada, pero su estancia romana fue muy provechosa y pronto adquirió fama como orador, teólogo y director espiritual, formando parte de los círculos teológicos más importantes de la ciudad, llegando incluso a trabar amistad con el papa Inocencio XI. Esta fama se vio refrendada con la publicación en 1675 de su *Guía espiritual*, en versión italiana y española. Su difusión fue enorme, apareciendo ocho ediciones en el periodo comprendido entre 1675-1685 y fue traducida muy pronto al latín y a las principales lenguas europeas (francés, holandés, inglés y alemán). Este texto puede ser considerado —como acertadamente ha señalado el poeta José Ángel Valente—, «como uno de los grandes libros de nuestra tradición marginada que imprime una poderosa huella en la vida europea de su tiempo». Su significativo subtítulo, «Que desembaraza al alma y la conduce por el interior camino para alcanzar la perfecta contemplación y el rico tesoro de la interior paz», despertó las sospechas de la Inquisición, al utilizar el término contemplación en dos sentidos distintos: tanto como la unión mística con Dios, como el método para alcanzar dicha unión. Este método nos propone el recogimiento, la aniquilación interior, la muerte mística, el vaciamiento del alma, la nada y la suspensión del sentido como vías para llegar al encuentro con la divinidad. Las primeras sospechas de herejía vinieron de parte de los jesuitas, quienes eran partidarios de la meditación, de una concepción espiritualista más discursiva, y de la oración vocal, frente a la contemplación, defendida por los grandes místicos en la que se preconizaba la oración mental, que prescinde tanto de la palabra exterior como interior, llamada por Molinos «oración de quietud». En 1678 comenzaron los primeros ataques contra él y como respuesta, el autor redactó al año siguiente la *Defensa de la contemplación* que nunca fue publicada. Fue acusado de defender con su quietismo la pasividad espiritual y la renuncia al esfuerzo de la voluntad por alcanzar la virtud, renuncia que conlleva el peligro de una ociosidad pecaminosa. Su proceso culminó en 1687 con su detención, situación en la que permaneció hasta su muerte, acaecida en 1696.

El entusiasmo por Miguel de Molinos fue uno de los temas de interés que compartieron José Ángel Valente y María Zambrano durante los años que trabaron una estrecha relación de amistad, cuando ambos vivían en una proximidad geográfica (La Pièce y Ginebra). El primero no sólo consagró importantes ensayos a la obra de Molinos, sino que preparó una magnífica edición de la *Guía espiritual*, tomando como referencia la edición italiana de 1675, con

vuelca en la «libertad de amar», que le niega al amor, asfixiado así por su propia libertad, que sólo es suya, que no se comparte, porque no está ni viene desde lo alto. Desde el cielo de la alta libertad que sostiene y atrae el nacimiento y guía su muerte. Sólo da vida lo que abre el morir.

Despertar naciendo o despertar existiendo es la bifurcación que inicialmente se le ofrece al ser humano. Y el existir lo arranca del amor preexistente, de las aguas primeras de la vida y del nido mismo donde su ser nace invisiblemente para él, mas no insensiblemente. Todo le afecta en ese estado, un todo que, si se deja, se irá desplegando. Y él, el que nace en cada despertar, surgiría, por levemente que fuese, en una especie de ascensión que no le extrae de este su primer suelo natal, en ese lugar primero que parece sea como un agua donde el ser germina, al que no se puede llamar naturaleza, sino quizás simplemente lugar de vida. Mas el ímpetu del existir se precipita con la velocidad propia de lo que carece de sustancia y aun de materia, de lo que es sólo un movimiento que va en busca de ellas y arranca al ser que despierta de ese su alentar en la vida. Y aun antes de abrirse a la visión, se ve arrastrado hacia la realidad, lo que lo pone frente a ella, a que se las vea con ella. Y con el tiempo que se mueve, y al que él, el hombre, ya por fuerza ha de medir. Y la luz tendrá que ser por el ser humano reducida. Y si por un instante la recibe, él, ya sujeto de acción y del indispensable conocimiento, la reducirá a una luminosidad lo más homogénea posible, que a su vez reduce seres y cosas a lo que de ellos hace falta solamente para ser recibidos[7] nítida-

la que subsanó los numerosos errores que contenían las tres ediciones castellanas anteriores; al aparecer dicha edición en 1975, María Zambrano escribió en la revista *Ínsula* una larga reseña del libro, titulada «Miguel de Molinos, reaparecido» *(Ínsula* [Madrid], núm. 338, enero de 1975, pág. 3), en la que confiesa que la *Guía* de Molinos ha sido, para ella, «un lugar de constante referencia, de consideración indispensable para vislumbrar al menos ciertas honduras del querer y de la voluntad, de la libertad verdadera, que es al par obediencia a acuerdo total». Para conocer la influencia de la mística en el pensamiento de Zambrano se recomienda la lectura de la Introducción.

[7] En el mecanoescrito, el término que aparece es «percibidos» y no «recibidos», cobrando mayor sentido la frase. Posiblemente, se trate de un error de transcripción.

mente. Ser percibido para ser fijado como meta o como obstáculo que se interpone. Y el milagro que entra por los ojos cuando la luz entera se presenta será tenido por deslumbramiento, del que hay que huir y hundir en el olvido. Y así el olvidar des-conociendo comienza. Y se irá, si el ímpetu hecho ya exigencia de existir prevalece, se irá abriendo el abismo del olvido que condena corriendo tras del cuidado con creciente afán. Y del afán llega a la lucha por fatalidad el que se da a existir olvidándose de cuánto debe al nacimiento. Y la lucha por necesidad, y por ventura a veces, se vierte en agonía, en verdadera agonía, ya que es imposible abolir el nacimiento y su promesa. La promesa de ser concebido y de irse al par concibiendo enteramente, aunque no se vea el término, ni la meta. Fin y principio están unidos indisolublemente en el que se da a nacer, recogiendo de cada despertar lo que se le ofrece sin lucha. No hay lucha en dejarse alzar desde el insondable mar de la vida. Y no se sabe si es en su profundidad o en su superficie donde llega la centella del fuego que es al par luz, que es lo que puede mover enteramente la respiración. Una centella del fuego que no abrasa, aunque traiga a veces pena, la fatiga de respirar por entero como si el respirar todo de la vida atravesara ese ser que entra en ella. Y la respiración se acompasa por esta luz que viene como destinada al que abre por ella los ojos. El que así alienta al encuentro de la luz es alumbrado por ella, sin sufrir deslumbramiento. Y de seguir así sin interrupción, vendría él a ser como una aurora.

LA INSPIRACIÓN

Lo primero en el respirar ha de ser la inspiración, soplo que luego se da en un suspiro, pues que en cada expiración algo de ese primer aliento recibido permanece alimentando el fuego sutil que encendió. Y el suspirar parece que vaya a restituirlo, lavado ya por el fuego mismo que ha sustentado, el fuego invisible de la vida que parece ser su sustancia. Una sustancia formada a partir de la inspiración primera en el inicial respiro, y que inasible encadena al individuo que nace con el respirar de la vida toda y de su escondido centro. Y a imagen e imitación de ese centro de la vida y del ser, el respirar se acompasa según su propio ritmo, dentro de los innumerables ritmos que forman la esfera del ser viviente. Mas el ser, obligado a ser individualmente, se quedará en un cierto vacío de una parte y a riesgo de no poder respirar de otra, entre el lleno excesivo y el vacío. Y tendrá que esforzarse para respirar oprimido por la demasiada densidad de lo que le rodea, la de su propio sentir, la de su propio pensamiento, la de su sueño que mana sin cesar envolviéndole. Y suspira entonces llamando, invocando un retorno más poderoso aún que el de la primera inspiración, que atraviese ahora, en el instante mismo, todas las capas en que está envuelto su escondido arder, que por él se sostienen. Una nueva inspiración que lo sustente a él, a él mismo y a todo lo que sobre él pesa y se sustenta.

EL DESPERTAR DE LA PALABRA

Indecisa, apenas articulada, se despierta la palabra. No parece que vaya a orientarse nunca en el espacio humano, que va tomando posesión del ser que despierta lenta o instantáneamente. Pues que si el despertar se da en un instante, el espacio le acomete como si ahí le hubiese estado aguardando para definirle, para hacerle saber que es un ser humano sin más. Mientras el fluir temporal, en retraso siempre, se queda apegado al ser que despierta envuelto en su tiempo, en un tiempo suyo que guarda todavía sin entregarlo, el tiempo en el que ha estado depositado confiadamente. Y la palabra se despierta a su vez entre esta confianza radical que anida en el corazón del hombre y sin la cual no hablaría nunca. Y aún se diría que la confianza radical y la raíz de la palabra se confundan o se den en una unión que permite que la condición humana se alce.

Es de dócil condición la palabra, lo muestra en su despertar cuando indecisa comienza a brotar como un susurro en palabras sueltas, en balbuceos, apenas audibles, como un ave ignorante, que no sabe dónde ha de ir, mas que se dispone a levantar su débil vuelo.

136

Viene a ser sustituida esta palabra naciente, indecisa, por la palabra que la inteligencia despierta profiere como una orden, como si tomara posesión ella también, ante el espacio, que implacablemente se presenta y ante el día, que propone una acción inmediata que cumplir, *una* en la que entra toda la serie de las acciones. Palabras cargadas de intención. Y la palabra primera se recoge, vuelve a su silencioso y escondido vagar, dejando la imperceptible huella de su diafanidad. Mas no se pierde. Como un balbuceo, como un susurrar de la inextinguible confianza atravesará las series de las palabras dictadas por la intención, soltándolas por instantes de sus cadenas. Y en esta breve aurora se siente el germinar lento de la palabra en el silencio. En el débil resplandor de la resurrección la palabra al fin se desprende dejando su germen intacto, que en el débil clarear de la libertad se anunciaba un instante antes de que la realidad irrumpiese. Y quedaba así luego la realidad sostenida por la libertad y con la palabra en vías de decirse, de tomar cuerpo. La palabra y la libertad anteceden a la realidad extraña, irruptora ante el ser no acabado de despertar en lo humano.

LA PRESENCIA DE LA VERDAD

Cuando la realidad acomete al que despierta, la verdad con su simple presencia le asiste. Y si así no fuera, sin esta presencia originaria de la verdad, la realidad no podría ser soportada o no se presentaría al hombre con su carácter de realidad.

Pues la verdad llega, viene a nuestro encuentro como el amor, como la muerte y no nos damos cuenta de que estaba asistiéndonos antes de ser percibida, de que fue ante todo sentida y aun presentida. Y así, su presencia es sentida como que al fin ha llegado, que al fin ha aparecido. Y que esta su aparición se ha ido engendrando oscura, secretamente, en lo escondido del ser en sueños, como promesa de revelación, garantía de vida y de conocimiento, desde siempre. La pre-existencia de la verdad que asiste a nuestro despertar, a nuestro nacimiento. Y así, despertar como reiteración del nacer es encontrarse dentro del amor y, sin salir de él, con la presencia de la verdad, ella misma.

Y al mantenerse como ella misma, la verdad con su asistencia comienza a hacerse sentir invulnerable. Y al que tan inerme despierta que algo se le presente invulnerable le despierta temor. Le descubre su vulnerabilidad; lo descubre. Pues que con sólo que se sienta al descubierto, por levemente que sea, al despertar, teme, se retrae, tiende a esconderse, a retornar a su antro de ser escondido. Ya que el hombre es un ser escondido en sí mismo, y por ello obligado y prometido a ser «sí mismo», lo que le exige comparecer. Y entonces, al sentir ese algo invulnerable que le aguarda, teme y se dispone, retrayéndose a su escondido ser, a ser él, él mismo, sin acabar de despertar lo que se reitera siempre, en lo más avanzado del conocimiento y del ejercicio de la visión, en ese movimiento que hace hasta físicamente el que de verdad quiere ver: se echa hacia atrás y hacia adentro para mirar desde un recinto. Y en ese recinto, que es ya un lugar, el suyo, se dispone —y más aún si ya cree conocer— a alzar un castillo. Un castillo que llegará a ser de razones, un castillo artillado, cuando a tal desarrollo haya llegado para defenderse ante la verdad en principio. Y la verdad, invulnerable como es, tal como se le presentó primeramente, resiste, le resiste. Mas el hombre puede aún más ante ella, puede sin proponérselo y aun pasándole inadvertido, ir contra ella, armado de ciencia. Y así la pura, invulnerable, inviolable presencia de la verdad que se dio, que se presentó ante él, no será ya nunca vista de ese modo inicial. Y habrá perdido aquel que, tocado por el amor[8] que la verdad invulnerable inspira, se defiende ante ella, ahincándose en el temor primero de ser un iniciado por la verdad, un conducido por ella.

Y le preguntará, este que dejó perder la verdad o huyó de ser iniciado por la verdad, le preguntará a ella misma; preguntará y se preguntará infatigablemente hasta ser poseído por el preguntador[9], hasta convertirse él mismo en eso, en una pregunta. Sur-

---

[8] En el mecanoescrito el término que aparece es «temor» y no «amor». Posible error de transcripción.

[9] En el mecanoescrito aparece el término «preguntar» en lugar de «preguntador». Posible error de transcripción.

girá la Esfinge[10] mitológica ante la que Edipo se vio en un instante, ante ella, ante su pregunta, que tan sabiamente contestó, mas sin caer en la cuenta de que su respuesta de nada le valía, de que su saber se refería tan sólo a algo general —«el hombre» dijo, como se sabe— mas que se trataba de saberse él, él mismo, en lo escondido de su ser. Y así siguió de escondido, hasta que sin valimiento alguno se vio al descubierto. Y apenas había nacido, apenas despertado. La verdad tan sólo se da, sin temor y con temor a la vez, con temor siempre, al que se queda palpitante, inerme ante ella, «toda ciencia trascendiendo». Y al reencontrarse así con ella, ya no teme, pues que no está ante ella; va con ella y la sigue; sigue a la verdad que es lo que ella pide.

EL SER ESCONDIDO — LA FUENTE

Desde siempre el ser ha estado escondido y por ello, se ha preguntado el hombre a sí mismo acerca de él y ha preguntado. ¿Habría sido así acaso si él, el ser humano, no hubiera sentido en sí, dentro de sí, un ser, el suyo, escondido? Y aun si no se hubiese visto —un tanto ya desde afuera— como un ser escondido. Y así, el conocimiento que busca nace del anhelo de darse a conocer, que acompañará siempre a las formas más objetivamente logradas del conocimiento.

Y en cada despertar el ser recibido sin duda desde antes, el ser preexistente, emerge, por no decir que está a punto de

---

[10] La Esfinge, monstruo femenino provisto de cuerpo de león, cola de serpiente y alas de águila, fue enviada por Hera contra Tebas para vengar el mal comportamiento de su rey Layo, quien había raptado en Pisa al niño Crisipo. Instalada en el monte Ficio, la Esfinge proponía a cada tebano que pasaba cerca de ella la resolución del siguiente enigma: «¿Qué ser, con sólo una voz, tiene a veces dos pies, a veces tres, a veces cuatro y es más débil cuantos más pies tiene?». A aquellos que no eran capaces de resolverlo, los estrangulaba. El único que encontró la solución al enigma fue Edipo, al apuntar que se trata del hombre, pues «se arrastra a gatas cuando es niño, se mantiene firme en sus dos pies en la juventud, y se apoya en un bastón en la vejez». Contrariada por ello, la Esfinge se dio muerte saltando desde el monte Ficio, quedando Tebas libre de la amenaza del monstruo. En agradecimiento de ello, los tebanos nombraron a Edipo rey de Tebas y se casó con Yocasta, ignorando que era su madre. Cuando mucho tiempo después, Edipo reconoció el incesto cometido con su esposa, se vació con sus manos las cuencas de los ojos.

revelarse como llamado por una luz que no ve, por una luz que lo toca y se derrama hasta una cierta profundidad en ese lugar, nido quizá, donde alienta. Y que le anuncia el padecer y la gracia de la luz. Pues que la luz, tanto o más aún que el espacio y el tiempo, es un «a priori» del ser humano o del ser de todas las criaturas seguramente.

Y así los movimientos más recónditos y esenciales del ser humano —del humano, al menos— si consumen tiempo y proponen un espacio cualitativo cuando de movimientos del ser se trata, se dan en función de la luz, una luz que le llega y que le despierta y que tiene que ser a su vez anhelada, una luz de la que tiene que ir al encuentro. Y por un leve, fácilmente inadvertido instante, el encuentro se verifica; sería cosa de llamarlo revelación, por mínimamente que sea, chispa encendida de la revelación que todo ser escondido apetece. Pues que es más que fundamental «orexis» apetito del ser, la de darse en la luz que lo revele, que lo sostenga y, más todavía, que lo sustente, como si fuera su alimento. Y así esa paz que se derrama del ser unido con su alma, esa paz que proviene de sentirse al descubierto y en sí mismo, sin irse a enfrentar con nada y sin andar con la existencia a cuestas. Y la ligereza de sentirse sustentado, sin flotar a la merced de la vida, de la inmensidad de la vida, sin sentir ni la propia limitación, ni tan siquiera su ilimitación, lejos de como se siente cuando, de algún modo, flota en el océano de la vida, sin sustento.

Y luego, cuando así se ha despertado de mañana, o en el centro mismo de la noche, por esta luz que se enciende sin que sepa cómo en la oscuridad, se recae; recae este ser escondido, vuelve a esconderse y a ello asiste, si hay ya conciencia, sin poder evitarlo. Mas después advierte que le ha sido evitado el flotar a solas en el océano de la vida; lo advertirá porque ya irá a su oscuro lugar donde brota, tímida, la fuente, la fuente por escaso que sea su caudal, de la vida. Y ya no se quedará sin sustento. Y el ser escondido alentará de nuevo en una vida recóndita, junto a la fuente de la que no siempre ni en toda ocasión necesaria podrá beber. Sufrirá de sed y de oscuridad, sin duda. Mas el vivir humanamente, parece ser que sea eso, que consista en eso, en un anhelar y apetecer apaciguados por instantes de plenitud en el olvido de sí mismo, que los reavivan luego, que los reencienden. Y así seguirá, a lo que se vislumbra, inacabablemente.

EL TIEMPO NACIENTE

Un tiempo que brota sin figura ni aviso, que no mide movimiento alguno ni parece que haya venido a eso. Y que, al no tener figura, de nada puede ser imagen. Un tiempo que no alberga ningún suceso, ni se le nota que vaya a ser sucesivo, ni tampoco a seguir ni a detenerse. Un tiempo solo, naciente en su pureza fragante como un ser que nunca se convertirá en objeto; divino.

Un «ser», en cierto modo, que es una pulsación, una presencia pura que palpita; vida.

Algo inasible, soplo, respiro. Presencia que no se exterioriza, dentro y fuera del que así lo siente despertando y que no pide ni ofrece ni tampoco se niega a ser vista. Pues que se la siente al par que uno mismo desde lo hondo se siente. Un sentir y un sentirse recogidamente. Una herida sin bordes que convierte al ser en vida. Surge en la inmediatez que con el ser no cabe en lo humano ni en ningún ser viviente. Un ilimitado don, una prenda recibida como si fuera propia, este palpitar que no es ser ni solamente vida, sino vivir ya y desde ahora, ¿desde cuándo? Un aliento congénito con el nacimiento, que se recibe desde la oscuridad y que sostiene cuando la luz de alguna manera se hace. Estaba ya ahí este palpitar cuando al fin se abren los ojos y se mira y por él, por este aliento, la visión puede ser sostenida, la luz aceptada sin temor: «Nació y creció sin saber —si estaba dentro o fuera— del dios que nació con él», se lee en *Río natural* de Emilio Prados[11].

_____

[11] Emilio Prados (1899-1962) fue uno de los poetas integrantes de la Generación del 27 y gran amigo de María Zambrano. Este malagueño se trasladó con quince años a cursar sus estudios de secundaria en la Residencia de Estudian-

Y mientras el ser que se ha recibido tienda a esconderse, un algo, alma habría que llamarlo, tiende a salir del interior del recinto. Gran tranquilidad ha proporcionado a gran parte

---

tes de Madrid, en la que entraría en contacto con Juan Ramón Jiménez y con varias de las figuras más destacadas de la literatura y del arte del momento, como Dalí, Lorca y Buñuel. Comenzó sus estudios de Filosofía y de Ciencias Naturales, pero una grave enfermedad pulmonar le obligó a retirarse a un hospital suizo de Davos. Una vez restablecido, decidió abandonar su licenciatura en Ciencias y continuar sus estudios de Filosofía en Friburgo. Años más tarde regresó a Málaga donde fundó, junto al poeta Manuel Altolaguirre, también malagueño, la editorial *Sur,* en la que se publicaron muchos de los poemarios más destacados de la Generación del 27 y la revista *Litoral,* a la que se incorporaron los malagueños Moreno Villa y José María Hinojosa. Después de sufrir una grave crisis personal, agravada por la muerte de su padre, ocurrida en 1934, se involucró en la defensa de la República, a partir del levantamiento militar de Franco. Tras una breve estancia en Madrid, se trasladó a Valencia, ciudad en la que colaboró en la organización de II Congreso Internacional de Escritores y en la edición de varios libros: *Homenaje al poeta Federico García Lorca* y *Romancero general de la guerra de España,* al tiempo que se publicaron varias de sus obras. Con la recopilación de su poesía de guerra, *Destino fiel,* obtuvo el Premio Nacional de Literatura en 1938. Perdida la guerra, inició su largo exilio en México, país en el que compaginó su tarea creativa con la profesión de maestro. Allí murió en 1962. Entre sus títulos más destacados cabe mencionar: *Canciones del farero* (1926), *Vuelta* (1927), *El misterio del agua (1926-1927), La voz cautiva, Mínima Muerte* (1944), *Jardín cerrado* (1946), *Río natural* (1957) que es el texto del que Zambrano entresaca estos versos, *Circuncisión del sueño* (1957) y *Signos del ser* (1962). La amistad entre Emilio Prados y Zambrano data de su juventud, cuando ambos compartieron en Madrid no sólo sus vocaciones literarias, frecuentando el mismo círculo intelectual, sino también sus inquietudes políticas que les llevó a asumir un compromiso firme con la II República y a una lucha contra el fascismo. Coincidieron también en su exilio en México y su amistad perduró hasta la muerte de Prados. Zambrano sentía un verdadero cariño y una gran admiración por el poeta malagueño, a quien consagró dos ensayos: el primero, de 1963, fue escrito poco después de su muerte, y lleva por título «El poeta y la muerte. Emilio Prados», siendo integrado más tarde en *España, sueño y verdad* (1965). En dicho ensayo encontramos estas palabras: «La poesía de Emilio Prados nace de ese instante del segundo nacimiento en que el tiempo y la libertad saltan a la vez, sobrevienen como un océano en el que el así renacido queda depositado en el pleno misterio del nacimiento, en las aguas de la vida, en la inmensidad del tiempo». El segundo texto sobre el poeta, «Pensamiento y poesía en Emilio Prados», fue publicado en la *Revista de Occidente* en 1977 y apareció más tarde como prólogo a la reedición de *Circuncisión del sueño* en 1981.

de la Psicología y a otras Ciencias Humanas o del Espíritu, el prescindir de esto, que parece que se nos da a sentir como «esta» llamada tradicionalmente alma. Sin duda por ser un supuesto metafísico y una manifestación de la vida sin cuerpo y el soporte —igualmente tradicional—, «conditio sine qua non» de la mística, le cupo esa suerte. Su existencia constituye un obstáculo para la razón analítica. ¿Es posible tranquilamente someter al análisis el alma, el alma misma? Su concepto es otra cosa, puede ser analizado y aun reconstruido como cualquier otro concepto. Pero ella, el alma, ¿cómo será analizada si no está propiamente en nosotros, ni en otro, ni menos todavía en sí misma? ¿Cuando se ha visto un alma ensimismada? Claro está que aquello que se ensimisma o por lo cual nos ensimismamos tampoco se ha visto, y menos aún en esa dirección de las ciencias en que no se busca ver. El alma se mueve por sí misma, va a solas, y va y vuelve sin ser notada, y también siéndolo.

Y ha de ser por este singular movimiento del alma y por el modo en que lo hace sentir por lo que la ciencia prefiere no tomarla en cuenta, al alma, ya que la psique también se mueve y mueve, mas parece estar siempre en el mismo lugar, disponible, estática, sobre todo eso: estática. No hace sentir ímpetu alguno de ir más allá de sí. Y aun agazapada en la subconciencia no se extasía. Parece estar dispuesta a responder cuando se la estimula: responde en suma a los estímulos. Y el alma no; de responder es a la llamada, a la invocación y aun al conjuro, como tantas oraciones atestiguan de las diversas religiones tradicionales. Parece así tener un íntimo parentesco con la palabra y con algunos modos de la música; fundamento mismo, que se nos figura, de toda liturgia.

De condición alada y dada a partir, se conduce como una paloma. Vuelve siempre hasta que un día se va llevándose al ser donde estuvo alojada. Y así se sigue ante este suceso a la espera de que vuelva o de que se haya posado en algún lugar de donde no tenga ya que partir, hecha al fin una con el ser que se llevó consigo. Y que este irse haya sido para ella la vuelta definitiva al lugar de su origen hacia el que se andaba escapando tan tenazmente. Obstinada la paloma, ¿cómo se la podría convencer de nada? Parece saber algo que no comunica, que siendo tan afín con las palabras nunca dice. No puede decirse ella a sí misma. Cuando falta, todo puede seguir lo mismo en el ser abandonado. Mas el ser que la ha perdido se queda quieto, fijo, en prisión. Y ningún signo que de ella no venga le sirve para orientarse. Ya que lo propio de la prisión es que priva al que en ella cae de toda orientación. Cuando el prisionero encuentra un resquicio de luz, una voz, un simple punto por donde orientarse respira y espera, se mantiene en vigilia, en vez de caer en la atonía que produce la ausencia total de signos que orienten en el encierro, aunque de él no se haya de salir sino un día, un cierto día.

El que despierta con ella, con esta su alma que no es propiedad suya antes de usar vista y oído, se despliega, al orientarse se abre sin salir de sí, deja la guarida del sueño y del no-ser: ser y vida unidamente se orientan hacia allí donde el alma les lleva. Renace. Y así el que se despierta con su alma nada teme. Y cuando ella sale dejándole en abandono, conoce, si no se espanta, algo, algo de la vocación extática del alma. Ese vuelo al que ningún análisis científico puede dar alcance.

EL ABRIRSE DE LA INTELIGENCIA

En la diferencia entre la vida toda y la exigencia del ex-sistir que se da en el ser humano, se abre la inteligencia en él, en ese su ser. No es un producto de dos contrarios, no podría ser producto de ningún otro aspecto de la humana condición ni menos aún una emanación de un órgano para ello facultado, que si lo hay es para servir a esa inteligencia que ha de hallar su modo de ejercitarse. Ya que la inteligencia es acción, aunque sea pasiva. Aun considerada aristotélicamente, la inteligencia pasiva muestra una leve acción; la de dejarse imprimir, en modo específico, la aptitud para revelar, lo cual es sensibilidad, vida. Vida en su forma primera. Un algo que está encerrado y abierto al par hacia afuera, para fijarlo haciéndolo vivo. Lo propio de la acción de la sensibilidad es convertir en vida lo que le toca; en una vida disponible ya para una mayor revelación, para un desprendimiento incompleto siempre como propio del existente, del que aparece falto de vida porque ha de ir hacia otra zona de la vida, de un tiempo que va colonizando, en el que se adentra exteriorizándose al par arriesgadamente. Pues que el existente, remitiéndose a esta nueva dimensión de la inteligencia que entiende y establece punto de partida fuera ya de su sensibilidad o sentir inicial, arriesga vaciarse de la vida primera, de su interior indescifrado e indescifrable, de lo que en español por fortuna puede ser nombrado entraña, de la entraña sacra siempre, que lentamente se resiste a la claridad, cuando sobre ella se vierte como sobre un objeto de afuera.

Como un objeto, porque la inteligencia misma corriendo de por sí establece el dintel. Un dintel que es separación dentro del mismo[12] ser que se dispone a entender, especialmente cuando cree y encuentra obvio el hacerlo. Y entre él mismo todavía irrevelado y la claridad que le viene de afuera, surge esa disponibilidad, ese usar de su inteligencia, creyéndola ya suya, apropiándosela paradójicamente al establecer la objetividad, sin sacrificio. Sin realizar el sacrificio, lejos del amor preexistente, alejándose de la vida recibida, del amor del que es depositario.

EL DESLIZARSE DE LAS IMÁGENES

Es múltiple la imagen siempre, aunque sea una sola. Un doble, causa de alteración de aquel ante quien se presenta. Siempre llega, aunque se haya asistido a su formación, con ansias de enseñorearse tal como si pidiese, ella también, existir, como escapada de un reino donde solamente el ser y la vida caben. Mas la realidad, eso que se llama realidad, es casi de continuo imagen. «De sí misma», podría decirse en seguida, deslizándose sobre la aparente identidad de las hojas del fuego apagado, convertidas en río o en cascada cuando se las ve. Cuando se las ve en esa franja que ofrece la realidad, que

---

[12] En el mecanoescrito el texto dice: «es separación entre el mismo ser que se dispone a entender».

no puede quedarse en ser «nuda, escueta realidad», y pide como mendiga en ocasiones, como sierva siempre, aun cuando se imponga para completarse. Pues que la realidad que al ser humano se le ofrece no acaba de serlo; a medias real tan sólo y, a veces, irreal por asombrosa, por sobrepasarse a sí misma, pide. Y se es requerido constantemente por la realidad que suplica ensoberbecida y al par sierva, algo así como si le dieran la verdad que le falta, el ser que se quedó atrás, en la casa del Padre quizás —en algún lugar de donde salió— a la busca como la sierpe, y arrastrándose como ella. La realidad como deseó ella misma ser, como un ansia de fundar otro reino. Como la luna de la que no se sabe si salió, si se salió del orden del que conserva, como hija perdonada, el tener una órbita. Mas aun así, con su órbita, no anda entera; se disminuye, se acrecienta, se presenta en una imagen de plenitud, que no logra dar en verdad; es sólo una imagen de plenitud, le falta la otra cara que en el sol no se echa de ver que falte. La luna no hace sentir lo esférico de su cuerpo, ni aun su cuerpo: espejo. Y la realidad al pedir, siempre anda así también. Es una realidad esta que se nos concede y, al par, nos acomete, que anda suelta. Y su órbita más que su imagen es lo que de veras pide al hombre.

III
Pasos

Método

Hay que dormirse arriba en la luz.

Hay que estar despierto abajo en la oscuridad intraterrestre, intracorporal de los diversos cuerpos que el hombre terrestre habita: el de la tierra, el del universo, el suyo propio.

Allá en «los profundos», en los ínferos el corazón vela, se desvela, se reenciende en sí mismo.

Arriba, en la luz, el corazón se abandona, se entrega. Se recoge. Se aduerme al fin ya sin pena. En la luz que acoge donde no se padece violencia alguna, pues que se ha llegado allí, a esa luz, sin forzar ninguna puerta y aun sin abrirla, sin haber atravesado dinteles de luz y de sombra, sin esfuerzo y sin protección.

Las operaciones de la lógica

LOS ÍNFEROS

> *«Quoniam tu flagelas et salvas, deducis ad ínferos et reducis»*, dice el libro de Tobías.

Dice el anciano Tobit a su Señor cuando salta su cántico ante el arcángel Rafael: «Quoniam tu flagelas et salvas, deducis ad inferos et reducis». Y parece imposible verter al español una tal frase sin que pierda ninguna de sus significaciones, una especialmente: la deducción a los ínferos, que no es ciertamente lo mismo que la conducción a ellos. No es atribuible al genial traductor de la Vulgata la intención de manifestar que la deducción, operación lógica, lleve a los infiernos, ni, inversamente —que sería lo mismo— que el infierno sea algo deducido. A pesar de ello, más allá de las intenciones del autor de tal texto, se impone el vislumbre de que a los ínferos se baje por deducción, y que ellos mismos sean algo deducido. Y que por consiguiente, la vuelta de ellos sea una inducción sin que deje de ser al par una re-ducción.

La tranquilizadora operación de-ductiva o el más seguro camino abierto a la mente por la Lógica formal, ¿es entonces una fatalidad, una fatal declinación? Y la inducción, la modesta y segundona inducción, un arrancar algo sumergido, apegado, adherido o dejado ahí simplemente, en la oscuridad.

Todo parece indicar que suceda así, pues que la deducción, como es sabido, parte de un juicio universal para llegar a uno singular; de lo abstracto, pues, a lo concreto, de lo que se presenta como verdad de razón a algo vivo envuelto en lo concreto, de lo que se presenta como verdad de razón a algo vivo envuelto en lo universal sometido a ello, confinado haciéndonos sentir y saber que este algo, concreto y viviente, no podrá nunca transcender esta envoltura abstracta que lo sostiene ciertamente y lo envuelve. Tal como si lo concreto y viviente no pudiese mantenerse por sí mismo, no encontrar en sí mismo, en lo que él es, reposo y razón de ser. Al partir, en el ejemplo clásico de las Escuelas, de que «Todos los hombres son mortales» para concluir que Sócrates lo es —uno más como todos— ¿no se le rebaja en cierto modo, o no se le borra a la hora de su muerte que en este caso —infeliz ejemplo— es bien suya, nítidamente señaladora de su distinción como individuo? Todos los hombres mueren y Sócrates por ende también, mas no todos mueren como Sócrates. Y entonces se dibuja una cierta incompatibilidad en el ánimo para aceptar tamaña verdad, obtenida de esta deductiva manera, y se insinúa en el ánimo del estudiante la necesidad de una reparación, de una operación de la mente que extraiga a Sócrates de la verdad común, de un tiempo, pues que la reparación comienza siempre con un detenerse del ánimo y del pensamiento entregado a su morir, mínima ofrenda, y de con un percibir con[13] los sentidos interiores antes de formularse juicio alguno que la envuelva, el latir de su muerte, la vida de su morir, la indicación de la flecha que nos envía a través de los históricos tiempos. Y si por acaso no se oculta algo en muerte tan declarada. Hay que escuchar más finamente. Y entonces, sólo entonces, tras de haber afinado los sentidos interiores, permitir al intelecto, no que formule un juicio, sino que intente seguir las indicaciones de estos sentidos. Y quizá siguiendo, prosiguiendo, en vez del «Sócrates es mortal», se dibujará una figura que nos llamará a una noción del hombre según la cual ser mortal no sea ya tan exclusivamente importante. Tan importante como la forma misma de

---

[13] En el mecanoescrito el texto dice así: «de con un percibir los sentidos interiores antes de formularse juicio alguno».

esa su muerte. Y que por su impecable forma de morir Sócrates fuera rescatado de todos los ínferos, incluidos los de la lógica.

EL DELIRIO — EL DIOS OSCURO

Brota el delirio al parecer sin límites, no sólo del corazón humano, sino de la vida toda y se aparece todavía con mayor presencia en el despertar de la tierra en primavera, y paradigmáticamente en plantas como la yedra, hermana de la llama, sucesivas madres que Dionysos[14] necesitó para su nacimien-

---

[14] Zambrano hace referencia en el texto al curioso e incompleto nacimiento de Dioniso, símbolo de la propia condición humana, pues el hombre está obligado a desarrollar su ser inacabado, a completar su nacimiento. Según nos cuenta Pierre Grimal, Dioniso era hijo de Zeus y de Sémele, hija de Cadmo y Harmonía. «Sémele, amada por Zeus, le pidió que se le mostrase en todo su poder, cosa que hizo el dios para complacerla; pero, incapaz de resistir la visión de los relámpagos que rodeaban a su amante, cayó fulminada. Zeus se apresuró a extraerle el hijo que llevaba en su seno, y que estaba sólo en el sexto mes de gestación. Lo cosió en seguida en su muslo, y, al llegar la hora del parto, lo sacó vivo y perfectamente formado. Era el pequeño Dioniso, el dios "nacido dos veces". El niño fue confiado a Hermes, quien encargó de su crianza al rey de Orcómeno, Atamante, y a su segunda esposa, Ino. Les ordenó que revistiesen a la criatura con ropas femeninas a fin de burlar los celos de Hera, que buscaba la perdición del niño, fruto de los amores adúlteros de su esposo. Pero esta vez Hera no se dejó engañar y volvió loca a la nodriza de Dioniso, Ino, y al propio Atamante. En vista de ello, Zeus se llevó a Dioniso lejos de Grecia, al país llamado Nicia, que unos sitúan en Asia y otros en Etiopía o África, y lo entregó a las ninfas de aquellas tierras para que lo criasen. Con objeto de evitar que Hera lo reconociese, lo transformó entonces en cabrito» (Diccionario de Mitología Griega y Romana, Barcelona, Paidós, 1993, págs. 140-141). De adulto, Dioniso viajó por Egipto, Siria, Frigia, Tracia, la India hasta regresar, de nuevo, a Beocia, la tierra de su madre donde fundó las Bacanales, en las que todo el pueblo y, sobre todo las mujeres, eran presa de un delirio místico que les llevaba a recorrer el campo profiriendo gritos rituales. En estos festejos se representaban con máscaras a los genios de la Tierra y de la fecundidad y dieron origen a las representaciones del teatro, la comedia, la tragedia y el drama satírico. Estas Bacanales fueron prohibidas en el 186 a.C. por el Senado romano. Los dos elementos o símbolos con los que se asocia a Dioniso son la vid, que representa el don de la ebriedad y del éxtasis, y la yedra, planta a la que se le atribuían poderes especiales al ser masticada y era utilizada por las Ménades para embriagarse en sus orgías.

to siempre incompleto, inacabable. Y así nos muestra este dios un padecer en el nacimiento mismo, un nacer padeciendo. La madre, Semelé, no dio de sí para acabar de darlo a la luz nacido enteramente. Dios de incompleto nacimiento, del padecer y de la alegría, anuncia el delirio inacabable, la vida que muere para volver de nuevo. Es el dios que nace y el dios que vuelve. Embriaga y no sólo por el jugo de la vid, su símbolo sobre todos, sino ante todo por sí mismo. La comunicación es su don. Y antes de que ese su don se establezca hay que ser poseído por él, esencia que se transfunde en un mínimo de sustancia y aun sin ella, por la danza, por la mímica, de la que nace el teatro; por la representación que no es invención, ni pretende suplir a verdad alguna; por la representación de lo que es y que sólo así se da a conocer, no en conceptos, sino en presencia y figura; en máscara que es historia. Signo del ser que se da en historia. La pasión de la vida que irremediablemente se vierte y se sobrepasa en historia. Y que se embebe sólo en la muerte. El dios que se derrama, que se vierte siempre, aun cuando en los «Ditirambos» se dé en palabras. Las palabras de estos sus himnos siguen teniendo grito, llanto y risa al ser expresión incontenible. Expresión que se derrama generosa y avasalladoramente.

El cumplimiento

Si es objetivamente en lo que entendemos por cosas o mundo, el suceso que tiene la virtud de ser un cumplimiento, deja un especial vacío, el de un largo pasado que se consuma y se consume. El acabamiento de una época en la historia, ofrece este carácter. Ha sido necesario un suceso decisivo, la llegada de algo que se impone y que arroja al pasado, a un irremediable pasado, lo que hasta entonces era, en una forma o en otra, presencia, actualidad. Se siente entonces que la historia cesa justamente en el momento que luego será llamado histórico. Puede suceder también, sin que nada nuevo llegue, la pérdida de los últimos rastros de un imperio que fue inmenso, una liberación entonces, una ligereza para quienes los perdieron. Una suerte de desnudez que por sí misma hace sentir que se está renaciendo, pues que como se nació desnudo, sin desnudez no hay renacer posible; sin despojarse o ser despojado de toda vestidura, sin quedarse sin dosel, y aun sin techo, sin sentir la vida toda como no pudo ser sentida en el primer nacimiento; sin cobijo, sin apoyo, sin punto de referencia. Mientras que cuando el pasado queda abolido por algo nuevo que se impone, inédito, un nuevo régimen ansiado y aun ensoñado, no se siente esa liberación a solas. Y aun se diría que apenas ha habido liberación. Pues que el momento histórico ha sido un salto, o mejor aún, una epifanía de una vida sin historia, vida que sólo es vida y nada más. Y que así es ella, la vida, la recién llegada, la encontrada, la aparecida, un puro don. Y así quedará siempre, para quienes estuvieron despiertos durante el acontecimiento, la presencia de la vida inconfundiblemente, de una vida de verdad o verdaderamente vida, sin todavía mella alguna de su inevitable hija, la historia.

Y no hay engaño posible para este sentir, indisolublemente sentir y conciencia de que la vida no ofrezca esa condición, de ser indefinible e inmensa, inasible, don y regalo que no invade, que necesita, sí, de moral que la conduzca. Mas de moral inspirada también por la muerte y no sólo por la historia.

LA IDENTIFICACIÓN

La identificación, si se realiza por la unión, se da en el morir o en algo que se le asemeja. O se le acerca. La identificación máxima apenas concebida es la de la vida y la muerte; que sólo en el ir muriendo se alcanza, allí donde la muerte no es acabamiento sino comienzo; y no una salida de la vida, sino el ir entrando en espacios más anchos, en verdad indefinidos, no medidos por referencia alguna a la cantidad, donde la cantidad cesa, dejando al sujeto a quien esto sucede no en la nada, ni en el ser, sino en la pura cualidad que se da todavía en el tiempo. En un modo del tiempo que camina hacia un puro sincronismo.

La sincronización, o más bien, quizá, la sincronía. Sincronismo si se entiende que de lo que se trata es de una acción que se abre como la armonía, algo que se hace y que se está haciendo siempre, desde allá y desde acá a la vez, cumplimiento milagrosamente matemático, incalculable como el de la armonía. Manifestación de la armonía esta sincronización. Mas poco puede saberse de ella, apenas esa nada con que designamos a lo que condiciona lo incalculable. Logos y número al par. Tiempo que une, hito o detención en la vía unitiva que se da sin casi ser buscada o sin serlo para nada. Y sin conciencia al no haber empeño. En ese estado en que ya no se espera, o mejor aún, cuando se ha dejado de esperar, llega sin ser notado el instante en que se cumple el sincronizar de la vida con el ser; de la vida propia en su aislamiento con la vida toda; del propio ser vacilante y desprovisto, con el ser simple y uno. Y el tiempo no se suspende entonces; lejos de ello, se manifiesta en su esplendor, podría decirse. Y deja ver y da a sentir algo así como su fruto, el fruto del tiempo, don que a quien lo ha seguido sufriendo calladamente, se le otorga sobrepasando, transcendiendo lo que el tiempo al pasar se lleva, lo que su velocidad deja sin llegar a ser. Cumplimiento de los débiles y apenas formulados presagios. Y como todo fruto del tiempo, una profecía del cumplimiento final, de la doble entrega del más allá y del ahora.

EL TRANSCURRIR DEL TIEMPO. LA MUSICALIDAD

El tiempo pasa y si es así es porque tiene sus pasos; viene a pasos discontinuamente y por ello se hace sentir como si fuera alguien, un dios tal vez, con su ley: la que acalla y oculta, y que revela en uno de sus pasos. El dios del desierto que reaparece mudo y el escondido, el que late hasta hacerse patente, rey de la Edad de Oro, de la que pocos atisbos se nos dan ahora. Rey primordial, no abdica ni permite ser apresado, se ríe y sufre al par; dios sufriente, mediador. Se ríe de los que creen que él está fuera del «logos», mientras el verbo humano gracias al tiempo se despliega. ¿Y los modos —verbales— no existen, acaso, gracias a la separación, al discernimiento que regala el tiempo; el tiempo múltiple, diverso y aun divergente? Se ríe este extraño dios de quienes lo creen uno, uniforme, y de quienes lo creen tan sólo —únicamente— agente de división y de divergencia, de oposición consecuentemente. Se ríe como si de su risa y de su llanto oculto hubiera nacido un día Dionysos, el del teatro y el del sufrimiento, el de la vida entrelazada con la muerte, el dios muriente que se da a ver bajo una máscara, porque no fue ni podía ser crucificado. Que el Crucificado no tiene máscara, pura y entera revelación.

Todo lo divino o tocado por ello da de sí mismo, además de la ley que viene a establecer siempre múltiple y una, o a renovar, salvándola, al par que la vence. Dionysos dio de sí no la sangre sino el vino que desata el delirio enclaustrado de la vida, del ansia anterior al amor de unión, unión que bajo él se cumple en la confusión ciertamente, hasta que surge la máscara regalada por Apolo, su hermano, el dios de la forma y de la figura, de lo visible. Cronos no da delirio, ni tampoco sustancia alguna; es un dios, luego rey sin sustancia. Da de sí, sin embargo. Sin sustancia del[15] transcurrir, donde parece darse enteramente, al menos ahora en este nuestro ahora que también proviene de su incesante mediación.

Es en el transcurrir del tiempo, más que en su simple pasar, más que en sus pasos, donde se muestra y hace sentir, donde Cronos da de sí. Y lo que da de sí se ofrece sin máscara en la música y antes que en ella, en la musicalidad, que es su lugar, como la espacialidad lo es de los cuerpos, y la visibilidad de las presencias, y el alma de todo lo que alienta. Y el pensamiento, de todos los pensamientos, aun de los que se mustian al nacer.

Que algo transcurre, que él, el tiempo mismo, transcurre recogiendo su paso, apareciendo de acuerdo con su ser que

---

[15] En el mecanoescrito el texto dice: «Sin sustancia da el transcurrir».

no es sustancia, tal es lo que se da en este transcurrir puro sin acontecimientos. Un puro transcurrir en que el tiempo se libera de esa ocupación que sufre de hechos y sucesos que sobre él pasan. Y entonces da de sí dándose a oír y no a ver, dando a oír su música anterior a toda música compuesta de la que es inspiración y fundamento. Y sólo el rumor del mar y el viento, si pasan mansamente, se le asemejan. Y más todavía ciertos modos del silencio sin expectación y sin vacío. Pues que ha de ser por la música que en el inimaginable corazón del tiempo viene a quedarse todo lo que ha pasado, todo lo que pasa sin poder acabar de pasar, lo que no tuvo sustancia alguna, mas sí un cierto ser o avidez de haberla. Todo lo que se interpuso en el fluir temporal deteniéndolo. Todo lo que no siguió el curso del tiempo con sus desiertos, donde tanto abismo se abre; lo que no se acordó con su invisible ser, que solamente se nos da a sentir y a oír, mas no a ver —el ver lo que el tiempo ha causado— es ya un juicio. Llanto también esta música del transcurrir, como si el increíble corazón del tiempo hubiese recogido el llanto de todo lo que pasó y de lo que no llegó a darse. Y el gemido de la posibilidad salvadora, y lo que fue negado a los que están bajo el tiempo. Parece sea el sentir del tiempo mismo el que se derrama musicalmente sobre el sentir de quien lo escucha padeciéndolo. Una música que viene a darse en el modo de la oración.

IV
El vacío y el centro

La visión — La llama

Todo es revelación, todo lo sería de ser acogido en estado naciente. La visión que llega desde afuera rompiendo la oscuridad del sentido, la vista que se abre, y que sólo se abre verdaderamente si bajo ella y con ella se abre al par la visión. Cuando el sentido único del ser se despierta en libertad, según su propia ley, sin la opresiva presencia de la intención, desinteresadamente, sin otra finalidad que la fidelidad a su propio ser, en la vida que se abre. Se enciende así, cuando en libertad la realidad visible se presenta en quien la mira, la visión como una llama. Una llama que funde el sentido hasta ese instante ciego con su correspondiente ver, y con la realidad misma que no le ofrece resistencia alguna. Pues que no llega como una extraña que hay que asimilar, ni como una esclava que hay que liberar, ni con imperio de poseer. Y no se aparece entonces como realidad ni como irrealidad. Simplemente se da el encenderse de la visión, la belleza. La llama que purifica al par la realidad corpórea y la visión corporal también, iluminando, vivificando, alzando sin ocupar por eso todo el horizonte disponible del que mira. La llama que es la belleza misma, pura por sí misma. La belleza que es vida y visión, la vida de la visión. Y, mientras, dura la llama, la visión de lo viviente, de lo que se enciende por sí mismo. Y luego, por sí mismo también, se apaga y se extingue, dejando en el aire y en la mente su geometría visible. Y cuando no es así, queda la huella del número acordado, y la ceniza que de algún modo el que así ha visto recoge y guarda. Y un vacío no disponible para otro género de visión y que reaparecerá, haciéndose ostensible, cuando ya se lo conoce, en toda aparición de belleza.

El vacío y la belleza

La belleza hace el vacío —lo crea—, tal como si esa faz que todo adquiere cuando está bañado por ella viniera desde una lejana nada y a ella hubiere de volver, dejando la ceniza de su rostro a la condición terrestre, a ese ser que de la belleza participa. Y que le pide siempre un cuerpo, su trasunto, del que por una especie de misericordia le deja a veces el rastro: polvo o ceniza. Y en vez de la nada, un vacío cualitativo, sellado y puro a la vez, sombra de la faz de la belleza cuando parte. Mas la belleza que crea ese su vacío, lo hace suyo luego, pues que le pertenece, es su aureola, su espacio sacro donde queda intangible. Un espacio donde al ser terrestre no le es posible instalarse, mas que le invita a salir de sí, que mueve a salir de sí al ser escondido, alma acompañada de los sentidos; que arrastra consigo al existir corporal y lo envuelve; lo unifica. Y en el umbral mismo del vacío que crea la belleza, el ser terrestre, corporal y existente, se rinde; rinde su pretensión de ser por separado y aun la de ser él, él mismo; entrega sus sentidos que se hacen unos con el alma. Un suceso al que se le ha llamado contemplación y olvido de todo cuidado.

El abismarse de la belleza

Tiende la belleza a la esfericidad. La mirada que la recoge quiere abarcarla toda al mismo tiempo, porque es una, manifestación sensible de la unidad, supuesto de la inteligencia del que tan fácilmente al quedarse prendida de «esto» o de «aquello» y de su relación, sobre todo de su relación, se desprende. Ya que esto o aquello considerado desinteresadamente muestra su unidad, no suya tal vez, mas unidad al fin y al cabo.

Y la belleza en la que luego discierne la inteligencia, elementos y relaciones hasta con sus números, se ofrece al aparecer como unidad sensible. Y la mente de quien la contempla tiende a asimilarse a ella, y el corazón a bebérsela en un solo respiro, como su cáliz anhelado, su encanto.

Porque la belleza al par que manifiesta la unidad, la unidad que no puede proceder más que del uno, se abre. No se presenta al modo del ser de Parménides, o de lo que se cree que es ese ser. Se abre como una flor que deja ver su cáliz, su centro iluminado que luego resulta ser el centro que comunica con el abismo. El abismo que se abre en la flor, en esa sola flor que se alza en el prado, que se alza apenas abierta enteramente. Apenas, como distancia que invita a ser mirada, a asomarse a ese su cáliz violáceo, blanco a veces. Y quien se asoma al cáliz de esta flor una, la sola flor, arriesga ser raptado. Riesgo que se cumple en la Coré[16] de los sacros misterios.

---

[16] Core, cuyo nombre significa «doncella», es hija de Zeus y de Deméter. Conocida también como Perséfone, la diosa de los infiernos y la compañera de Hades. La leyenda de esta diosa está vinculada con la de su madre Demé-

La muchacha, la inocente que mira en el cáliz de la flor que se alza apenas, al par del abismo y que es su reclamo, su apertura. Y no sería necesario —diciéndolo con perdón del sacro mito eleusino— que apareciera el carro del dios de los ínferos. El solo abismo que en el centro de la belleza, unidad que procede del uno[17], se abre, bastaría para abismarse. Y así la esperanza dice: hasta que el abismo del uno[18] se alce todo; hasta que Demeter Alma no vuelva a tener que ponerse de luto.

---

ter y la profunda significación de su mito era revelada en la iniciación a los misterios de Eleusis. Dicho mito relata su rapto por su tío Hades. Éste se enamoró de la joven y la capturó, en colaboración con Zeus, en el preciso instante en el que estaba cogiendo flores (un narciso) en compañía de otras ninfas. Hades abrió la tierra en la pradera de Enna, en Sicilia, y llevó a su enamorada a los Infiernos. Al desaparecer en el abismo, Perséfone lanzó un grito que fue escuchado por su madre, quien, angustiada, decidió ir en su búsqueda, viéndose obligada a recorrer, para ello, todo el mundo conocido durante nueve días y nueve noches, sin descansar para comer ni beber. Al décimo día, el Sol revela a Deméter lo ocurrido y, furiosa con Zeus y Hades, decide no regresar al cielo, sino permanecer en la tierra, abdicando de su función divina hasta que el dios de los infiernos le devolviera a su hija. El destierro de Deméter hizo estéril la tierra y alteró el orden del mundo, por lo que Zeus se vio obligado a solicitar a Hades la devolución de Perséfone. Pero esto ya no era posible porque la joven doncella había roto el ayuno comiendo, por descuido, un grano de granada del infierno, acto por el que quedaba vinculada a las profundidades subterráneas. Deméter, para resolver esta situación, llegó a un pacto con Zeus y Hades: ella volvería a ocupar su puesto en el Olimpo, a cambio de que su hija Perséfone repartiera su tiempo entre su madre y Hades. Por eso, cada primavera Perséfone asciende de los infiernos y sube al cielo con los primeros tallos que aparecen en los surcos, para retornar al mundo subterráneo en el momento de la siembra, y, durante el tiempo que permanece con Deméter, el suelo queda estéril; es la estación triste del invierno (Pierre Gimal, *Diccionario de mitología griega y romana*, Barcelona, Paidós, 1994).

[17] En el mecanoescrito, «uno» aparece con mayúscula: «Uno».
[18] En el mecanoescrito, «uno» aparece con mayúscula: «Uno».

El centro — La angustia

Sobreviene la angustia cuando se pierde el centro. Ser y vida se separan. La vida es privada del ser y el ser, inmovilizado, yace sin vida y sin por ello ir a morir ni estar muriendo. Ya que para morir hay que estar vivo y para el tránsito, viviente.

(«Que yo, Sancho, nací para vivir muriendo» es una confesión de un ser, sobre vivo, viviente.)

El ser sin referencia alguna a su centro yace, absoluto en cuanto apartado; separado, solitario. Sin nombre. Ignorante, inaccesible. Peor que un algo, despojo de un alguien. Se hunde sin por ello descender ni moverse, ni sufrir alteración alguna, resiste a la disgregación amenazante. Es todo.

Y la vida se derrama del ser descentrado simplemente. No encuentra lugar que la albergue, entregada a su sola vitalidad. Angustia del joven, del adolescente y aun del niño que vaga y tiene tiempo, todo el tiempo, un tiempo inhabitable, inconsumible; situación derivada del no estar sometida a un ser y a su través, a un centro. Tiende a volver a su condición primaria, a la avidez colonizadora; se desparrama y aun se ahoga en sí misma, agua sin riberas, hasta que encuentra, si felizmente encuentra, la piedra.

Reaccionar en la angustia o ante ella —Kierkegaard[19] alcanza en este punto autoridad de mártir y de maestro—

---

[19] Nuestra autora hace referencia al conocido ensayo *El concepto de la angustia* (1844) de Kierkegaard, en el que se define la angustia como «la realidad de la libertad en cuanto posibilidad frente a la posibilidad» (Madrid, Edicio-

es el infierno. La quietud bajo ella es indispensable. La quietud que no consiste en retirarse sino en no salirse del simple sufrir que es padecer. En este padecer el ser se despierta, se va despertando necesitado de la vida y la llama.

---

nes Guadarrama, 1965, pág. 91). Según Kierkegaard, el hombre vive primeramente en un estado de inocencia en el que todavía no existe como espíritu, sino «en unidad inmediata con su naturalidad» (pág. 90). Su espíritu está en el hombre todavía «como soñando». Para que se configure el espíritu, es necesario el ejercicio de la libertad. No se es persona (espíritu) por el mero hecho de haber nacido, sino cuando se asume voluntaria y responsablemente la tarea de serlo. Como señala Demetrio G. Rivero —traductor al castellano de la obra de Kierkegaard—, con la intención de desentrañar esta concepción de la existencia humana del filósofo danés, «existir, propiamente, es esa relación espiritual, consciente, interior, activa y libre que uno mantiene consigo mismo y que se va logrando a golpes de decisión, pasión y fe, dado el hecho de haber nacido» (pág. 20). Pero antes de decidirse a autoconstituirse como espíritu, el hombre, en ese estado primigenio de inocencia y de ignorancia, se halla en un estado de «paz y de reposo» en el que se le patentiza la nada. «Y ¿qué efectos tiene la nada?» (pág. 90), se pregunta el mismo Kierkegaard. A lo que contesta con esta conocida sentencia: «la nada engendra la angustia. Éste es el profundo misterio de la inocencia, que ella sea al mismo tiempo la angustia» (pág. 90). A lo que añade el autor: «El espíritu, soñando, proyecta su propia realidad, pero esta realidad es nada, y esta nada está viendo constantemente en torno suyo a la inocencia» (pág. 90). En el sueño, aparece prefigurada la posibilidad de aquello que anhelamos ser y, cuando despertamos, esa prefiguración se transforma en una nada que denuncia la irrealidad de la pura posibilidad, una nada que angustia. Así lo afirma Kierkegaard: «la realidad del espíritu se presenta siempre como una figura que incita su propia posibilidad, pero que desaparece tan pronto como le vas a echar la mano encima, quedando sólo una nada que no puede más que angustiar» (pág. 91). Esta nada angustiante refleja el anhelo del hombre por ver concretada la realidad de su espíritu, que en ese momento aparece meramente como imagen y posibilidad. De ahí que Kierkegaard defina la angustia —según anotamos anteriormente— como «la realidad de la libertad en cuanto posibilidad frente a la posibilidad» (pág. 91). El hombre siente esta angustia ante su libertad, puesto que, al no nacer con una naturaleza dada y al tener que ir haciéndose a sí mismo a través de su acción, padece el temor de no ver cumplida esa imagen prefigurada de su espíritu, de sí mismo. Teme fracasar en la principal tarea de todas las de esta vida: la de autocrearse. El hombre mantiene una relación ambigua con esta angustia, pues, por un lado, la rechaza, pero por otro lado, no puede prescindir de ella porque la ama. Según Kierkegaard, tal ambigüedad descansa en el hecho de haber nacido ya determinados como espíritus, ya que el hombre en su estado inicial de inocencia no es meramente un animal, ni puede llegar nunca a pertenecer al reino de las bestias. Por el mero hecho de haber nacido hombre ya en él aparece el espíritu —lo quiera o no—

La llama si ha resistido a la tentación inerte de seguir la vida en su derramarse. Y cuando la vida torna a recogerse es el momento en que el alguien, el habitante del ser —si no es el ser mismo— establece distancia, una diferencia de nivel para no quedar sumergido por el empuje de la vida como antes lo estaba por la ausencia de ella. Y pasa así de estar sin lugar a ser su dueño mientras es simplemente alzado de un modo embriagante. Pasa de quedarse sin vida a quedarse solo con esa vida parcial que vuelve por docilidad de sierva.

Ya que la vida es como sierva dócil a la invocación y a la llamada de quien aparece como dueño. Necesita su dueño, ser de alguien para ser de algún modo y alcanzar de alguna manera la realidad que le falta.

Y la realidad surge, la del propio ser humano y la que él necesita haber ante sí, solo en esta conjunción del ser con la vida, en esta mezcla no estable, como se sabe. Y así antes de separarse en la situación terrestre —la que conocemos y sufrimos— ha de fijarse una extraña realidad, la del propio sujeto, la del ser que ha cobrado por la vida y merced a ella, la realidad propia. Y la vida, sierva fiel, podrá entonces retirarse habiendo cumplido su finalidad saciada al fin, sin avidez sobrante. Y lo hará dejando siempre algo de su esencia germinante, nada ideal ni que pueda por tanto ser captado; algo que puede solamente reconocerse en tanto que se siente, en esa especie, la más rara del sentir iluminante, del sentir que

como una angustia que denuncia su pura posibilidad; el espíritu, en este primer momento, se da «como algo inmediato, como algo que está soñando» (pág. 93), pero que ya está ahí presionando por abrirse paso. Esta relación ambigua de aceptación y de rechazo la describe Kierkegaard con estas palabras: «El espíritu no puede librarse de sí mismo; tampoco puede aferrarse a sí mismo mientras se tenga a sí mismo fuera de sí mismo; el hombre tampoco puede hundirse en lo vegetativo, ya que está determinado como espíritu; tampoco puede ahuyentar la angustia, porque la ama; y propiamente no la puede amar, porque la huye» (pág. 94). Ésta es la verdadera paradoja de la existencia humana: nos angustia la libertad, pero no podemos dejar de ser libres; nos angustia nuestra realización como espíritus, pero no podemos negarnos a la ardua tarea de realizarnos. Por ello, señala Kierkegaard que la angustia no es otra cosa que «el vértigo de la libertad».

es directamente, inmediatamente conocimiento sin mediación alguna. El conocimiento puro, que nace en la intimidad del ser, y que lo abre y lo trasciende, «el diálogo silencioso del alma consigo misma» que busca aún ser palabra, la palabra única, la palabra indecible; la palabra liberada del lenguaje.

El centro y el punto privilegiado

Se tiende a considerar el centro de sí mismo como situado dentro de la propia persona. Lo cual evita a ésta considerar el movimiento íntimo. El movimiento más íntimo no puede ser otro que el del centro mismo. Y esto aun cuando se entienda el vivir como una exigencia de íntima transformación.

La virtud del centro es atraer, recoger en torno todo lo que anda disperso. Lo que va unido a que el centro sea siempre inmóvil.

Y el centro último ha de ser inmóvil. Mas en el hombre, criatura tan subordinada, el centro ha de ser quieto, que no es lo mismo que inmóvil. Por el contrario, es la quietud la que permite que el centro se mueva a su modo, según su incalculable «naturaleza».

Ningún acto humano puede darse si no siguiendo una escala, ascensional sin duda, con la amenaza, rara vez evitada enteramente, de la caída. Y aunque esta escala se siga con una cierta continuidad, se dan en ella periodos decisivos, etapas, detenciones.

Y así el centro del ser humano actúa durante la primera etapa de la escala ascendente de la persona, de un modo que responde al sentir originario y a la idea correspondiente de que sea el centro ante todo, inmóvil, dotado de poder de atracción, ordenador: foco de condensación invisible.

La etapa siguiente comienza en virtud de una cierta transformación que ha tenido que darse ya sintiendo la necesidad y la capacidad del centro de moverse, de transmigrar de un lugar a un punto nuevo. Es la etapa de la quietud; el centro no está inmóvil sino quieto. Y lo que le rodea comienza a entrar en quietud. Se ha cumplido una transformación decisiva. Se inicia una «Vita nova».

V

La metáfora del corazón[20]

A Rafael Tomero Alarcón[21]

I

En su ser carnal el corazón tiene huecos, habitaciones abiertas, está dividido para permitir algo que a la humana conciencia no se le aparece como propio de ser centro. Un centro, al menos según la idea transmitida por la filosofía de Aristóteles: motor inmóvil, centro último, supremo, imprime el movimiento a todo el universo y a cada una de sus criaturas o seres, sin perdonar ninguna. Mas no les abre hueco para que entren en ese su girar, dentro de ese su ser. El motor inmóvil no tiene huecos, espacios dentro de sí, no

---

[20] Este texto no debe ser confundido con otro de similar título publicado en *Orígenes* (La Habana), 1944, año I, núm. 3, págs. 3-10, e incluido, más tarde, en *Hacia un saber sobre el alma*, Buenos Aires, Losada, 1950, págs. 41-49. La propia autora advierte en carta a Agustín Andreu de la posible confusión: «Me pareció que creías que "la metáfora del corazón" de "Claros..." es la misma de "Hacia un saber...". No, es enteramente nueva. Lo escribía cuando Ara partió; algunas páginas mientras estaba en la clínica. La terminé al volver aquí. Y aun después de tu marcha he escrito un último parrafito que he enviado junto con una Nota más para otra sección: "El sol que sigue" salido está de la muerte de Ara y de lo que sentí la tarde aquella en casa de Rafael», *Cartas de La Pièce, op. cit.*, pág. 150.

[21] Rafael Tomero Alarcón es el primo de María Zambrano. Hermano de Mariano Tomero, el fiel servidor y ayudante de María Zambrano en su retiro de La Pièce hasta la muerte de éste.

tiene un dentro, eso que ya en tiempos de cristiana filosofía se llama interioridad. Él «atrae, como el objeto de la voluntad y del deseo atrae y mueve sin ser movido por ellos». Es impasible, acto puro, «pensamiento cuyo acto es vida»; la vida. Mas la vida atraída y movida por este centro que no se mueve, no circula por él, dentro de él. Él mueve sin moverse mientras que el desvalido corazón que un día, en un instante ha de pararse, se mueve dentro de nuestra vulnerable y abatida vida.

Así la circulación que nuestro corazón establece pasa por él, y sin él se estancaría. Él mueve moviéndose, tiene un dentro, una modesta casa, a cuya imagen y semejanza, se nos ocurre, han surgido las casas que el hombre ha ido a habitar dichosamente. Dichosamente porque es ya una casa, y no la simple tienda, imagen, cierto es, del firmamento y del hueco que le separa de la tierra. En ella, en la tienda o choza, primera morada fabricada por el hombre, el horizonte es confín, círculo que limita y abriga, es como un horizonte propio de su habitante. Y enseña que todo lo que el hombre tiene por propio es morada y cárcel, su dominio y su encierro a la vez. La casa, la modesta casa a imagen del corazón que deja circular, que pide ser recorrida, es ya sólo por ello lugar de libertad, de recogimiento y no de encierro. El interior en el corazón carnal es cauce del río de la sangre, donde la sangre se divide y se reúne consigo misma. Y así encuentra su razón. La primera razón de la vida de aquellos organismos que tienen sangre, profetizada sin duda, como toda la vida está, desde su pobreza originaria. Pues que la vida aparece casi de incógnito, sin esplendor alguno; la pobre vida. Y así todo organismo vivo persigue poseer un vacío, un hueco dentro de sí, verdadero espacio vital, triunfo de su asentamiento en el espacio que parece querer conquistar solamente extendiéndose, colonizándolo, y que es sólo el ensayo de tener luego cada ser viviente un espacio propio, pura cualidad: ese hueco, ese vacío que sella allí donde aparece, la conquista suprema de la vida, el aparecer de un ser viviente.

Un ser viviente que resulta tanto más «ser» cuanto más amplio y cualificado sea el vacío que contiene. Los vacíos del humano organismo carnal son todo un continente o más bien unas islas sostenidas por el corazón, centro que alberga el fluir de la vida, no para retenerlo, sino para que pase en forma de danza, guardando el paso, acercándose en la danza a la razón que es vida. Un ser viviente que dirige desde adentro su propia vida a imagen real de la vida de un cierto universo donde la conflagración no sería posible sin la extinción de una razón indeleble, de un pasar y repasar que se extingue, sin razón. Y al ser así, entonces, la razón originariamente vital queda en suspenso, suspendida en la ilimitación.

II

Centro también el corazón porque es lo único que de nuestro ser da sonido. Otros centros ha de haber, mas no suenan. Y sólo por él los privilegiados organismos que lo tienen se oyen a sí mismos, que imaginamos que, en un grado o en otro, todos los vivientes han de tenerlo, como privilegio y aflicción que muestra la bipolaridad que abre y atenaza al ser viviente.

Aunque no preste atención el hombre al incesante sonar de su corazón, va por él sostenido en alto, a un cierto nivel. Le bastaría quedarse sin este latir sonoro para hundirse en una mayor oscuridad, para sentirse más extraño, más sin albergue, como privado de una cierta dimensión, o de una llamada que por sí misma crea la posibilidad de su existencia.

Y así los pasos del hombre sobre la tierra parecen ser la huella del sonido de su corazón que le manda marchar, ir en una especie de procesión, si se siente libre de condena cuando el corazón pesa condenado a proseguir; gozoso, cuando se siente formar parte de un cortejo en el que van otras criaturas humanas y de otros reinos, en serenidad perfecta cuando se siente moverse al par con los astros y aun con el firmamento mismo, y con el rodar silencioso de la tierra.

Pues que el sonido propio, inalienable, del que el hombre es portador, es su ritmo inicial, cadencia cuando el tiempo no se recorre en el vacío o en la monotonía. Mas el solo ritmo puebla la extensión del tiempo y lo interioriza, y así lo vivifica. Y el corazón sin pausas marca, sin que de ello sea necesaria la percepción ni la contraproducente voluntad, la pausa en la que se extingue una situación, don del vacío necesario para que surja lo que está ahí en espera de enseñorearse de la faz del presente. Y esta pausa imperceptible es un respiro para el hombre, que necesitaría que se le dieran más anchamente estos respiros entre una situación y otra por leves que sean sus diferencias, que espera siempre comenzar a vivir de nuevo desde el simple respirar; respirar libre de todo acecho, de todo peso de pasado, sin saber ni sentir el presente que llega a instalarse, por puro que este presente sea, por desligado que parezca. Pues que espera el puro don de ser sin empeño alguno. El don de ser embebido en el don de la vida, ser y vida sin escisión ni diferencia alguna, pues que todo cuitar viene de que ser y vida se le den por separado al hombre más aun que a ningún otro de los seres vivientes que habitan su planeta. Sólo los astros lejanos, puros, mientras sean inaccesibles a su colonización, le proporcionarán la imagen real de un ser idéntico a su vida; inocente[22], como si sólo hubiera sido creado sin tener que nacer.

III

Es profeta el corazón, como aquello que siendo centro está en un confín, al borde siempre de ir todavía más allá de lo que ya ha ido. Está a punto de romper a hablar, de que su reiterado sonido se articule en esos instantes en que casi se detiene para cobrar aliento. Lo nuevo que en el hombre habita, la palabra, mas no las que decimos, o al menos como las decimos, sino una palabra que sería nueva solamente por brotar ella, porque nos sorprendería como el albor de la palabra. Ya que el hombre padece por no haber asistido a su propia creación. Y a la creación de todo el universo conocido y desconocido. Su ansia de conocer no parece tener otra

---

[22] En el mecanoescrito, el texto dice: «un ser idéntico a su vida inocente; como si sólo hubiera sido creado...».

fuente que ese ansia de no haber asistido a la creación entera desde la luz primera, desde antes: desde las tinieblas no rasgadas. La teología de las grandes religiones da testimonio, la filosofía más circunspectamente también lo da, de lo ineludible de esta revelación.

Y no parece haberse tenido en cuenta lo bastante este gran resentimiento, este resentimiento «fundamental» que el ser humano lleva en su corazón, como raíz de todos los resentimientos que lo pueblan, de no haber asistido, testigo único tendría que ser además, al acto creador. Si nos atenemos al relato sacro del Génesis, sucumbió a la seducción prometedora del futuro: «Seréis como dioses», no en apetencia de felicidad, sino saliendo por el contrario de la felicidad que le inundaba para ir a buscar una creación propia, de algo que él hiciera, y no tener que contemplar lo que se le ofrecía, para huir de la pura presencia de los seres cuyo nombre conocía, mas no su secreto. Mas la palabra que no llega a salir del corazón no se pierde, esa palabra nueva en la que lo nuevo de la palabra resplandecería con claridad inextinguible. La palabra diáfana, virginal, sin pecado de intelecto, ni de voluntad, ni de memoria. Y su claridad tendría lo que ninguna palabra nos da certidumbre de alcanzar: ser inextinguible. No se pierde, se deslía en voz, una voz que a solas suspira y como el suspiro asciende atravesando angustia y espera; transcendiendo.

Y es la voz que se infiltra en ciertas palabras de uso cotidiano y mayormente todavía en las más simples, que dan certeza. Y si no se hacen por ello inextinguibles, tienen una suerte de firmeza y hasta de fórmula sacra.

Y es la voz interior que se identifica con algunas voces, con algunas palabras que se escuchan no se sabe bien si dentro o fuera, pues que se escuchan desde adentro. Y se sale también a escucharlas, se sale de sí. Y entre dentro y fuera el ánimo entero queda suspendido como queda siempre en toda identificación de algo que en el corazón late y algo que existe objetivamente. Es el terror supremo que acomete al escuchar como cierto lo que se teme. Y el total olvido de sí cuando se escucha lo que ni tan siquiera se sabía estar aguardando. Y en este caso dichoso se da la música perfecta; el canto.

IV

Se queda sordo y mudo en ocasiones, circunstancialmente, el corazón. Se sustrae encerrándose en impenetrable silencio o se va lejos. Deja entonces todo el lugar a las operaciones de la mente que se mueven así sin asistencia alguna, abandonadas a sí mismas. Y al menos entre nosotros, los occidentales, tan reacios al silencio, las percepciones se convierten en seguida en juicio dentro de una actitud imperativa; esa actitud que precede al contenido del juicio, a lo «juzgado». Y no siempre lo juzgado lo sería cuando el corazón estuviese ligero o cuando prosigue simplemente su rítmica marcha, aparecería entonces eso juzgado de otra manera, sin arrojar carga de peso, sin ocasionar pesar. Ya que es el peso de ciertos contenidos que se presentan en la conciencia lo que determina en ocasiones, y refuerza en otras, el juicio que sobre ellas recae.

Y así se podría quizás establecer el peso de la condena que sobre ciertos hechos o seres recae, por el peso que han suscitado en la conciencia que, sin oír al corazón, los juzga.

Hay una línea imperceptible, un nivel desde el cual el corazón comienza a sentirse sumergido. No encuentra resistencia en torno por falta de respuesta a su incesante llamada, pues que su latir es al propio tiempo un llamar. Y hay la invocación silenciosa, la indecible, que parte en una dirección indefinida, no porque lo sea, sino por rebasar toda dirección conocida. Ya que es la mente habitual la que marca las direcciones, la que establece los puntos cardinales dejándolos sin significación. La mente discursiva, la gran ordenadora que todo lo encubre.

Y ninguna dirección que le sea ofrecida por la mente al uso puede abrir paso a esta llamada indecible del corazón sumergido.

Y si la llamada es indecible es porque ninguna palabra de las ya dichas le sirve. Lo que no significa que entre las palabras que conoce no haya algunas o una sola que sea la que busca indeciblemente. Busca un oído; oír y que le oigan sin darse cuenta, sin distinción. Y que su llamada se pierda en la inmensidad de la única respuesta.

V

No todo centro es de un sol; puede haber varios soles; puede el hombre sentirlos sin que contiendan entre sí. Y puede ocurrir que en momentos de oscuridad desaparezca el sentir y la visión correspondiente a uno solo, a uno tan sólo.

Aparecen estos soles, como centros luminosos, más o menos lucientes en el sentir y en todos los actos del conocimiento que al sentir siguen y obedecen, y su irradiar está ligado con la función del corazón, con su poder vivificante.

Todo centro vital vivifica. Y de ahí que el corazón ya desde la «fysis» sea el centro entre todos. El espacio interior, alma, conciencia, campo inmediato de nuestro vivir, no es en verdad a imagen del espacio inerte, donde los hechos llamados de conciencia se inscriben y se asocian como viniendo de afuera. Por el contrario, se ha dicho metafóricamente, cuando a este espacio se le llamaba alma o corazón, que es profundo, grande, ancho, inmenso, oscuro, luminoso.

Y es la condición del corazón como centro, en tanto que centro, la que determina, y hace surgir los centros que brillan iluminando, que si se refieren a la llamada realidad exterior o mundo, se reflejan en centros interiores y se sostienen sobre ellos. Ya que nada de afuera, nada de otro mundo o más allá del mundo que sea, deja de estar sostenido por el humano corazón, punto donde llega la realidad múltiple donde se pesa y se mide en impensable cálculo, a imagen del cálculo creador del universo. «Dios calculando hizo el mundo», nos dice Leibniz. Si el universo es de hechura divina, al hombre toca sostenerla. Y así ha de ser su corazón vaso de inmensidad y punto invulnerable de la balanza.

Y de este modo la multiplicidad, antes de establecerse como tal, se unifica, en equilibrio, sin que se borre ni se sumerja ninguna de las realidades que la integran. Pues que nada de lo que como real llega al corazón humano debe ser anulado ni mandado fuera o dejado a la puerta; nada real debe ser humillado, ni tan siquiera esas semirrealidades que revolotean en torno del espacio viviente del corazón, pues que quizás en él acabarían de cobrar la realidad que apetecen o de dar su realidad escondida, al modo del mendigo al portador de la dádiva del que colma la esperanza el espléndido don de la pobreza. Y el propio corazón resulta ser, a veces, más pobre que nadie, y más que nadie donador si es acogido.

VI

No puede seguir bajando el corazón llevado por su peso, ese peso que le gana cuando ya no puede sostenerse, no puede indefinidamente seguir bajando sin perderse.

Se pierde el corazón y se hace inencontrable y más todavía si se le busca. Él reaparece trayendo algo que ofrece en una especie de anunciación. Pues que él anuncia algo, al par que anuncia de nuevo su presencia. Y se produce entonces una renovación, un recomenzar aunque sea lo mismo, como desde el principio. Mas si el corazón se pierde y tarda, hasta dejar el vacío de su ausencia, vuelve cansado, deshabituado, convertido en cosa, en un hecho. El hecho de una fatiga que prosigue. Y entonces lo que anuncia es ya una perdición.

Y hay el perderse que es abismarse, en un abismo único en que se funden —el corazón unifica siempre— el abismo que en él, dentro de la casa que él es, se abre, y el abismo en que se abre como en el centro del universo donde se anonada. Y entonces ha de vérselas por el pronto a solas, o sintiéndose estarlo a lo menos, en el fondo de esta nada. Y la nada no es así la simple nada, sino un abismarse en ella, un anonadarse. Y como él, el corazón, no ha perdido su condición de centro, sigue sintiéndose soplo de vida, aliento bajo las aguas de la postcreación. Y siente la nadificación en que toda la creación viniera a caer: como un agua por su inconsistencia, por su inasibilidad, por ser lugar de disolución donde todo se anega; lugar negado al movimiento y al reposo; al simple estar y al discernimiento por tanto. Y no podrá este corazón ascender hasta la superficie de estas aguas que parecen no tenerla, si no se ha encendido en él, por él, dentro y fuera de él a un mismo tiempo, una centella única, la que prende la luz indivisible que se hace en la oscuridad, haciendo de este corazón algo así como su lámpara.

Desciende la luz, atraviesa tinieblas y densidad, pues que ella, en este universo que se nos presenta como nuestra habitación, se curva como sierva. Y al modo de la sierva se desliza como agua, un agua que se infiltra en la solidez allá donde las tinieblas se hacen cimientos, muros de fundación. Mas al llegar ahí se detiene y abandona al corazón que desciende bajando el abismo donde al no haber ya ninguna nota[23] de luz toda referencia se pierde. El discernir no es posible donde el vislumbrar se acaba. Se equivocaría peligrosamente este corazón si creyera, como en un sueño, dominar las tinieblas; si se dispusiera a hacer frente a la nadificación remontando su corriente sin más; si intentara convertirse en voluntad. La voluntad sólo puede, cuando puede, en la luz del entendimiento que discierne las cosas y no tanto los seres, aunque sean máscaras de un monstruo que bajo ellas y a través de ellas da y esconde la cara; da la cara escondiéndola bajo cosas o sucesos. En la nadificación ninguna cosa ni suceso subsiste, y la voluntad, si es que surge, sería una nuda, mera potencia de imposible despliegue.

VII

Y la reiteración del trabajo del corazón se revela al fin como latido, pulsación de un centro, el centro quizá que se manifiesta haciéndose sentir raras veces, inolvidablemente, eso sí. El haber percibido el reiterado latir del corazón como pulsación del centro de la vida queda como una noticia inolvidable que aguarda ser revelada; irlo siendo. Y lo que acomete en el sentir primero de esta pulsación es su extraña vulnerabilidad, el brotar como en un extraño confín de la

---

[23] En el mecanoescrito figura la palabra «gota» en lugar de «nota».

nada o con el vacío; con el no ser o con la muerte. Si no se es fiel a este sentir primario, todo ello resulta ser nombres, mas no nombres propios, sino términos del hablar. Y si se los olvida, entonces, la mente no tiene ningún otro nombre, que habría de ser un nombre propio, y no la transcripción de un concepto forjado para uso general. Todo concepto genera una extensión, aunque sea desconocida o ilimitada. Mientras que el nombre propio, único, inalienable, es el que confiere la presencia con sólo ser pronunciado, el que desata la súplica o la invocación, o el que estalla sin darse a conocer en el gemido, el que se riega en el llanto.

Y así, si se es fiel a este sentir que funda el simple percibir de la pulsación del corazón como centro de nuestra vida, queda su reiteración como victoria que se alza, la victoria de nuestra vida, o la de alguna otra en ella encerrada. Un centro de la vida, con su señorío único, sin palabra alguna. Contra ello toda razón queda sin razón alguna, mientras la verdad se le acerca como prometida. Sólo como prometida, que no admite tan pronto ser desposada, que aguarda aún. Y al ser así defiende a este centro que late en el confín mismo, estando como todavía se le siente, encerrado. Mas ya no se siente perdido en extranjera tierra, en la indefinible tierra, en la frontera. La blanca presencia, apenas perceptible, de la promesa de verdad, le guarda.

VIII

Casa de la vida y cauce, es difícil que el corazón encuentre su propia realidad, que se sienta a sí mismo en pureza y unidad. Lo que quiere decir, sin reflejarse, sin mirarse, fuera de sí, viéndose en algún espejo que le dé su imagen, sin ansia alguna tampoco de ser mirado por alguien que sea su igual, que le devuelva una imagen que anexionarse. Y sin buscar complemento ni anejo alguno; en soledad.

Hay un género de soledad que comienza por ser no un aislamiento, sino un haberse desposeído de toda propiedad. Un quedarse a solas, más que por no tener compañía, por haberse extinguido ese sentir de lo propio, por haberse abolido la ley de la apropiación. Y con ella la colonización que obliga a salirse de sí mismo continuamente, a cuidar de lo otro sabiéndolo «otro», o en otro, para que le pertenezca.

Está en sí mismo el corazón en ese estado, sin sentirse sostenido tan siquiera, como si de ello no tuviese necesidad, ni tampoco la de sostener nada; no trabaja ni se afana. Está recogido en una especie de revelación de su interioridad, casi transparente. Y la pregunta habitual, esa que surge inagotablemente del supuesto de que todo conocimiento se despierte con una pregunta, se formularía diciendo: «¿Y cuál es su ser?». Pues ése, el ser de una interioridad, la única que se nos podría decir aún que es el ser al que desde adentro, desde sí mismo, le es dado sentir al hombre, en pureza y unidad. Pues que el pensamiento también se recoge. Mas cuando lo hace y cesa de recorrer su inacabable discurso, se identifica con el corazón. Inteligencia y corazón unidos forman ese ser que late, que alienta capaz de manifestar su ser sin reflexión alguna. Sin verse reflejado en nada y sin por ello sentir la nada ni dentro de sí ni al acecho. Unidad que se manifiesta como efímera, pues que se pierde a causa del cuidado exigido a la condición humana y que en modo creciente amenaza devorarla. Mas, el recogimiento unificante de la mente con el ser salva, aún dándose en modo discontinuo, testifica de un ser que es vida, y vida vivificante.

El silencio revela al corazón en su ser. Un ser que se ofrece sin cualificación alguna y aun sin referencia alguna a una determinada situación, que de haberla le cualificaría. No es una cantidad ni una cualidad y no está ni arriba ni caído ni, lo que parece más propio de su ser, tampoco abraza nada. No está en verdad. Y lo más cercano a este su ser que cabe decir es que guarda sin celarlo un secreto, y que guarda al ser donde mora.

Y el silencio se extiende como un medio que no hace sentir su peso ni su limitación; en este puro silencio no se advierte privación alguna.

La mayor prueba de la calidad de este silencio revelador es el modo en que el tiempo pasa sin sentir, sin hacerse sentir como tiempo sucesivo ni como atemporalidad que aprisiona, sino como un tiempo que se consume sin dejar residuo, sin producir pasado; como aleteando sin escaparse de sí mismo, sin amenaza, sin señalar tan siquiera la llegada del presente, ni menos todavía dirigirse a un futuro. Un tiempo sin tránsito.

Y la palabra no es posible ni necesaria, pues que la palabra, ella misma es transitiva, se da en un tiempo que transita y que acelera o que detiene, sin violencia. Lo que es propio de aquello que es crear su propio lugar, y reposar en él sin dejar de moverse. Bien es verdad que de los movimientos propios del ser, o de algo que es, poco se ha acertado. Se sabe o se ha sabido más acerca del movimiento que causan o más bien originan: atraer, alejar, detener, crear distancias insalvables que luego en un instante se anulan en una intimidad, en una confianza indecible. Todo es cualidad en los movimientos propios del ser. Cualidad que se enseñorea de la cantidad y que proviene, sin duda, del toque del absoluto que dentro de esta nuestra humana experiencia se produce, ese algo que se siente como irreductible. Hay que aceptarlo así como es, tal como se manifiesta. Son movimientos atribuidos a la divinidad y que en ella aparecen como espejo de perfección, mientras que en el ser humano aparecen como envanecimiento, o desvanecimiento, un dejar hacer. Y como decadencia también, de un modo de ser y de actuar que alguna vez tuvo lugar y se perdió, secreto perdido o simplemente una transgresión.

Pues que en lo humano ningún movimiento, aunque sea del corazón, aparece libre de intención, sino en instantes privilegiados. Y en la intención hay como una proposición de sí mismo, un proponerse ser algo o alguien. La falta de inocencia es aquí donde mayormente se hace sentir, en estos movimientos del ser, anteriores a toda moral.

Y así, reposar en sí mismo, el corazón no puede, sino en raros momentos de ventura, respirar en el silencio de su ser. Mas ¿tiene acaso ser suficiente para hacerlo? Sólo mientras en silencio está en sí mismo, sin pretensión alguna, sin intención. Sin proponerse que nada llegue a donde así reposa. Y su lugar es esa especie de hueco donde no flota en el vacío, ni se apega como en sitio oscuro; es inocente en ese transitorio estado, revelador de su ser. Es una presencia y nada más.

Una presencia que cuando deje de serlo acogerá a todo lo que ante un ser humano se presenta, a toda presencia y, naturalmente, a la ausencia de algo y aun a la ausencia de todo. Y la medida de la inocencia del corazón, de cada corazón, daría, si medida de ella pudiese haber, la diversidad de las presencias que ante ese corazón presenta la riqueza del mundo, y aun el esplendor de lo que nombramos universo.

Ya que hay una íntima, indisoluble correlación entre inocencia y universalidad. Sólo el hombre dotado de un corazón inocente podría habitar el universo.

IX

El corazón es el vaso del dolor, puede guardarlo durante un cierto tiempo, mas inexorablemente luego, en un instante lo ofrece. Y es entonces cáliz que todo el ser de la persona tiene que sorberse. Y si lo hace lentamente con la impavidez necesaria, al difundirse por las diversas zonas del ser comienza a circular con el dolor, mezclada a él, en él, la razón.

El riesgo tantas veces cumplido de la «impasibilidad» que, desde tan lejos y tan alto, se dejó establecido que es indispensable al ejercicio del conocimiento racional, es el de impedir que la razón sea advertida, primeramente en el dolor, unida a él y como engendrada o revelada al menos por él. El que el dolor sea un hecho casi accidental. El que el dolor no tenga esencia, que sea estado ineludible, pero que no tenga ni esencia ni substancia, razón alguna. Que no pueda más que estar ahí sin circular. Y al no circular no poder en verdad, de verdad, ser asimilado.

En esta ofrenda del corazón, vaso, cáliz del dolor, se actualiza, se convierte en acto el padecer que se continúa, y que se arrastra durante tiempos indefinidos sin unidad, como una liana que se enreda en la razón sin dejarla libre: La razón en ejercicio se desembaraza de esta pasividad serpentina, de este gemir, y la voluntad acaba por lograr el ensordecimiento del corazón mismo, centro del oír en grado eminente. Esa sordera del corazón que, protegiéndolo, le traiciona.

Vaso y centro, el corazón, unidamente.

Centro que se mueve padeciendo y que receptivo ha de dar continuidad, y escondido no puede dejar de darse. Y siendo la sede del sentir, es centro activo. Pasa por él el río de la vida que ha de someter a número y a ritmo. Pasividad activa. Mediador sin pausa. Esclavo que gobierna. Sometido al tiempo, lo conduce avisando de su paso y de su acabamiento, haciendo presentir un más allá del reino temporal que conocemos, o damos por conocido más bien. Parece así ser el corazón como un hijo del joven Cronos de la *Teogonía* de Hesíodo, uno de esos sus hijos que él devoraba para mantenerlos escondidos en sus entrañas; el hijo que justifica, en cierto modo, esta extraña forma de paternidad. Pues que siendo hijo del tiempo profetiza un reino que lo sobrepasa y que revela en cierto modo en esos instantes en que el corazón se suspende y suspende al ser que habita sobre el tiempo; en los instantes privilegiados, éxtasis dados a todos los mortales, en el dolor sin límites, y en la plenitud de la vida en que los contrarios o, al menos divergentes, amor y libertad, razón y pasión, se unifican.

Todo pasa por el corazón y todo lo hace pasar. Mas algo ha de pasar en él que no se vaya con el río de la vida y del tiempo que conocemos.

Algo ha de ir haciéndose escondidamente en esa su oscuridad, que siguiendo la paradoja de la ley que lo rige, habría de ser algo invulnerable y luminoso.

Y así cuando en un instante se quede del todo quieto se abrirá al par, dándose entero. Es lo que sueña. Como todo lo encerrado, sueña el corazón con escaparse, como todo lo encadenado, desprenderse, aun a costa de desgarrarse. Como todo aquello que contiene algo precioso, con derramarlo de una sola vez. Mientras se sueña así el corazón se reitera y la violencia entonces es su cadena, que más pasivo que nunca arrastra. Va ciego, él que es lo único que puede llevar la luz hacia abajo, a los ínferos del ser. No podrá ser libre sin conocerse. Paradójicamente, el corazón mediador, que proporciona luz y visión, ha de conocerse. ¿Será ésa la reflexión verdadera, el diálogo silencioso de la luz con quien la acoge y la sufre, con quien la lleva más allá del anhelo y del temor engendradores de los sueños y ensueños del ser, del ser humano sometido al tiempo que quiere traspasar? Y el silencioso diálogo de la luz con la oscuridad donde apetece germinar. Corteza el corazón, cuando se conoce, que contiene y protege el embrión de luz. Y entonces anhela ya libre de temor desentrañarse y desentrañar, perderse, irse perdiendo hasta identificarse en el centro sin fin[24].

---

[24] En el mecanoescrito, el texto continúa así: «irse perdiendo hasta identificarse en el centro sin fin. Perderse, arderse».

VI
Palabras

Antes de que se profiriesen las palabras

Antes de los tiempos conocidos, antes de que se alzaran las cordilleras de los tiempos históricos, hubo de extenderse un tiempo de plenitud que no daba lugar a la historia. Y si la vida no iba a dar a la historia, la palabra no iría tampoco a dar al lenguaje, a los ríos del lenguaje por fuerza ya diversos y aun divergentes. Antes de que el género humano comenzara su expansión sobre las tierras para luego ir en busca siempre de una tierra prometida, rememoración y reconstitución siempre precaria del lugar de plenitud perdido, las tierras buscadas, soñadas, reveladas como prometidas venían a ser engendradoras de historia, inicios de la cadena de una nueva historia. Antes. Antes, cuando las palabras no se proferían proyectadas desde la oquedad del que las lanza al espacio lleno o vacío de afuera; al exterior. Y así el que profería, el que ha seguido profiriendo sus palabras, las hace de una parte suyas, suyas y no de otros, suyas solamente, entendiendo o dando por entendido que quienes las reciben quedarán sometidos sin más. Ya que el exterior es el lugar de la gleba, de lo humano amorfo, materia dispuesta para ser conformada, configurada, y a la que se pide que siga así, gleba bajo la única voluntad de quien profiere las palabras materializadas también, ellas también materialización de un poder.

Antes de que tal uso de la palabra apareciera, de que ella misma, la palabra, fuese colonizada, habría sólo palabras sin lenguaje propiamente. Al ser humano le ha sido permitido, fatalmente, colonizarse a sí mismo; su ser y su haber. Y de haber sido esto el verdadero argumento de su vivir sobre la tierra, la palabra no le habría sido dada, confiada. El lenguaje no la necesita, como hoy bien se sabe de tantas maneras. Y así existirá la pluralidad de lenguajes dentro del mismo idioma, del lenguaje descendiente de la palabra primera con la que el hombre trataba en don de gracia y de verdad, la palabra verdadera sin opacidad y sin sombra, dada y recibida en el mismo instante, consumida sin desgaste; centella que se reencendía cada vez. Palabra, palabras no destinadas, como las palomas de después, al sacrificio de la comunicación, atravesando vacíos y dinteles, fronteras, palabras sin peso de comunicación alguna ni de notificación. Palabras de comunión.

Circularían estas palabras sin encontrar obstáculo, como al descuido. Y como todo lo humano, aunque sea en la plenitud, ha de ser plural, no habría una sola palabra, habrían de ser varias, un enjambre de palabras que irán a reposarse juntas en la colmena del silencio, o en un nido solo, no lejos del silencio del hombre y a su alcance.

Y luego, ahora, estuvieron llegando y llegan todavía algunas de estas palabras del enjambre de la palabra inicial, nunca como eran, como son. Cada una, sin mengua de su ser, es también las demás, y ninguna es propiamente otra —no están separadas por la alteración. Y cada una es todas, toda la palabra. Y no pueden declinarse. Y lo que es completamente cierto es que no podrían nunca descender hasta el caso ablativo, porque en la plenitud, ni tan siquiera en la de este nuestro tiempo, no existen las circunstancias. Se borran las circunstancias en la más leve pálida presencia de la plenitud.

Aparecen con frecuencia las palabras de verdad por transparencia, una sola quizá bajo todo un hablar; se dibujan a veces en los vacíos de un texto —de donde la ilusión del uso del punto suspensivo y del no menos erróneo subrayado. Y en los venturosos pasajes de la poesía y del pensamiento, aparecen inconfundiblemente entre las del uso, siendo igualmente usuales. Mas ellas saltan diáfanamente, promesa de un orden sin sintaxis, de una unidad sin síntesis, aboliendo todo el relacionar, rompiendo la concatenación a veces. Suspendidas, hacedoras de plenitud, aunque sea en un suspiro.

Mas se las conoce porque faltan sobre todo. Parecen que vayan a brotar del pasmo del inocente, del asombro; del amor y de sus aledaños, formas de amor ellas mismas. Y es al amor al que siempre le faltan. Y por ello resaltan inconfundibles cuando en el amor se encuentra alguna; es única entonces, sola. Y por ello palabra de la soledad única del amor y de su gracia.

Si se las invoca llegan en enjambre, oscuras. Y vale más dejarlas partir antes de que penetren en la garganta, y alguna en el pecho. Vale más quedarse sin palabra, como al inocente también le sucede cuando le acusan.

Cuando de pensamiento se trata, ellas, las palabras hacedoras de orden y de verdad, pueden estar ahí, casi a la vista, como un rebaño o hato de mansas ovejas, dóciles, mudas. Y hay que enmudecer entonces como ellas, respirando algo de su aliento, si lo han dejado al irse.

Y volver el pensamiento a aquellos lugares donde ellas, estas razones de verdad, entraron para quedarse en «orden y conexión» sin apenas decir palabra, borrando el usual decir, rescatando a la verdad de la muchedumbre de las razones.

La palabra del bosque

Del claro, o del recorrer la serie de claros que se van abriendo en ocasiones y cerrándose en otras, se traen algunas palabras furtivas e indelebles al par, inasibles, que pueden de momento reaparecer como un núcleo que pide desenvolverse, aunque sea levemente; completarse más bien, es lo que parecen pedir y a lo que llevan. Unas palabras, un aletear del sentido, un balbuceo también, o una palabra que queda suspendida como clave a descifrar; una sola que estaba allí guardada y que se ha dado al que llega distraído ella sola. Una palabra de verdad que por lo mismo no puede ser ni enteramente entendida ni olvidada. Una palabra para ser consumida sin que se desgaste. Y que si parte hacia arriba no se pierde de vista, y si huye hacia el confín del horizonte no se desvanece ni se anega. Y que si desciende hasta esconderse entre la tierra sigue allí latiendo, como semilla. Pues que fija, quieta, no se queda, que si así quedara se quedaría muda. No es palabra que se agite en lo que dice, dice con su aleteo y todo lo que tiene ala, alas, se va, aunque no para siempre, que puede volver de la misma manera o de otra, sin dejar de ser la misma. Lo que viene a suceder según el modo de la situación de quien recibe según su necesidad y su posibilidad de atenderla: si está en situación de poder solamente percibirla, o si en disposición de sostenerla, y si, más felizmente, tiene poder de aceptarla plenamente, y de dejarla así, dentro de sí, y que allí, a su modo, al de la palabra, se vaya haciendo indefinidamente, atravesando duraciones sin número, abrigada en el silencio, apagada. Y de ella sale, desde su silencioso palpitar,

197

la música inesperada, por la cual la reconocemos; lamento a veces, llamada, la música inicial de lo indecible que no podrá nunca, aquí, ser dada en palabra. Mas sí con ella, la música inicial que se desvanece cuando la palabra aparece o reaparece, y que queda en el aire, como su silencio, modelando su silencio, sosteniéndolo sobre un abismo.

La palabra perdida

No sólo el lenguaje sino las palabras todas, por únicas que se nos aparezcan, por solas que vayan y por inesperada que sea su aparición, aluden a una palabra perdida, lo que se siente y se sabe de inmediato en angustia a veces, y en una especie de alborear que la anuncia palpitando por momentos. Y también se la siente latiendo en el fondo de la respiración misma, del corazón que la guarda, prenda de lo que la esperanza no acierta a imaginar. Y en la garganta misma, cerrando con su presencia el paso de la palabra que iba a salir. Esa puerta que el alba cierra cuando se abre. El amor que nunca llega, que desfallece al filo de la aurora, lo inasible que parte de los que van a morir o están muriendo ya, y que luchan —tormento de la agonía— por dejarla[25] aquí y derramarla y no les es posible ya. La palabra que se va con la muerte violenta, y la que sentimos que la precede como guía, la guía de los que, al fin, pueden morir.

Perdida la palabra única, secreto del amor divino-humano. ¿Y no estará ella señalada por aquellas privilegiadas palabras apenas audibles como murmullo de paloma: *Diréis que me he perdido, —que, andando enamorada—, me hice perdediza y fui ganada*[26].

---

[25] En el mecanoescrito, el texto reza así: «El amor que nunca llega, que desfallece al filo de la aurora, lo inasible que parte de los que van a morir o están muriendo ya, y que luchan —tormento de la agonía— por dejarlo aquí y derramarlo y no les es posible ya».

[26] Versos pertenecientes al *Cántico espiritual,* estrofa 29, de san Juan de la Cruz.

La palabra que se guarda

La palabra que un ser humano guarda como de su misma sustancia, aunque la aprendiera o la formara él mismo un día. La que no se dice porque el decirla la desdeciría también al darla como nueva o al enunciarla, como si pudiera pasar; la palabra que no puede convertirse en pasado y para la que no se cuenta con el futuro, la que se ha unido con el ser.

Y se presiente[27], y aun se la ve, como profetizada en algunas criaturas no humanas, en algunos animales que parecen llevar consigo una palabra que al morir están al borde de dar a entender. Y también en la quietud inigualada de las bestias que miran el sol como si fueran sus guardianes, imágenes que el arte ha perpetuado en la avenida del templo de Delos, por ejemplo.

Y en el firmamento, algunas constelaciones o luceros sólo parecen guardar alguna palabra y custodiar por ella, con ella, la inmensidad inconcebible de los espacios interestelares, los vacíos y oquedades del universo, vigías del Verbo.

Mas en los seres humanos que guardan esa su palabra no se la ve, pasa inadvertida, como suele serlo también para ellos, al menos como palabra, pues que ha llegado a asistirles como una lámpara que por sí sola se enciende o que está siempre encendida sin combustión.

Quizá sea el secreto que esclarece ciertas humanas presencias mientras viven y que se desprende de algunas legendarias

---

[27] En el mecanoescrito, el texto dice: «Y se la presiente...».

figuras (legendarias aunque pertenezcan al lecho de la historia) y que algunos, y algunos poetas, constructores de arte y de pensamiento, han dejado guardado también en su obra, que aparece así dotada de una inacabable y más clara vida que aquellas otras que no la contienen.

La palabra que permanece inviolada en el delirio, por arrollador que sea, de quien teniéndola entra a delirar sin fin.

La palabra que no se petrifica en el espanto, y a partir de la cual el hablar se deshiela. Y que sigue orientando el ser del que ha entrado en la noche de su mente.

Suele ser esta palabra que no se pierde un nombre. Un nombre que pudo ser dicho un día, mas que al guardarse ya irrepetible ha ido recogiendo las notas del nombre único. O puede ser un sí o un no, dado y olvidado ya, mas que subsiste, guiando al ser que lo guarda aún sin saber; una palabra que a todo suceso transciende.

Lo escrito

«Lo escrito, escrito está». Mas no todo ello indeleblemente. Se borran los escritos por sí mismos, o por obra de las circunstancias. El clima, la atmósfera misma, algún polvillo que cae del cielo borra lo escrito: títulos, inscripciones, sentencias caen.

Mientras dura un ciclo histórico hay palabras que permanecen en una determinada visibilidad y que corren de boca en boca; son los tópicos de esos siglos. Sus sentencias, por tanto, son condenatorias por lo general. Y hay también palabras escritas y que, como escritas, se repiten, apaciguadoras y sabias, que marcan el límite, un cerco vienen a formar todas ellas que muy pocas gentes trascienden. Pues que la inspiración que llega no se detiene, la inspiración que transciende el cerco sólo rara vez arrastra consigo, o tras de sí, a quienes ha visitado, dejándolos, eso sí, perplejos en los mejores casos, cabizbajos por lo común, y disponiéndose con ahínco a volver a ver todas las cosas tal como si la visita de la inspiración no hubiera llegado, empadronándose conscientemente como habitantes del cerco y hasta alzándose vigilantes, por si acaso.

Pues que los guardianes del cerco lo son de la continuidad —de la continuidad del cerco, se entiende bien— no saben dónde acudir, si es que se dan cuenta, o sienten, al menos, que la discontinuidad de la inspiración corresponde a la discontinuidad de la historia escrita, o que se da por tal, escrita ya para siempre bajo sentencia: «Lo escrito, escrito está», y no cabe ni hay para qué borrarlo, si no es con algún borrón más condenatorio todavía. ¿Será quizá la discontinuidad de la historia la que llame a la inspiración que infatigable se reitera, y no siempre sin sobresalto? Es lo escrito lo que hace la historia, según se nos dijo. Y así, por ejemplo, las piedras, aun en círculo prodigiosamente erguidas y acordadas, no son historia. No hay historia sin palabra, sin palabra escrita, sin palabra entonada o cantada —¿cómo iba a decirse palabra alguna sin entonación o canto? Habrá entonces otra cosa que habríamos de conocer, o simplemente señalar, sin referencia alguna a la historia, para indicar así con ello nuestra ignorancia invencible, nuestra exclusión. Y la perplejidad en que nos sume cualquier vestigio de su existencia, y su simple existencia misma, que puede equivaler, en ocasiones, a su presencia. ¿Y aquella piedra tan igual a las otras, no podría ser ella, ser la que canta? Pues que en las piedras ha de estar el canto perdido. ¿Y no podrían ser aquéllas, estas piedras, cada una o todas, algo así como letras? Fantasmas, seres en suma que permanecen quizá condenados, quizá solamente mudos en espera de que les llegue la hora de tomar figura y voz. Porque estas piedras no escritas al parecer, que nadie sabe, en definitiva, si lo están por el aire, por el alba, por las estrellas, están emparentadas con las palabras que en medio de la historia escrita aparecen y se borran, se van y vuelven por muy bien escritas que estén; las palabras sin condena de la revelación, a las que por el aliento del hombre despiertan con vida y sentido. Las palabras de verdad y en verdad no se quedan sin más, se encienden y se apagan, se hacen polvo y luego aparecen intactas: revelación, poesía, metafísica, o ellas simplemente, ellas. «Letras de luz, misterios encendidos»[28], canta de las estrellas Francisco de Quevedo.

«Letras de luz, misterios encendidos», profecías como todo lo revelado que se da o se dio a ver, por un instante no más haya sido.

---

[28] Este verso pertenece al conocido poema de Francisco de Quevedo «Himno a las estrellas»

El anuncio

Al modo de la semilla se esconde la palabra. Como una raíz cuando germina que, todo lo más, alza la tierra levemente, mas revelándola como corteza. La raíz escondida, y aun la semilla perdida, hacen sentir lo que las cubre como una corteza que ha de ser atravesada. Y hay así en estos campos una pulsación de vida, una onda que avisa y una cierta amenaza de que algo, o alguien, está al venir.

No podrá entender que algo así suceda con la palabra sino aquel que haya padecido en un modo indecible el haber sido dejado por ella, sin que sea necesario que una tal situación llegue a la total privación. Es la palabra interior, rara vez pronunciada, la que no nace con el destino de ser dicha y se queda así, lejos, remota, como si nunca fuese a volver. Y aun como si no hubiese existido nunca y de ella se supiera solamente por ese vacío indefinible, por ese a modo de extensión que deja. Pues que es una suerte de extensión la que se revela. La extensión toda ella, ¿será el resultado de un abandono? Y luego se siente a la palabra perdida inmediata y escondida, raíz y germen, presencia oscura sin puerta para entrar en la consciencia. La aporía de la palabra, su imposibilidad de encontrar condiciones para su vida, lugar donde albergarse, tiempo, y ese fuego sutil y ese morir viviendo. Y en esta etapa es él, el sujeto paciente, el que se siente ser obstáculo, corteza, resistencia. Lugar cerrado a la palabra, inhábil para abrirse a ella, si no hundiéndose todavía más, ahondándose sin ensimismamiento. El ensimismado —ya Ortega lo mostró bien— tiene un lugar dentro de sí, intangible decimos, inviolable. Pues que si así no lo siente el tal sujeto que se ensimisma, será una simple y vulnerable defensa, una simple oposición equivalente a una máscara; con enmascararse le bastaría, pues, y aun con agazaparse.

Mas cuando el sujeto hundiéndose cada vez más en su paciente condición se sigue sintiendo y viendo como un lugar cerrado a la palabra, nada ya le asiste. Nada.

Mas en la nada obtenida por un puro retirarse para que lo más preciado aparezca, surge, no notado al principio, un algo inseparable, más allá de toda figuración. Y ya esto sólo, lo inesperable que se advierte con naturalidad, es el primer don del exilio. Aquello que llega como respuesta a una pregunta no formulada.

Prosigue lento e inexorable este germinar en el campo de la palabra, en el propiamente suyo, en aquel que se ve así tratado, sometido con riesgo de perder el aliento también, si se revelara. Cuando se trata del anuncio, una revelación sucede siempre así en quien la padece. Ni decir *sí* ni *no* le está permitido. Nada. Mas no la nada que entonces menos que nunca puede nadificar. Y el silencio a que vive sometido es como una vida más alta, y el desierto de la palabra un lleno más apretado a punto de abrirse aun más que de poblarse, de estallar por no poder contener ya la palabra que se dispone a nacer; la palabra concebida.

Que la palabra haya de ser concebida humanamente es lo único que da cuenta de que haya y aun exista, llegue a existir, la palabra. Valdría si no el lenguaje, el lenguaje que es danza que notifica y algo más en las abejas; valdría el canto opaco de la lechuza que avisa a la cierva y a la corza que el cazador va en su busca. Mas, esta notificación que salta la diferencia entre las especies animales, ¿qué nos dice ya acerca del lenguaje notificativo, indicativo, aviso de algo determinado sin más? ¿Y qué nos notifica la danza de las abejas destacadas del enjambre para buscar lugar nuevo donde albergarlo? ¿Dicen algo, danza y canto, más allá de lo que notifican? ¿Anuncian ya la palabra?; y palabra propiamente es sólo aquella que es concebida, albergada, la que inflige privación, la que puede irse y esconderse, la que no da nunca certeza de quedarse, la que va de vuelo.

Y vuelo hay también en la danza y en el canto. Y la privación del lenguaje, del solo lenguaje, es ya privación del vuelo, de ese algo que se escapa y que puede no volver, y que si vuelve es un anuncio. Un reiterado anuncio de que está al nacer la palabra concebida.

El concierto

Para el maestro
Andrés Segovia[29]

Se oía, ¿se hubiera oído la guitarra si su sonar no abriera desde el primer instante el modo justo de escuchar? Era su primera virtud indiscernible de momento. Los preocupados de pedagogías quizás hayan caído en la cuenta de que es la Música la que enseña sin palabras el justo modo de escuchar. Y de que cuando de palabra sola se trata, sucede así igualmente, que es la Música, que puede ser un modo de silencio, la que sostiene la palabra en su medio y en su modo justo, ni más alta ni más baja —siempre preferible un poco baja. Por-

---

[29] Andrés Segovia (Linares [Jaén], 1893-Madrid, 1987), afamado guitarrista clásico español. Junto a Narciso Yepes, fue el principal responsable de la consolidación de la guitarra como instrumento de concierto, a un nivel comparable al que ocupan el violín y el piano, al menos en cuanto a la calidad de las piezas. Dio su primer recital en Granada en 1910. Posteriores conciertos en Madrid y Barcelona hicieron su nombre popular, e inició una gira por América (Uruguay, Argentina, Cuba, México, Estados Unidos). Desde 1926 hasta 1932 residió en Ginebra, pero volvió a abandonar España al comienzo de la guerra civil, instalándose con su familia en Montevideo (Uruguay) hasta 1952, fecha de su regreso del exilio. Segovia tomaba conciencia de la necesidad de renovar el repertorio guitarrístico. A tal efecto, llevó a cabo numerosas transcripciones de obras de Albéniz, Bach o Chopin, y encargos de partituras nuevas a compositores como Milhaud, Moreno Torroba, Ponce, Rodrigo o Villa-Lobos, entre otros, a lo largo de sus más de tres cuartos de siglo de carrera. Reconocido con numerosos premios y distinciones internacionales, en 1981 el rey Juan Carlos I de España le otorgó el título de marqués de Salobreña.

que la música es, desde un principio, lo que se oye, lo que se ha de oír, y sin ella, la palabra sola, decae adensándose camino de hacerse piedra, o asciende volatilizándose, defraudando. Gracias a la música la palabra no defrauda; privada de ella, aun siendo palabra de verdad, y más si lo es, se desdice. La música es prenda de la no traición, no existen en ella «las buenas intenciones», y un solo fallo en la voz que dice revela la falacia, o denuncia el incumplimiento de la verdad. La música cumple, se cumple, y escuchándola nos cumplimos. Aquel que la trae, ¿qué es, quién es? Un ser remoto, una pura actualidad del siempre. Y resulta impensable que alguna vez se vaya, que alguna vez no haya estado. Volverá.

Volverá siempre el que hace la música de este instante. Volverá esa música que se aproxima más al origen, al principio, cuando revela al par el instante de ahora. Dura un instante toda ella. Dura un instante toda la música. Un instante de eternidad, como el morir, como el nacer, como el amar.

Más por ser de guitarra la música; mas ¿qué era en verdad ese latir solitario, esa onda del ser y de la vida? ¿No será, acaso, el instrumento musical sin más, entero y solo, único?

Instrumento único de la música toda. Una sola nota podría bastarle. Inconfundible. Unía los contrarios, el ser y el no-ser del sentimiento mismo. Era lamento y no lo era. Celebración sin rastro de triunfo. ¿Une la música los contrarios, o está alentando antes de que los haya? ¿O es su cumplimiento una pura acción de devolvernos en ese su instante al origen del tiempo, ahora cuando él tanto camino ha hecho, ahora como entonces, después de tanto? Y así darnos la ley del recto sentir, librándonos de la nostalgia que los facilones del vivir creen que sea el don de la música, y sobre todo su voluptuosidad. Dolor puede haberlo, y más en la guitarra, que tal vez sea entre todos los instrumentos el elegido por el dolor. Mas el dolor no pide ser establecido, condensado; el dolor pide acabar dándose sin ser notado, tras de haber germinado germinante, como enjambre innumerable de hormigas. El dolor que en la guitarra esquiva el sufrimiento bajo el Ángel que menudamente ajusta el sentimiento y lo orienta paso a paso hacia lo inacabable, arriba. Guarda la música el secreto de la justeza del sentir, las cifras del cálculo infinitesimal del padecer. Lo que alcanza, al menos entre los instrumentos occidentales, su máximo cumplimiento en la guitarra, tan entrañable, que suena desde adentro, en la gruta del corazón del mundo. Y por ello, los que resbalan por andar con prisas hacen de ella la plañidera, y la desgarrada aquellos que la aprovechan. Y ella les dice: «Dejadme sola», sin que lo entiendan. Pues que es cosa también de que ella se haya dado sola a alguien que, sin prisa, vaya toda su vida, casi sin tocarla, rozándola apenas, desgranando su secreto según número, ese que se esconde más cuando más se revela. La noche del padecer entonces se aclara, el enjambre del sufrimiento se unifica. El sonido es uno solo. El Ángel ha arrancado las espinas y se da a sentir él mismo borrándose.

Sólo la palabra

Hay una palabra, una sola, de la que no se sabe de cierto si alguna vez ha traspasado la barrera que separa al silencio del sonido. Ya que por muy larga e inconteniblemente que se haya hablado, la barrera entre el silencio y el sonido no ha dejado nunca de existir, erizándose hasta llevar al que habla al borde del paroxismo. La incontinencia del habla ha de tener en ese infranqueable obstáculo su origen. Y el desbordamiento del hablar entonces toma carácter de fenómeno cósmico; catarata, erupción volcánica. Y la palabra que es en sí misma unidad, conjunción milagrosa de la «fysis», del sentido que abarca y reúne los sentidos, soplo vivificante, impalpable fuego y luz del entendimiento, cae arrastrada más infeliz que la piedra que acabará de rodar alguna vez al encontrar el mínimo albergue de su peso.

La palabra escondida, a solas celada en el silencio, puede surgir sosteniendo sin darlo a entender un largo discurso, un poema y aun un filosófico texto, anónimamente, orientando el sentido, transformando el encadenamiento lógico en cadencia; abriendo espacios de silencios incolmables, reveladores. Ya que lo que de revelador hay en un hablar proviene de esa palabra intacta que no se anuncia, ni se enuncia a sí misma, invisible al modo de cristal a fuerza de nitidez, de inexistencia. Engendradora de musicalidad y de abismos de silencio, la palabra que no es concepto porque es ella la que hace concebir, la fuente del concebir que está más allá propiamente de lo que se llama pensar. Pues que ella, esta palabra es pensamiento que se sostiene en sí mismo, reflejo al fin en lo simplemente humano de la lengua de fuego que abrió a aquellos sobre quienes se posó el sentido y conocimiento de las lenguas todas. No se da a ver. Abre los ojos del entendimiento para que vea o vislumbre algo. Y no se presenta a sí misma porque, de hacerlo, acabaría con la relatividad del lenguaje y con su tiempo. Y quizá sea ella la que llegue un día.

Sin moverse, mueve; y sus aspectos son incalculables, daría de sí esta palabra impar para múltiples vidas; ilimitada y geómetra, trazadora de límites, de las necesarias separaciones entre los verbos y entre las diversas manifestaciones del tiempo; abre surcos en el tiempo paralelos o no. Y aún sostiene la divergencia entre ellos, pues que en la relatividad de la vida, la divergencia es garantía de unidad cuando está sostenida por la palabra depositaría del sentido uno, de lo único.

Y llega ella, la palabra sola, a imponer en ciertos casos, en ciertas fases del ser del hombre, la privación del lenguaje, dejándolo reducido a lo indispensable para que siga formando parte de la sociedad el individuo a quien esto ocurre. Y a veces, quizá cuando el sujeto en cuestión insiste en hablar como siempre o más, se queda sin palabra alguna, sumido en total silencio, sin que pueda hablar ni consigo mismo. Mas le puede dejar sin esa distinción entre uno mismo y los otros, depositado en una vida de comunicación silenciosa, liberado de la expresión y del notificar. Establece la presencia de la palabra sola, una especie de respiración interior, una respiración del ser, de este ser escondido en lo humano que necesita respirar a su modo, que no puede ser el modo de la vida sin más. Vida y ser han de respirar al menos en el reino humano, haciendo presentir que sea así en todos los reinos del ser y de la vida distinta o unidamente.

Inicialmente las dos respiraciones, la de la vida y la del ser, se dan por separado. La respiración de la vida está bajo la amenaza de un cesar que no se hace sentir sino en ciertos momentos por una causa inmediatamente fisiológica, y con tanta frecuencia por la falta de respiración del ser escondido en el hombre. Y entonces la atención se vuelca en quien la padece, hacia afuera, hacia lo que cree ser la única respiración que posee y le sostiene. Y la dificultad de respirar vitalmente se condensa y arriesga hacerse total bajo la atención que, lejos de desatar el nudo, lo estrecha. Y es raro que la falta de respiración del ser no recaiga sobre la respiración de la vida, como es raro o imposible que ninguna dolencia del ser deje de afectar a la vida. Lo inverso, en cambio, sigue otra ley.

Pues que el ser escondido al respirar puede sostener en alto la vida de aquel en quien se da, sin que ninguna intención preconcebida ni ningún estímulo de afuera se interponga. Al ser, para que sostenga y aun salve los vacíos, las duraciones innumerables, los obstáculos de todo orden, hay que dejarlo a él mismo. Pues que alberga la palabra sola como su más directa manifestación incalculable. Ya que el ser, y más todavía por estar escondido en lo humano, es por principio incalculable, inasible, rodeado de un vacío que sólo desde él puede ser atravesado[30].

Y al fin en algunos seres humanos se cumple la unión de las dos respiraciones. Humanos, decimos, porque sólo de ellos podemos percibirlo con certeza. La respiración del ser hacia adentro, si se la considera desde esa superficie que la vida inexorablemente ofrece. Ya que la vida es por principio superficial, y sólo deja de serlo si a su respiro se une el aliento del ser que, escondido bajo ella, está depositado sobre las aguas primeras de la Vida, que nuestro vivir apenas roza. Pues que estamos depositados en la historia, atenazados por la necesidad y sobrecogidos por la muerte. Todo lo transciende la respiración del ser, y así su palabra, la sola, desconocida y prodigiosa, milagrosamente identificada palabra, alza en su ímpetu único todas las palabras juntas y las unifica destruyendo irremediablemente. Ya que en el ser humano lo que transciende abate y anula; nadifica. Y esta acción se aparece también doblemente. La nadificación que procede del ser, prenda de la unión, y aquella otra amenaza suprema que

---

[30] En el mecanoescrito, el texto continúa así: «rodeado de un vacío que sólo desde él puede ser atravesado; atravesado por la palabra sola, colmado por sí, más allá de toda palabra».

procede no del cese de la respiración vital, sino del apagamiento de la respiración del ser que más escondido se encuentre con mayor ímpetu, respira, dando entonces su sola palabra. Sólo su palabra antes de abrir el silencio que la transciende.

VII
Signos

Signos, semillas

A Ricardo Pascual

Centellean en la noche del ser, a través de la claridad de la conciencia que no la disipa, signos, signos del reino de la matemática, y figuras también de otros reinos, del reino de lo sacro o que a serlo tiende, principalmente. Llaman, amenazando convertirse en obsesiones, a ser descifrados; se imponen como estaciones a recorrer, como pasos que hay que dar fuera o más allá del camino de aquel que se lo haya trazado de antemano, con su sola, escuálida razón. Rondan y revolotean estos signos en las figuras del arte y en las del que ve visiones. Muchas de ellas fantasmas de algo, ser o suceso, percibido realmente en la vida cotidiana, percibidas realmente, mas no verdaderamente. Y su imagen visionaria persigue así como la verdad inadvertida, como la razón dejada en los aires.

Signos, figuras parecen así ser como gérmenes de una razón que se esconde para dar señales de vida, para atraer; razones de vida que, más que dar cuenta, como solemos creer que es el único oficio de las razones y aun de la razón toda, y que más que ofrecer asidero a las explicaciones de lo que pasó y de lo que no, llaman a alzar los ojos hacia una razón, la primera, a una razón creadora que en la vida del hombre modestamente —adecuadamente— ha de ser la razón fecundante.

Semillas pues, estos signos y figuras de un conocimiento que exige y promete al ser que los mira la prosecución y el despliegue de su vida. Ya dentro de nuestra tradición racionalista, los estoicos hablaron de «razones seminales»[31], expresión que ahora no nos resulta ser tan declaradora. Ya que la palabra «razón» ha perdido tanto, se ha desgastado tanto al convertirse en abstracta como para ser la traducción fiel del «logos». Lo que les sucede igualmente a los términos «semillas», «gérmenes», por referirse hoy solamente a lo biológico, sin más.

---

[31] Según los estoicos, se dan dos principios en el universo: un principio agente y un principio paciente. El paciente es la sustancia sin cualidad, la materia; el principio agente es la razón, el *logos,* que gobierna y ordena la materia, no como principio extrínseco a ésta, sino como principio intrínseco, produciendo y conteniendo las cosas que nacen en la naturaleza según «razones seminales». El *logos* aparece como razón espermática *(spermatikós logos).* Este *Logos* es al mismo tiempo una fuerza y una ley: una fuerza irresistible que conduce al mundo entero y todas las criaturas a un final común; una ley inevitable y sagrada de la que nada puede sustraerse, y que todo hombre razonable debe seguir voluntariamente. Este concepto de «razones seminales» fue recogido más tarde por Plotino y, en la tradición cristiana, fue adoptado por algunos autores, entre los que cabe destacar a san Agustín.

Los signos naturales

La atención a los signos no humanos está encerrada en el hombre histórico dentro de la atención que concede a las circunstancias, sin que se pare mientes en que las circunstancias pueden ofrecer una cierta revelación acerca de los elementos que las configuran y que nos piden «ser salvadas» según Ortega y Gasset, que las «descubrió» como depositarias de razón a rescatar del logos oculto.

Y así hay que sorprenderse a sí mismo en el asombro ante la evidencia del signo natural: la figura impresa en las alas de una mariposa, en la hoja de una planta, en el caparazón de un insecto y aun en la piel de ese algo que se arrastra entre todos los seres de la vida, ya que todo lo viviente aquí de algún modo se arrastra o es arrastrado por la vida. Signos que no pueden constituir señales, ni avisos. Y que si nos remitimos a ese aviso del puro sentir que vive envuelto en el olvido en todo hombre, se nos aparecen como figuras y signos impresos desde muy lejos, y desde muy próximo; signos del universo.

Mirados tan sólo desde este sentir, estos signos nos conducen, nos reconducen más bien, a una paz singular, a una calma que proviene de haber hecho en ese instante las paces con el universo, y que nos restituye a nuestra primaria condición de ser habitantes de un universo que nos ofrece su presencia tímidamente ahora, como un recuerdo de algo que ya ha pasado; el lugar donde se vivió sin pretensiones de poseer.

¿Sucedió alguna vez el que los seres humanos no habitaran en ciudad alguna? Pues que ciudad puede ser ya la cueva, el rudimentario palafito. Ciudad es todo lo que tiene techo. Y al tener techo, puerta. Un dintel y un techo, una habitación donde solamente su dueño y los suyos, y los que él diga, pueden entrar, por escaso abrigo que proporcione. Ya ese hombre ha trazado un límite entre su vida y la del universo, una frontera.

La adoración de la Luna — La cicuta

No se detiene la influencia de la luna en el reino de las aguas, se enseñorea de los bosques y tiene un cielo suyo.

Crea la luna un mar propio con su sola aparición y más todavía, si no se analiza sobre la urbe. Sobre su reino —el bosque— se derrama en libertad, es Ella, ella la sola, la perdida, escapada de la casa del Padre o sometida por él mismo a andar así errante y dominadora a la par. Delegada y rebelde, revolucionaria, cumple sus fases exactamente, es todo lo que obtuvo del sol, al querer una órbita propia y diversa, la obediencia rendida se muestra a las claras en ser su espejo. Generosa, excesiva, se deshace, se diría, reflejando la luz y dándola, ávida de dar y de ser acogida, ávida de amar y todavía más, parece, de ser amada. Y la avidez de ser amado en cualquier ser tan sólo se calma con la idolatría, con la enajenación, con la locura misma nacida de la adoración imposible. Y ella, la Luna diosa, Artemisa[32] hermana divergente de Apolo, espeja

---

[32] En la mitología griega Artemisa (Diana para los romanos) es la hija de Zeus y Leto, además de hermana gemela de Apolo. Cuando Hera descubrió que Leto estaba embarazada de su marido Zeus, prohibió que ésta diera a luz en tierra firme o en cualquier isla del mar. En su deambular, sólo encontró la flotante isla de Delos para el alumbramiento de sus dos hijos. Después, Zeus, agradecido, aseguró Delos al fondo del océano. De cualquier forma, primero nació Artemisa y ésta ayudó a nacer a Apolo (posible referencia por la cual en algunas regiones se la consideró la diosa de los partos). Otra versión afirma que Artemisa nació un día antes que Apolo, en la isla de Ortigia, y que ayudó a Leto a cruzar el mar hasta Delos al día siguiente para dar a luz a Apolo. Artemisa era la diosa virgen de la caza, los animales salvajes, la curación, las

también este suceso de la avidez de ser amado hasta la enajenación, hasta el embebimiento, hasta el éxtasis, tal como sucede con el amor a lo absoluto adorable. El absoluto adorable que no es precisamente el dios Apolo, relativo, como todos los dioses que sirvieron a la luz antes de que la luz misma naciese aquí, en la tierra. Servidores y asimilados sin duda todos los dioses y figuras de la luz, a la luz entera y a su verbo.

La luna asimila la luz del sol, este sol que ciertamente no coincide con el Febo romano, con el sol. Apolo[33] es portador

---

tierras salvajes y de la castidad. Al principio de su desarrollo, era identificada con Hécate, la feroz diosa primigenia preolímpica. Más tarde pasó a estar más identificada con Selene, a la que terminó suplantando, como diosa lunar que complementaba la identificación de su gemelo con Helios como dios solar. Artemisa también asimiló a Cariatis (Caria). Fue honrada en todas las regiones agrestes y montañosas de Grecia: en Arcadia y en el territorio espartano, en Laconia y en el monte Taigeto. Su más célebre santuario fue el de Éfeso, considerado una de las siete maravillas del mundo. En Roma fue muy venerada en el monte Tifata cerca de Capua y en los bosques sagrados (tales como Aricia, Lacio). Las jóvenes eran iniciadas en el culto de Artemisa en la pubertad. En el arte, fue retratada con una media luna sobre su cabeza y con su arco y sus flechas, creados por Hefestos y los Cíclopes. En ocasiones también usaba el nombre de Febe, la forma femenina de la de su hermano Apolo, Febo. Entre las víctimas de Artemisa figura el cazador gigante Orión. Hay varias versiones sobre el motivo desencadenante de la muerte: o bien Orión fue castigado por la propia Artemisa con la picadura de un escorpión por su soberbia y presunción de ser el mejor cazador y confrontarse con las bestias de la tierra, o bien, Artemisa se vengó de Orión por quererla violar.

[33] Apolo, como ya hemos señalado, es el hermano gemelo de Artemisa e hijo de Zeus y Leto. Después de su nacimiento en Delos, Zeus regaló a su hijo una mitra de oro, una lira y un carro tirado por cisnes. Luego le ordenó que fuese a Delfos, pero los cisnes le condujeron primero a su país, a orillas del Océano, en la tierra de los Hiperbóreos, donde permaneció un año. Fue, más tarde, a Grecia, llegando a Delfos en pleno verano, rodeado de cantos y de un ambiente festivo. La naturaleza celebra también su llegada a través del canto de las cigarras y los ruiseñores, y las aguas se vuelven más cristalinas en su honor. Desde entonces, cada año se conmemora en Delfos con hecatombes la llegada de Apolo. Allí, el dios mató con sus flechas al dragón Pitón que protegía un antiguo oráculo de Temis, pero el dragón, lejos de cumplir su cometido, realizaba toda clase de fechorías: enturbiaba los manantiales, robaba el ganado y a los aldeanos y asustaba a las Ninfas. Apolo liberó del monstruo a su tierra y fundó en su honor unos juegos fúnebres, los Juegos Píticos. Se apoderó del oráculo de Temis y consagró un trípode —uno de los emblemas de Apolo— en el santuario. Sentada en él, la Pitia pronunciaba sus

de la luz hiperbórea, sobre-solar, aunque aquí en la tierra sea dada por el sol; un sol que nunca se oculta. Un suceso que se da allá en el polo, en el punto inhabitable tras de la catástrofe que torció el eje del planeta. Es la luz que quedó de antes; luz perdida para los habitantes de la tierra que conocemos y que el dios Apolo traía a su tierra de elección —la antigua Delfos— periódicamente, obedeciendo así a la ley de la ocultación de la luz que se nos dejó establecida. La Luna, ella, diosa que quizá se rebeló contra la ocultación, lo paga con su fase de ocultación completa, aparece en sus fases disminuida, creciente, plena, ávida de derramar la luz que no es suya y que la posee. Patrona poseída del amor que roba, del sueño sustraído, de la vigilia amenazada de locura, de alguna más que enfermedad, dolencia, estigma de su luz, generadora de los venenos; de los venenos pálidos, dulces, que dan el adormirse. Sin fuego. Ya que su luz hay que reconocer que está limpia del fuego solar, luz acuosa sin la fuerza del alacrán solar, que genera, sin duda, y pone su firma en dolencias tales como la llamada en la Edad Media «Feu sacré». Una firma sobre la piel tersa de ese alacrán que el sol suelta como signo quizá de su fuerza, de su venganza por tanta vida y fuego como nos da.

Mas la luna, ella, no tiene fuego, atrae, en su avidez incontenible de ser amada, a costa del ser que la mira y que de ella

---

oráculos. Se le representa como un dios muy hermoso, alto, con unos largos bucles negros de reflejos azulados, como pétalos del pensamiento. No extrañan, pues, sus numerosos amoríos con Ninfas y con algunos muchachos. Sus símbolos representativos eran el arco y la flecha, además de la cítara, el plectro y la espada. Era considerado el dios de la luz, del sol, de la verdad y de la profecía; también de la medicina y la curación, sobre todo, gracias a su hijo Asclepio; como dios de la música y de la poesía, presidía en el monte Parnaso los concursos de las Musas. Sus oráculos se expresaban en fórmulas versificadas e inspiraba tanto a los adivinos como a los poetas. Comparte esta función con Dioniso, pero la inspiración apolínea era más mesurada e iluminadora que la dionisíaca. Apolo simbolizaba la armonía, el orden y la razón, frente a las características de Dioniso, dios de la ebriedad, del éxtasis y del desorden. Los griegos pensaban en estos dos dioses como complemetarios: eran hermanos y cuando Apolo en el invierno se marchaba a la Hiperbórea dejaba el oráculo de Delfos a Dioniso. La significación filosófica de lo apolíneo y lo dionisíaco fue explorada por Nietzsche en el *Nacimiento de la tragedia en el espíritu de la música* (1872).

se queda prendido, llevándolo hacia sí, hacia el mar acuoso que su luz crea; una luz como de galaxia que quizás es lo que ella dejó de ser, desprendiéndose de alguna galaxia de la que guarda nostalgia —Galatea ella según el mito, uno de esos mitos infalibles de la poesía griega. ¿Y quién en la luna se mira? ¿Quién la ama hasta dejarse en ella su ser? Tal vez la planta sacra: la cicuta. Como de rodillas la cicuta en un campo entero se vuelve hacia la luna inclinada su flor pálida como una frente pensativa, como una frente exhausta por el pensamiento. Ávida de ser luminosa quizá, la cicuta, planta de la luna, se arrodilla ante ella y la mira. Y como ojos se vuelve toda la cicuta que no acaba de tener una mirada, absorta, embebida por la presencia de la luna que ha encontrado al fin su planta, su ser vegetal adorador, sin el cual ninguna divinidad del cosmos llega a serlo cumplidamente. Y si alguno no la tiene es por una renuncia, con esa elegancia que aun en los dioses se da por la renuncia de pasarse sin alguno de sus atributos.

Y al verla así, arrodillada y absorta, la cicuta llega a ofrecer un rostro que se le ha abierto. Su flor alcanza la grandeza de esos rostros de orantes que unidamente con las manos extendidas y abiertas está a punto de desprenderse de su cuerpo. Mas ellos suplican al borde del éxtasis, mientras que la blanca flor de la cicuta ha entrado ya en el éxtasis, en esa luz acuosa y ambarina que la luna parece emitir sólo para ella; luz de pintura se diría en la que no es posible entrar. Y aunque se esté al par que la cicuta por ella bañado, no se es tocado por esta luz, ámbar desleído, luz sustancial como ninguna otra luz de la naturaleza.

Y se siente que de esta luz pastosa, en la que la flor de la cicuta encuentra su éxtasis, al veneno no hay más que un paso. Un veneno que la flor envía al tallo que la sostiene, concentración del rencor hacia lo que no cede aunque se doblegue, y que sigue sosteniendo al ser que adora a la luna sumergido en su luz refleja. Una luz que es sólo luz, sin fuego, propio reflejo de una lejana y ajena combustión. Fríamente cae la luz lunar buscando tal vez, por encima de todo, encenderse, y tan sólo enciende pálidas flores que muestran en su desmesurada apertura sus blancas entrañas, como las de una piña que se ha abierto y está en camino de deshacerse, de borrarse fundida con la luz pastosa; de confundirse con ella para siempre. Y se confunde al transformar esta sustancia de luz refleja en veneno mortal. Extraño veneno nacido de la quietud de esta flor que no puede ni aun de día ser inocente, pues que mira, y hasta se asoma por entre los barrotes de una ventana que bien podría ser la de una celda, ávida como un pensamiento que no llega a serlo por faltarle la chispa de fuego indispensable; blanca y cada vez más blanca en su desplegarse que alude a la masa cerebral, ofreciéndose como una santa, prometida a la santidad de la muerte apurada por sólo haber pensado. Suceso que ella, la cicuta, parece no haber olvidado, no poder nunca olvidar.

La Medusa

Cayó al fin bajo la espada de Perseo la cabeza de la Medusa[34]. ¿Tenía cuerpo acaso? No había de ser un cuerpo carnal, ni tan siquiera al modo de los cuerpos de los seres marinos. De su «sangre» en la tierra nació Crisaor, un ser áureo

---

[34] Medusa era una de las tres Gorgonas, hijas de dos divinidades marinas, Forcis y Ceto. De las tres, sólo Medusa era mortal. Su cabeza estaba rodeada de serpientes con grandes colmillos parecidos a los de los jabalíes, tenía manos de bronce y alas de oro con las que podía volar. Sus ojos echaban chispas y su mirada era tan penetrante que convertía en piedra a aquel que la mirara. Era temida no sólo por los mortales, sino también por los dioses, a excepción de Poseidón que la dejó encinta. Perseo, obedeciendo órdenes de Polidectes, tirano de Séfiros, y aconsejado por Atenea, decidió matar a Medusa y lo logró cortándole la cabeza con una espada, gracias a las sandalias aladas que le había prestado Hermes. Para evitar mirarla, utilizó como espejo su pulimentado escudo y la mató mientras ésta dormía. Del cuello cercenado de Medusa salieron los dos seres engendrados por Poseidón: Pegaso, el caballo alado, y Crisaor. Atenea utilizó la cabeza de Medusa para ponerla en su escudo y poder convertir, de este modo, a sus enemigos en piedra. Perseo recogió también la sangre que fluía de su herida, pues estaba dotada de propiedades mágicas: la sangre de la vena izquierda era un veneno mortal, mientras que la de la derecha era capaz de resucitar a los muertos. Además, mostrar un solo rizo de su cabellera infundía tal temor que era suficiente para hacer huir a todo un ejército. La leyenda de Medusa sufrió una evolución desde sus orígenes hasta la época helenística. Comenzó siendo un monstruo temido, una de las divinidades primordiales, y acabó siendo considerada como una joven doncella víctima de una metamorfosis. Efectivamente, la leyenda cuenta cómo Medusa había sido una doncella que había osado rivalizar en belleza con Atenea, sintiéndose especialmente orgullosa de su cabellera. Para castigar su soberbia, Atenea transformó sus cabellos en serpientes (cfr. Pierre Grimal, *Diccionario de mitología griega y romana*, Barcelona, Paidós, 1994).

como su simple nombre indica, un caballero. Y el caballo alado. Pegaso. No eran propiamente de la tierra. La promesa de esta extraña criatura anunciaba quizás otro reino en el que algo había de subsistir del mar, o quizá no, si se entiende que el mar sea el abismo donde la vida guarda gérmenes, esbozos, esquemas de criaturas inéditas todavía, y donde se alojan al par, aquellas de imposible nacimiento al menos en este orden del tiempo. Seres o proposiciones de seres necesitados de un orden inimaginable que les aguarda. O para quedarse así, si es que se entiende que las aguas amargas sigan siendo un lugar donde la vida es posible sin mayor determinación ni condicionamiento que la de ser un algo viviente.

Y la belleza de la Medusa, criatura impar, seguiría siendo el foco mismo del terror, su centro original a través de los tiempos. La figura del poder subsistente del abismo de las aguas para proseguir aún, fecunda ella por el dios mismo, el rey del Océano, su ancestro. Ya después la cabeza de la Medusa ornada[35] de alas, como el caballo Pegaso, aparecía como guardiana de los Ínferos para la absoluta pureza buscada por los neopitagóricos en la Basílica subterránea que construyeron sin poder nunca llegar a usarla en Roma, según Jerome Carcopino[36].

Y aquí y ahora, en el mar, el animal nombrado Medusa ofrece algo así como un vaciado del cráneo: una membrana que hace pensar en la *pia mater* o en la *dura mater*, envolturas de nuestro cerebro. De sus bordes prenden hilos transmisores de lo que este esquema cerebral necesita saber, noticia de la mayor o menor densidad de las aguas por donde transita. Un esquema, pues, del sistema nervioso, incompleto también; el hueco del cerebro y los vibrantes, sueltos filamentos

---

[35] Esta palabra es ortográficamente incorrecta, y debería haber usado «coronada» o, en todo caso, «adornada».

[36] El nombre propio está mal acentuado. Se trata de Jérôme Carcopino (Verneuil-sur-Avre [Eure], 1881-París, 1970), un historiador francés, especializado en la Roma antigua y que impartió clases de historia romana en La Sorbona desde 1929 hasta 1937. La obra de este historiador a la que alude Zambrano es *Estudios romanos. I, La Basílica pitagórica de la Puerta Mayor* (1926).

al modo de una cabellera. Un sistema nervioso pues, que no ha encarnado todavía o que se ha desencarnado ya. Para la simple mirada que recoge esta presencia real —fuera del conocimiento científico— es la visión del origen remoto de la sede del sentir y del pensamiento, o bien de un designio que se ha quedado detenido, de un sistema nervioso y cerebro, albergue de un otro modo de pensamiento. Como indicios y sentidos no hay en esta viva Medusa, la simple mirada no científica, puede presentir algo así como la sede o designio de un pensamiento sin la apertura de los sentidos; de un pensar puro sin más receptividad que la que atañe al lugar donde como puro ser, el ser del pensamiento, transita, al modo de un insensible estratega.

Y esta criatura que no posee ni un mínimo esqueleto, se acuerda perfectamente con la petrificación originada por la Medusa del mito[37], lejos del esqueleto y de la carne al par. ¿Se ha librado ella del terror que su diosa inspiraba? Figuras las dos del abismal terror originario. Figuras de sueño.

Viene el terror como todo lo primario del sueño y del soñar. Del sueño originario que esparce terror y esperanza con tanta frecuencia indescifrables y posesivos. Solamente liberador este sueño que arranca de los orígenes, porque da a ver y a sentir lo que en la calma de la vigilia y aun en esas raras calmas que la historia consiente, y que forman parte de su poder de seducción, se dan. Acomete el terror al que dormido lo respira, sobrecogiéndolo para poseerlo enseguida, deteniendo su aliento, petrificándolo. O inmovilizándolo a lo menos. Y también, llevándolo hacia el otro reino, ése de donde lo único sea vivir, seguir estando vivo o, por el contrario, ofreciéndole el otro reino donde la determinación no haya lugar, donde el terror que viene del origen sea eludido por tanto. Y el pensamiento, así se le aguarda, pueda ser

---

[37] En el mecanoescrito, el texto continúa así: «por la Medusa del mito, quizá porque la elude, la hace imposible para sí misma, lejos del esqueleto...».

como un desconocido que llama a la puerta sin llamar y que dice sin pronunciar palabra.

La imagen de la Medusa marina despierta en el fondo insondable de las aguas del sueño el anhelo y el temor entremezclados de un pensamiento no asistido de los sentidos ni condicionado por ellos. De un pensamiento absoluto que no sería ya tampoco un pensamiento asistido del pensar —del esfuerzo y de la tensión del pensar—, ni por el tiempo. Un saber sería más bien; un saber sobre el tiempo, sobre las aguas del tiempo, y no solamente sobre el abismo del indefinido e indefinible nacimiento. Un saber absoluto que al darse aquí, tendría sólo la necesidad de recibir noticia acerca del lugar donde su receptáculo se encuentra; señales de ese su transitar por los mares del tiempo, para mantenerse en las zonas que le permitan no ser sumergido, ni arrojado fuera. Un sueño que quizás haya sido filosóficamente formulado. Lo que anda lejos de ser dicho como una condenación absoluta de este filosofar. No puede ser acusado un filosofar por extraer una esperanza —aunque no pueda verificarse aquí— del abismo del terror originario. Y todavía más, en los escasos claros de la historia, el pensar filosófico y el poético han creído que tenían que aventurarse a dar forma —determinación— a lo que se agita en lo indeterminado; volver la mirada hacia el albor del pensar griego, al «apeiron», lo indeterminado de donde «la justicia del ser» destaca todas las cosas que son, que son por ahora, se entiende.

Los ojos de la noche

Acaso no hubo siempre en la vida, y en el ser humano con mayor resalte, esa ceguera que parece ser congénita con el poder de moverse por sí mismo. Todo lo vivo parece estar a ciegas; ha de haber visto antes y después, nunca en el instante mismo en que se mueve, si no ha llegado a conseguirlo por una especial destreza. El ver se da en un disponerse a ver: hay que mirar y ello determina una detención que el lenguaje usual recoge: «mira a ver si...» lo que quiere decir: detente y reflexiona, vuelve a mirar y mírate a la par, si es que es posible.

Parece que sea la ceguera inicial la que determine la existencia de los ojos, el que haya tenido que abrirse un órgano destinado a la visión, tan consustancial con la vida, como la vida lo es de la luz. Y los ojos no son bastante numerosos, y al par, carecen de unidad. Y ellos por muchos que fueran no darían tampoco al ser viviente la visión de sí mismo, aunque sólo fuese como cuerpo. El que mira es por lo pronto un ciego que no puede verse a sí mismo. Y así busca siempre verse cuando mira, y al par se siente visto: visto y mirado por seres como la noche, por los mil ojos de la noche que tanto le dicen de un ser corporal, visible, que se hace ciego a medida que se reviste de luminarias centelleantes. Y le dicen también de una oscuridad, velo que encubre la luz nunca vista. La luz en su propia fuente que mira todo atravesando en desiguales puntos, luminosos ojos de su faz, que descubierta abrasaría todos los seres y su vida. La luz misma que ha de pasar por las tinieblas para darse a los que bajo las tinieblas vivos y a ciegas se mueven y buscan la visión que los incluya.

Mas luego bajan las alas ciegas de la noche, caen y pesan, siendo alas, sobre el que vive anclado a la tierra. Y la sombra de esas alas planeará siempre sobre la cabeza del ser que anhela la visión que le ve, y que vela sus ojos cuando, movido por este anhelo, mira.

Y de esas alas de la noche ¿no habrá contrapartida en las veloces alas del nacer del día y en las de su ocaso —llamas, fuego que tanto saben a amenaza?

Y aparecen las alas del Querubín, sembradas de innumerables, centelleantes ojos. Un ser de las alturas, de la interioridad de los cielos de luz, que aquí sólo en imagen se nos da a ver; alzadas las alas, inclinada la cabeza, imponiendo santo temor al anhelo de visión plena en la luz que centellea en los ojos de la noche.

La unidad y la imagen

La imagen, aun considerada en sí misma, es múltiple, aunque esté sola. La conciencia la sostiene sabiéndola imagen. Y la posibilidad se abre a su lado; podría ser diferente y es quizás así, tal como se da a ver. Su ser de abstracción no le da fijeza, más que cuando un intenso sentimiento se le une. Y entonces asciende a ser icono: el icono forjado por el amor, por el odio, por el concepto mismo, especialmente cuando la imagen encierra la finalidad.

El punto

Ya que el devenir dejado a su correr declina, la conciencia necesita enderezarlo una y otra vez; a solas no deja de caer desviándose hasta perderse de vista, cayendo bajo el nivel del tiempo y del no-ser: caído en el pasado, o enterrado a medio nacer, o larva de pensamiento.

La referencia al futuro del devenir que atraviesa la persona humana y que le es dada por ella, no es suficiente para contener ese su declinar. La finalidad definida por su sola presencia en la conciencia basta para que en el río inacabable de «vivencias», y más aun de las que están ligadas a los sucesos que afectan a la persona, el declinar no se produzca. En principio, los sucesos no sostienen a la persona, aunque se le presenten como favorables. Y el exceso de facilidad favorece el declinar insensible de la persona misma. Y la dicha puede llevarla, como la desgracia, a las márgenes del tiempo.

Pues que la presencia, raras veces total, del futuro, al fundirse con la corriente de pensamientos a medias formulados, de sentires incipientes, de sensaciones confusas, se anega en la corriente temporal fácilmente. Y aún puede la finalidad irse desgastando, convirtiéndose en pasado insensiblemente, tomando las notas cualitativas del pasado por el vacío que deja su incumplimiento. Y la finalidad así desleída se convierte en posibilidad. Y la posibilidad tiende a desarraigarse del presente, a evaporarse o a condensarse en «lo que hubiera podido ser». Y ha de surgir una razón, una mediación entre la finalidad que llega desde la altura y la lejanía del futuro, de tanto mayor inmensidad cuanto más decisiva, total, sea la finalidad, y ese devenir en que la persona está debatiéndose y que tiende a sumergirla. Una razón, abstracta sin duda; más todavía, ideal. De naturaleza una, la presencia irreductible, indisoluble, inanalizable. Sin figura y sin forma, a no ser que indique como un signo el núcleo irreductible de toda forma pura; de la forma en sí misma, sin más.

La forma de lo uno, si alguna vez la tuviera, en la que coinciden perfectamente fondo y forma: identidad. Una forma de identidad apta para ser mediadora, un punto de mediación.

Inasible, el punto marca, señala, establece sin llamar a la discusión y sin que de su presencia dimane —al menos en un primer momento— alguna ley. Lo que propone es como la posibilidad de la imposibilidad, lo inverosímil de la verdad, el signo del ser que no puede confundirse con la realidad ni entrar en ella, mas que la atrae y la sostiene. Sombra real de un remoto, irrepresentable centro. El punto no representa nada, es su sola aparición. —La dualidad de contenido y forma es la que hace posible la representación y cuando en una figura del arte o de la vida coinciden, la representación ha quedado abolida, aunque se trate de arte representativo o de humanas figuras cargadas de representación—. El punto es, simplemente. No es causa ni efecto, ni indica ninguna dirección a tomar al que lo mira; su primaria acción es el desprendimiento que no sin cierta violencia opera en quien lo mira. Y quien a él se remite se desprende ya por ello del devenir que lo envuelve y está a punto de sumergirle. Y así viene a encontrarse sostenido por él, como si el punto fuese lo que no sólo no es sino que parece negar: un lugar.

Un lugar es por definición un espacio donde se puede entrar, o donde hay dentro algo o alguien. Y el punto nada tiene dentro ni nada puede albergar ni por un instante —un instante, que es su equivalente en el tiempo. Sugiere entonces la posibilidad de vivir sin lugar; sin lugar alguno en un total desprendimiento. Y que ello no dure no quiere decir que no sea. O que no sea al menos, como antesala o nártex[38]. Como

---

[38] El nártex en las basílicas románicas es el atrio separado del resto de las naves por divisiones fijas, destinado a los penitentes y a los catecúmenos (no bautizados). El modelo proviene de las antiguas basílicas paleocristianas.

una anticipación de un modo de vida en el que la transcendencia se cumpla.

Y el que tal imposible no dure, el doble imposible de no poder albergarse en la pureza del punto, ni la de que inmediatamente se revela de vivir sin lugar alguno, el que haya sido real y verdaderamente, mas sin duración, no lo desmiente ni lo desvaloriza. Por el contrario, revela un modo de vida que no se extiende en la duración. Un vivir que no prolifera. Un puro vivir la cualidad o esencia de la vida sin cantidad y sin medida. La inmensidad del vivir solo, del sólo vivir. Como una profecía de la vida desprendida de su extensión, de su duración: del lugar, y del espacio-tiempo; de la inevitable relación que toda vida sostiene con la causalidad y también que a toda vida acompaña. Muestra la profecía de la vida alzándose sobre las categorías que la sostienen y la cercan; que la desgarran también, ya que no alcanza a contenerla salvándola de su declinar, de ese declinar que lleva consigo todo devenir.

Y queda igualmente la persona que por tal experiencia pasa, con el saber de un vivir sustraído a la causalidad, por encima de la cadena de las causas que parecen, por su sucesión forzosa y previsible, sostener el flujo del devenir. Mas que en verdad un día se muestran como estabilizándolo, perennizándolo sin rescatarlo. La causalidad en el fluir de la vida hace perenne su limitación y al darle cauce la hace durar indefinidamente, y la estabiliza en la duración indiferente, subyugada bajo la indefinida necesidad su transcendencia, lo imprevisible de lo transcender.

El punto fijo por sí mismo se desplaza. Se desprende de todo plano sin que ese su desplazarse engendre línea ninguna, ni marque la aparición de otro plano. Se libra en su soledad, se libera y se da al par con ella. Está fuera del espacio sin estar por ello en el vacío, sin ser un hueco ni nada que le pertenezca. No pertenece al espacio ni al tiempo. Mas con su soledad unifica a los dos y los distingue, haciendo del espacio una infinitud y del tiempo una concreción.

La meta

En el conocimiento y en la pasión activa inevitablemente se presenta el punto absoluto. El simple punto referencia que sostiene la vida por encima de la imposibilidad del ser, desaparece y sólo se va identificando paso a paso y si se trata de la muerte, *a posteriori*, en el punto absoluto, irremovible.

En la vía del conocimiento, según se abre la conversión del punto de referencia en punto absoluto, se hace visible. Pues que primeramente fue más ancho, el punto, eso que se llama una meta, que se aleja según el horizonte, se alza y se agranda. La meta inalcanzable. En algunos instantes se ha llegado hasta muy cerca de ella. Era un recinto en el que no siempre se ha entrado, por sentirlo vedado o extraño y hasta irreal. Es el punto abierto en círculo, abierto y al par inalcanzable. Y si está habitado por un contenido de posible conocimiento, penetrar en él, disponerse a hacerlo, sería ciego error y grande falta al par. Sería su allanamiento. Lo que se presenta circularmente cerrado es imagen que porta el mandato de que debe ser recorrido ese cerco. Pues que el cerco se transforma en cárcel si se logra entrar en él por la violencia del entendimiento que tantas veces en Occidente se ha ejercido. La llamada que abandonando toda violencia se siente aparece nítidamente, después, si no en un primer momento, es la llamada a girar en torno, a dar vueltas en torno a la meta siempre provisoria, relativa. Y el dar vueltas o darle vueltas, el «darle vueltas al asunto» como en la vida diaria se dice comúnmente, corresponde a la relatividad de su manifestación aquí y ahora, pues que se muestra para eso, para ser vista desde todas sus caras. Ya que la meta sin figura se confunde con el horizonte, y fluctúa, no es determinante. Es, sí, una orientación, y una llamada a ese girar en torno, signo de fidelidad, de aceptación del tiempo, de la relatividad que no renuncia al absoluto.

El punto oscuro y la cruz

Cuando se yergue y acomete y precisamente en la calma, el yo se hace sentir como un punto oscuro. Y la calma se va tornando en simple inmovilidad y el tiempo se condensa, oprime el corazón. Entre el pensar y el sentir no se establece comunicación alguna y los sentidos —infalibles índices— se retraen. La percepción nítida nada trae, nada revela. Mas luego, en un instante, el punto oscuro del yo se viene a encontrar como centro de una cruz; entonces, sin sobresalto alguno, el corazón ocupa su lugar, se hace centro.

Y el ser se siente extendido en una cruz formada por el tiempo y la eternidad. Y no es un simple tiempo sucesivo este que se cruza con la eternidad; se abre o está a punto de abrirse en múltiples dimensiones. El corazón del tiempo recoge el palpitar de la eternidad, el abrirse de la eternidad. Y el tiempo fluye como río de la eternidad.

Y si siempre fuera así, si siempre el ser humano se mantuviera extendido en esta cruz, viviría de verdad. Mas no puede suceder así de por sí. O más bien, contrariamente, sólo de por sí podría ser así siempre. Mas mientras tanto, el corazón aún oscuro, con su pasividad, un vaso con su vacío nada más, tendría que ser el centro, sin someterse al yo que lo suplanta.

VIII
La entrega indescifrable

La entrega indescifrable

LA ACEPTACIÓN — EL VELO

Por largamente que un ser humano haya suspirado por morir, sólo el «Fiat» de la muerte se lleva el último suspiro y ese desfallecimiento del que ya no es posible volver en sí, volver a sí. En sí, en la comunidad de los vivientes; quizás el que parte entre en sí saliéndose de la vida, otorgándose, dándose, aunque en términos lógicos parezca que no sea necesario, en la aceptación de un imperativo inapelable. Mas el morir, esa inasible acción que se cumple obedeciendo, sucede más allá de la realidad, en otro reino. Como si este suceso fuera el de una doble, indescifrable entrega. El que se va entregado a esa inapelable llamada, no ha podido decir su palabra audiblemente. El anhelar morir no es todavía el morir mismo. Y desde afuera, el que se ha quedado extraño por entrañado que estuviera en el ser que se le va, no ha oído nada, puede a lo más percibir un sí, el Sí absoluto que se asemeja al del amor, al de toda forma y modo de amor, y ha de ser así también, un sí de amor, una respuesta a la llamada irresistible que siendo ejecutiva, pide ser aceptada a lo menos.

Mas lo que queda no es más que la presencia, la hermética belleza de un cuerpo casi vivo que en un instante ha sido abandonado por el fuego que lo habitaba. Y nace entonces la belleza, en una claridad nunca vista que parece desprenderse de ese instante único, una claridad sin signo alguno del fuego. Luz y fuego se han separado.

Y la belleza se extiende como un velo sobre ese cuerpo liberado del fuego del aliento, presencia pura sin rastro alguno de exteriorización. Está en sí tan verdaderamente que no volverá a sí como antes, cuando respiraba, que estaba en sí y en otro, en lo otro desde el nacer. Irá ahora hacia sí. Mas el velo de la belleza se tiende sobre la verdad que se quisiera ver y que deja ver tan sólo algo así como un cuerpo celeste.

Un cuerpo celeste a la merced de la luz, que ella nos deja ver suspendiendo el tiempo. Y la claridad que irradia de esta presencia pura no rasga el velo de la belleza, parece más bien estar formándolo. Y la muerte y su verdad se nos da así a ver velada por la indefinible y naciente belleza. Y el ser, ese que no volverá más en sí, se hace sentir alentando, palpitando, bajo su velo.

Y se diría que la belleza toda sea el velo de la verdad y que la vida misma que se nos da sea el velo del ser. Y que su ser se le esconda al viviente mientras vive para desplegarse solamente en la total entrega.

Y que un ser divino esté muriendo siempre. Y naciendo. Un ser divino; fuego que se reenciende en su sola luz.

LA MIRADA REMOTA

La soledad, aquella más pura no tocada por el afán de independencia ni por el sentimiento de encontrarse aislado, la soledad aceptada en el abandono, recibe el don de la mirada remota que la sostiene. Es dudoso que exista en el hombre una soledad total, esa que algunos filósofos y poetas suponen vaya a ser la soledad del que muere. Y en ese caso diríamos ¿por qué no del que nace? Y si se siente la esperanza del resucitar, ¿por qué no la del resucitado? Mientras que el sentir originario que brota desde más allá de las situaciones y de los sucesos que las circundan, el sentir irreductible de la criatura llamada hombre testimonia de lo imposible de la soledad radical. Y la huida de la soledad pura testimonia a su vez de esa especie de incondicionada presencia, de esa compañía indescifrable.

El silencio es la nota dominante de esta aceptada soledad que puede darse aun en medio del rumor y del bullicio, y que florece bajo la música que se escucha enteramente. Es el silencio que acalla el rumor interior de la psique y el continuo parlar de ese personaje que llevamos dentro, y que la exterioridad ha ido formando a su imagen y semejanza: banal, discutidor, contestatario; el que tiene razón sin descanso, capaz de hacerla valer sin tregua, frente a algo, y a solas frente a nada; guardián del yo socializado y sobre todo de eso que se llama la personalidad, el que no puede quedarse callado y en alta voz lo dice, añadiendo como causa y motivo de su incesante hablar «frente a la injusticia». «Frente a la iniquidad», aunque luego cuando ellas están ahí ante sus ojos suele callarse. Y colabora con sus razones para enconar la soledad del aislado y no permitirle así que su aislamiento ascienda a ser soledad pura, que acaba así siendo al modo de un delirio de la psique sometida a la representación social y aun más a la representación del papel social del que el sujeto que lo alberga se cree investido.

Viene el silencio como si descendiera desde lo más alto sobre la soledad y la recoge como ofreciéndola, casi dándole un nombre, y la conduce sin crear movimiento alguno en el ánimo; imperceptiblemente la envuelve. Todo es inmediato y no hay camino. La mirada remota se hace sentir. Una mirada sin intención y sin anuncio alguno de juicio o de proceso. La mirada que todo lo nacido ha de recibir al nacer y por la cual el naciente forma parte del universo. Y que a ninguno de los seres que lo pueblen podría serle ajena. Lo monstruoso para la mirada humana que nos mide sin reconocernos, queda borrado bajo la mirada remota, que reconocerá al monstruo como algo no todavía formado, o como fragmento de una forma, quizá de igual manera que al ser extraordinario cuya perfección humana admira la humana mirada. Pues que también él, el ser logrado que parece uno, ser el que es y el que iba a ser, para que la mirada indescifrable sea análogamente al monstruo; un ser a medias, que carece de algo, o más gravemente aún, que lo ha consumido en aras de su forma visible y de su mente, si es que en verdad es de su mente y no de su simple inteligencia instrumental. Pues que todo está naciendo, aunque en nuestro humano tiempo dure tanto como el tiempo concedido a cada vida. Allá en lo hondo, y más aún sobre lo alto, planea el tiempo que separa y que tiende a la eternidad, el tiempo que mana como agua junto al ser para alimentarlo. Y en esta cripta del tiempo que mana penetra la mirada remota, calladamente.

EL SOL QUE SIGUE

Y parece imposible todo proseguirse ante la muerte, dentro de la muerte, en la muerte misma, sin morir. Impenetrable, absoluta, la muerte ha tomado posesión del que queda aquí de este lado, mas dejándole sin lugar, sin cabida en hueco alguno. Y así la pálida certeza de que aquel que se ha ido, sin dar señal desde su allá, vaya a ser en ese allá concebido nuevamente, arroja como su sombra a este que aquí ha quedado que sea él, el inconcebible. La muerte, como todo lo inconcebible, hace así con el que la contempla. ¿Y cómo puede dejar de contemplarla el que ha perdido el uso de los sentidos que han ido a reunirse todos en la sordera ciega, refractaria a toda voz, al llanto mismo? Nada fluye. Todo está ahí, el todo amorfo de la acumulación del tiempo inconcebible a su vez.

Pues que no puede concebirse lo que no puede ser soñado, reconducido a través de una galería de sueños entreverados de despertares, al sueño originario de la creación, aquél donde la vida fue despertada por la luz primera, sin ojos aún. Ya que antes de que las formas y las figuras aparezcan hay ojos que las aguardan. La oscuridad y la niebla se hacen ojos, derrotando a las tinieblas con eso sólo una y otra vez. Y cada vez es el comienzo, que anuncia al par vida y visión. Todo se irá concibiendo.

En la tiniebla de la inconcebible muerte, los ojos no se dan a ver. Es el sol del día siguiente el que hace abrirse a los ojos, unos ojos que pueden mirarlo de frente, cara a cara, como al ojo inconcebible de una visión sin aurora. Un sol que no alumbra, que despierta simplemente. El escudo de la muerte que da la señal de la vida.

IX

Los cielos[39]

A Diego de Mesa[40]

I

Los cielos son múltiples. Cielo en singular es una abstracción casi inoperante. Uno de esos conceptos que no pueden ni comenzar a ser concebidos, agotado el germen del sentir

---

[39] Este texto fue publicado en 1971 con el título «Los cielos y otros fragmentos» en la revista *Exilios* (Nueva York), núms. 3-4, págs. 81-86.

[40] Recientemente, José-Miguel Ullán publicó una antología de textos zambranianos, titulada *Esencia y Hermosura* (Barcelona, Galaxia Gutenberg-Círculo de Lectores, 2010). En dicha antología encontramos, en nota a pie, esbozada la siguiente biografía de Diego de Mesa (Madrid, 1912-Roma, 1985) que reproducimos en parte: «Hijo del crítico teatral y poeta modernista Enrique de Mesa, asistió desde niño a las tertulias literarias de Menéndez Pidal, Valle-Inclán y Pérez de Ayala. Combatió en las filas del ejército republicano y estuvo entre los militares que acompañaron al gobierno de la República en el castillo de Perelada y en la salida de España por la frontera francesa el 5 de febrero de 1939. Exiliado en México, allí entabla amistad con Juan Soriano, autor de las ilustraciones del único libro que escribió: *Ciudades y días* (México, Darro y Genil, 1948). [...] Ambos colaboraron en el grupo de teatro *Poesía en Voz Alta*, al lado de León Felipe, Leonora Carrington, Octavio Paz y Juan José Arreola, entre otros. El 16 de abril de 1960, en el teatro Sullivan de la Ciudad de México, se estrenó *Electra*, de Sófocles, paráfrasis y dirección de Diego de Mesa, con decorados y trajes de Juan Soriano. [...] Según testimonio de María Zambrano, "Juan y Diego vivieron juntos, de buena manera, porque entonces todo era de buena manera", llegando a ser, durante su estancia en Roma, sus amigos más próximos y cómplices. Diego de Mesa, traductor en la FAO,

que les corresponde, porque son respuesta, más que al ansia de saber, a la sed y al hambre de la esperanza, y aun de los sentidos que encuentran por ellos pasto y purificación.

Los cielos apetecidos son muchos, mas al ser cielos, son circulares y concéntricos. Sin centro no serían cielos. Y esa especie de centro no puede ser sino común. Forman una esfera total, pues. Mas desde algunos cielos que no están muy adentro de la esfera puede llegar a desgarrarse la dependencia del círculo con el centro, con el centro que aparecería —en el sentir correspondiente— compacto, invulnerable. Y entonces, para aquel en quien sucede tal cosa se abre un vacío por el que irresistiblemente se ve precipitado sin defensa alguna.

Pues que sucede de sólito que se sea prisionero de un cielo y al sentirse así, prisionero, se gire buscando la salida. Se hace entonces el infierno. Se va hacia la superficie que limita el círculo, en el mejor de los casos y puede nacer entonces el conocimiento, ese que se da en los límites mismos del vacío.

Mas en otros casos se desciende hasta el fondo mismo de ese cielo prisión, se cae en las entrañas del cielo y es el infier-

---

fue quien puso en contacto a Elena Croce con María Zambrano». La propia autora relata en un breve artículo consagrado al recuerdo de Jaime Gil de Biedma, «Jaime en Roma», recogido en *Las palabras del regreso* (Cátedra), la siguiente anécdota sobre Diego de Mesa: «Diego de Mesa. Con qué ansia digo Diego de Mesa, que en todas partes estaba. Diego, al cual yo conocí en el Instituto Escuela de Madrid, un día estando de guardia. En el Instituto Escuela había siempre un profesor de guardia para hablar con el de fuera y sobre todo con el de dentro, con el muchacho expulsado de clase. Entonces estaba yo en esa situación, cuando veo entrar a un muchacho, todo un muchacho, bien vestido, con el pelo hacia atrás, como se llevaba entonces, diciendo, como si yo no estuviera, aunque estando, porque me decía a mí: "Mire usted, señorita, hoy no tenía razón, otros días, sí, pero hoy no" (todo esto casi llorando). "Y yo no puedo soportar la injustica". Le dije: "Como sabe, me tiene que dar su nombre, tengo que apuntarle y darle un libro para que lea usted, pero no le voy a dar un libro, le voy a dar la llave de la biblioteca para que usted elija el que quiera". Después, un día bastante más tarde, apareció en mi saloncillo de Roma» (págs. 289-290). Zambrano dedicó, además de este texto, otro artículo más a Diego de Mesa, titulado «Árbol, toro, lira», publicado en *Diario 16,* año X, Madrid, 7 de julio de 1985 (Sup. *Culturas,* núm. 13, pág. VIII) y recogido más tarde en *Algunos lugares de la pintura.*

no. Allí donde el uno-centro no deja, pues que no produce espacio, y no deja tampoco tiempo. Se está poseído y no ya solamente prisionero.

Y puede darse en esta situación una cierta franja donde el espacio-tiempo se abre, se extiende, se otorga. Mas ésta es la zona menos celeste y menos infernal. Se escapa del infierno para ganar espacio-tiempo, y nada más. Nada más por el momento.

Y se intenta llegar a la superficie, subir hacia ella. Y se recae una y otra vez en las entrañas para probar de nuevo la privación del espacio-tiempo. Después las aguas se desbordan, se abren los ríos y las aguas, entre celestes e infernales, nos llevan. Las aguas: cielo-infierno.

Aquel que conoce ha sido depositado sobre las aguas. Moisés, Cristo venido también de las aguas. «El espíritu flotaba sobre las aguas», y el espíritu forzosamente desciende al infierno acompañado de la luz, siendo luz misma. Y al que sucede sentir estas aguas acabará viendo las cosas bajo el agua, en ella: vivas. El agua cielo-infierno es la vida. Y sólo sobre ella, y ya sin vida, al borde anticipado de los mundos, se conoce.

Pues todo está en un cielo. No hay infierno que no sea la entraña de algún cielo.

II

Irremediablemente el primer cielo que ha de alumbrar nuestra noche es la noche misma. El cielo nocturno, que por nocturno corresponde a la oscuridad en que nuestro ser yace. Mas la noche es una oscuridad transitoria y que conduce hacia el alba. Venturosamente la noche nos hace sentir que en ella hay algo más que el ser la separación entre un día y otro día. La noche es ella siempre una sola noche, y aun las mil de la historia inacabable tienen que recogerse, finalizar en una sola noche; una deidad.

Y el cielo nocturno, por enteramente negro que sea, es el primer cielo al que se levantan los ojos y al que se dirige el grito que se alza sin recaer luego, como sucede ante el espejo del día. No hay reflexión de la luz en el oscuro cielo nocturno, no hay claridad refleja. Y no hay intención. Es lo inmediato. A la visión sensible siempre cargada de representación, la noche opone la inmediatez pura, la total pureza en que el ser y el no-ser no se han diferenciado todavía. Como una presencia sin figura que da constancia de las aguas primeras antes de la creación, y bajo ellas, la vida del planeta alienta. Y el hombre, su separada criatura, se rinde en el sueño —aliento de la vida en la sola noche. Esa noche en que la memoria desatada por la imaginación cuenta y recuenta su invento: noche que funde la primera y la última, la noche de su ser en la que alienta, en el olvido, en el sueño sin ensueños y aun más puramente que en la vigilia quieta, salvado sobre las aguas del infierno de la representación, de las historias. Y libre de historia el ser que se ha quedado con sólo el aliento se despierta levemente hacia lo que se le sustrajo y que se quedó remoto e inaccesible. Y alentado por la inmediatez de la presencia de la noche que es al par la suya, su noche inicial, se va despertando hacia el encuentro de aquello negado o perdido que le fue sustraído inmemorialmente por la muerte. No es la muerte a donde se dirige el que sólo alienta en la noche de su ser, sino a lo que no se sabe, hacia lo inexperimentado y quizás inexperimentable, porque de ello no se puede dar noticia, que por oscura que sea la noticia lo recortaría, lo especificaría, lo conformaría. Es la nada, se ha dicho. Mas no es tampoco la nada ni su contrario —¿el ser o la vida?—, sino todo lo que expira sin morir.

Nada debe de turbar la soledad del que se ha entregado a la noche sin luz ni resplandor alguno, que entonces se alza sobre él, como templo, como cielo. Sólo entonces, cuando la limpidez y quietud de su ser se asemeja a la noche misma, cuando se ha olvidado del sí mismo que vigila, de ese sí mismo que envía a los sentidos que le sirven trayéndole noticias de lo próximo y de lo lejano y que ya solamente por ello escinden la unidad que lo alberga, la santa realidad sin nombre; cuando se han depuesto las armas, se podría decir, las que constantemente esgrime sin concederse tregua alguna —ni tan siquiera bajo el soñar— el apercibir para en seguida identificar. Un identificar este que llega hasta a señalar la remota, apetecida unidad como «lo otro». Pues que siente —el despierto normalmente— que la realidad lo asalta y que tiene que liberarse de ella, recortándola, y haciéndola ante todo aprehensible. Y va a captar, a cazar ante y sobre todo, renunciando a toda comunicación, apartando de sí esa primera presencia. La Presencia sin la cual ninguna presencia existiría, ninguna realidad tendría rostro y ninguna verdad podría ser entrevista ni, por tanto, buscada.

Y así, la pregunta por las cosas y por su ser se le dispara al hombre que piensa sin haber recibido, cuan posible le sea, la comunicación que emiten ellas, las cosas, por haberse despertado con excesiva celeridad de esa calma, de ese olvido en el cielo de la noche oscura, el cielo inmediato de la presencia sin nombre ni determinación.

Y de todo cielo inmediato se recae una y otra vez, de un mismo cielo también, ya que ninguno de ellos acoge del todo la condición terrestre. Y el lugar donde se recae, un ínfero —ínfero es todo lugar que está sometido a un cielo— se revela a su vez como un lugar donde no se puede permanecer estáticamente, lugar de combustión insoportablemente activa, mar de llamas puede ser cuando allá arriba, en el correspondiente cielo, se ha vislumbrado alguna luminosidad. Luminosidad, ya que los cielos tienden a hacerse abstractos, por estar atraídos por lo uno: su centro. Y así en ellos el ser individual tiende a sustraerse a sí mismo: tiende a olvidarse de su cuerpo y de su sombra —esa sombra del ser— y sobre todo a enviar lejos de sí su pretensión de existir. Vida y existencia se funden en el acogido por un cielo. Mientras que al recaer en el ínfero, vida y existencia se le confunden, y la una acaba fatalmente sobreponiéndose a la otra. Asfixiada la vida, si la existencia se la sobrepone, y desarmada la existencia, si es la vida la que sobre ella se alza. El peligro para la vida es de asfixiarse bajo el peso de la existencia o de anegarse en el mar originario también. Mientras que la existencia en peligro pierde sus armas, ya que ella lo que ante todo necesita es irrumpir, alzarse en ilimitada rebelión «a la defensiva».

Y así cuando lo que se sobrepone es la vida en el infierno de la inevitable recaída en el fuego, en su arder. La respiración necesita de un cierto fuego diluido según número y me-

dida. Ya que la vida en todos sus grados está sujeta a ritmo
—lo que requiere espacio adecuado y tiempo suyo. Y ocurre
que en este infierno de la vida le haya sido retirado o no lo
alcance todavía y que el ser viviente sufra el infierno de estar
vivo en medio del fuego inicial sin espacio respirable, ese que
cuando estaba arriba en su inmediato cielo era lo que ante
todo y sin pena alguna se le daba: su morada.

Cuando el espacio se le da felizmente al ser vivo, según su
condición, le permite al par que la respiración, la visión. Y cuando infelizmente le deja perdido, en el abandono, incapaz de
visión, lo deja en el desierto. El que se den unidamente el
respiro y la visión, y no como simple posibilidad sino en
acto, es ya un alto, puro cielo.

Y ha de ser, habría de ser siempre la vida la que triunfe
venturosamente cuando el ser viviente recae desde sus cielos
inmediatos. La vida con todos los infernales riesgos que la
acompañan al rebrotar. Pues que la vida brota siempre hacia
arriba, busca lo alto. Y el existir irrumpe, aunque no tenga
enemigo, como una fiera y esquemática proposición, como
un esquema que amenaza al ser viviente en este trance con
una suerte de desencarnación, despegándole violentamente
de su cielo al que se ha adherido llegando con él a fundirse,
perdiéndose en el olvido de sí. Mas cuando recae, si la vida
triunfa se condensa en torno a la llama que renace, la llama
que alimenta y sostiene todo lo corporal. Y en la oscuridad
de la vida de nuevo no perderá del todo ese su vagabundaje
celeste. No se extinguirá en él por completo ese destello de
una cierta celeste carnalidad o corporeidad.

Irresistiblemente brota la vida desde sus reiterados infiernos hacia arriba, llamada por sus oscuros cielos inmediatos,
que se derramarán en luz un día heridos por la aurora. Una
aurora que será una entraña a su vez, una entraña celeste.

Apéndice
El espejo de Atenea

I

De las figuras del terror, la arcaica Medusa se destaca por su belleza y por su ambigüedad. Para acabar con ella, logrando más que su muerte, su metamorfosis, le fue necesario a Perseo el don revelador de Atenea, el espejo que permitía al héroe no mirar directa esa belleza que paralizaba —¿la belleza misma acaso?

De la estirpe del dios de las aguas insondables, Poseidón, la Medusa era la única bella entre sus hermanas, la única joven de ese pueblo de las «Gerias». Mas la amenaza mayor para Atenea[41] era la promesa de un hijo concebido por la

[41] Atenea era hija de Zeus y de Metis y tuvo un curioso nacimiento, pues nació de la cabeza del dios. El mito relata como Zeus, tras yacer con Metis, temió inmediatamente las consecuencias de este hecho, pues había sido profetizado que Metis alumbraría hijos más poderosos que él. Para impedirlo, siguiendo el consejo de Gea y Urano, «la encerró en su vientre». Llegado el momento del parto, Zeus ordenó a Hefesto que le partiese la cabeza de un hachazo y salió de ella una joven completamente armada: Atenea. Al lanzarse pronunció un grito de guerra que fue escuchado en el cielo y la tierra. De ahí que sea considerada como la diosa guerrera, armada de la lanza, el casco y la égida, en la que fijó —como ya hemos visto— la cabeza de la Medusa. Fue una guerrera invicta, incluso contra Ares, el dios de la guerra. Nunca se casó ni tuvo amantes y mantuvo una virginidad perpetua. Actuó de patrona de ciudades como Atenas, Esparta y Mégara y protegió a varios héroes, entre ellos Ulises, a quien ayudó a regresar a Ítaca. En el mundo griego, sobre todo

Medusa de su ancestro y rey en quien se cumpliría sin duda la total revelación de ese linaje adversario. Y no tanto porque de por sí lo fuera, sino simplemente por serlo para el otro linaje, el del hermano de Zeus. Ella, Atenea, no podía, virgen por esencia y potencia, concebir en modo de dar un hijo que prosiguiera en línea directa la estirpe de Zeus a través de la más suya de todos sus hijos. Criatura de elección Atenea, ¿estaba acaso prometida a otra forma de concepción no alcanzada; quizás a la concepción intelectual? Y Atenea le entrega a Perseo no la espada, sino el espejo para que por reflexión el héroe viese la belleza ambigua, prometedora del fruto final del Océano insondable; el espejo para que no viera a la Medusa de inmediato y se librara de todos los sentires concomitantes con la visión. Una figura vista en el espejo carece de ese fondo último que la mirada va a buscar más allá de la apariencia. Pues que la vista se une al oído. Cuando se mira directamente, se espera y se da lugar al escuchar. Nadie escucha a la figura reflejada por un espejo. Mientras que a las aguas se va dispuesto a escuchar. Y nada hay como el elemento acuoso para desatar esta atención, ese ansia de escuchar y esta esperanza informulada de que las aguas —y más todavía las insondables y recónditas, las que no se vierten en el arroyo o en la fuente que tiene siempre su canción— lleguen a sugerir algo y, en caso extremo, en lo impensable ya, den su palabra. Su palabra, si es que la tienen. Y que allá en el fondo del alma se espera que todo lo creado o que todo lo que es natural tenga una palabra que dar, su logos recóndito o celosamente guardado.

Sabia y astuta Atenea, pájaro y serpiente, entregó el don que permitía ver, ver a esa Medusa temible, más que por su belleza, por su promesa. La paralización, ¿no vendría acaso de esa promesa que la belleza a solas en el terror no ofrece, y

en Atenas, es reconocida como la diosa de la razón y de la sabiduría y guarda una estrecha relación con la Filosofía. Su símbolo era la lechuza. Su agudeza intelectual le permitió el descubrimiento de la cuadriga, del carro de guerra, del arado, del rastrillo y de los números. Era también la diosa de las artes de la paz y de la justicia (cfr. Pierre Grimal, *Diccionario de mitología griega y romana, op. cit.*).

que la fealdad a solas, suelta en la disparidad de las noches oscuras, aunque sea de día, arroja? El terror paralizante en verdad no puede relacionarse con la belleza sin más, sino con el futuro y con el pasado que salen al paso del fluir temporal, ocupando el presente. Y quien esto padece se queda en suspenso, en una especie de éxtasis negativo, privado del tiempo, mas no sobre él. Es el tiempo mismo el que se congela y, en casos extraños, se petrifica.

Y cuando la sola belleza tiene esta virtud paralizante ha de tratarse de una belleza insólita, irreductible a cualquier especie de belleza conocida. Y por ello mismo aparece privada de esa forma perfecta que es el atributo, el ser mismo de la belleza. Una belleza insondable, que se ahonda y se despliega sin descanso, que no puede ser contemplada como la belleza pide. La contemplación es la ley que la belleza lleva consigo. Y en la contemplación, como se sabe, es indispensable un mínimo de quietud o por lo menos de aquietamiento; un tiempo largo, indefinido que fluye amplia y mansamente. Es el tiempo de la contemplación que da respiro, libertad, libertad siempre, aun cuando el objeto contemplado subyugue. Efecto este último que puede darse en virtud de algunos aspectos concomitantes con la belleza, y no por ella misma.

La belleza no pide ser sondeada. Y si se hace sentir lo insondable es porque viene de otro mundo, del que parece ser signo y escudo. Un escudo era ya la Medusa del reino insondable del océano. Y Atenea bien lo supo al incorporarla a su escudo. Estampada en el escudo de Atenea, ¿seguiría petrificando al que la miraba, o acaso podía ya ser vista como en el espejo dado a Perseo, para que viera por reflexión? Arrancada de su reino en el escudo de la victoria era quizás un simple trofeo. Y un aviso, sin duda alguna, un aviso de la existencia del otro reino, del reino del terror. Del reino habitado por criaturas a medias nacidas o de imposible nacimiento, por subseres dotados de vida ilimitada, de avidez sin fin y de remota, enigmática finalidad.

Nos propone y ofrece el espejo de Atenea un modo de visión, un medio adecuado para la reflexión en uno de sus aspectos. Nos habla de modos de conocimiento que sólo son posibles en un cierto medio de visibilidad.

La razón racionalista, esquematizada, y más todavía en su uso y utilización que en los textos originarios de la filosofía correspondiente, da un solo medio de conocimiento. Un medio adecuado a lo que ya es o a lo que a ello se encamina con certeza; a las «cosas» en suma, tal como aparecen y creemos que son. Mas el ser humano habría de recuperar otros medios de visibilidad que su mente y sus sentidos mismos reclaman por haberlos poseído alguna vez poéticamente, o litúrgicamente, o metafísicamente. Asunto que aquí ahora sólo queda indicado.

II

Inevitablemente, de toda muerte durante el oficio que de un modo o de otro se celebra y después, cuando ya ha acabado, un terror específico se desprende, como una disminución y aun como una humillación última del ser que la siente. Ha de ser, como todo terror, maléfico por ser utilizable, por ofrecerse como instrumento del ser y de la vida a un tiempo, para sustituir al amor. Y sólo si el amor no huye, el terror se retira, se va diluyendo. Pues el amor tiembla porque pide, y con sólo que alcance el no pedir nada, ni tan siquiera la nada, se descubre en su condición estática, fuera del transcurrir temporal, sin proyección sobre el futuro, ni hacia el pasado. Sin sombra, pues.

El amor sin sombra no tiembla ya. Y el resistir al terror que se desprende de la muerte queda como el oficio sobre todos del amor: a la muerte que nos afecta y a la propia que acecha o se presenta con tantas insinuaciones. Y no es contrayéndose ni adensándose como este amor, que no arroja sombra ni la recibe, disuelve el terror, sino derramándose, casi deshaciéndose sin perderse. Absorbiendo lo que del terror es indecible: algo así como el centro del terror, cuando lo tuviere, y su poder de penetrar. Ya que el terror que viene de la muerte no puede ser rechazado en una reacción vital sin más que afirme en apariencia, tan sólo en apariencia, el triunfo de la vida. Lo que se repite análogamente en el dominio de lo moral. Ninguna ética puede rechazar enteramente el terror de la muerte. La estoica desgrana la razón dividiéndola para que lo penetre inútilmente. Ella ha creado tan a menudo la máscara de la impavidez que sofoca al amor y su llanto, que despide la vida que se ha de ir. Y de ello, de que la vida se ha de ir y se va, avisa el terror.

Pues el terror de la muerte, por ella o ante ella, se hunde allá en la raíz de este modo de vida corporal. No viene propiamente de la muerte sino de la des-encarnación. Y por ello puede sufrirse tan reiteradamente y sin inmediato punto de referencia, en no importa qué edad y situación, porque sí.

Y hay comidas que dan el terror; ciertos bocados en que se llena la boca de un fruto inservible. Y jardines, mortales paraísos. Jardines y una flor sola. Espacios de acusada presencia, vacíos que parecen surgir instantáneamente del abismo en vez de estar ahí, simplemente. Y así todo lo indescifrable, si llega y si mira, si viene mirándonos.

Hermes[42] el conductor, según la extraña revelación de la religión griega ofrecida en sus mitos. Hermes mismo, el de la palabra, en su oficio de conductor de la muerte, trae el inextricable silencio, que retira la palabra al que solamente asiste dejándole a solas con su cuerpo que se obstina en ser y que nunca libra del terror de la desencarnación. Por el contrario, mira lo increíble en el instante mismo, cuando hace nada que la vida asistía a ese cuerpo que se ha quedado «pre-

---

[42] Hermes, hijo de Zeus y de Maya, es el heraldo de los dioses y, como tal, vela por la habilidad en el uso de la palabra y la elocuencia en las asambleas y otras ocasiones. Como diestro orador, era especialmente empleado como mensajero (poseía unas sandalias aladas), cuando se requería elocuencia para lograr el objeto deseado. De ahí que las lenguas de los animales sacrificados le fueran ofrecidas y fue considerado el dios vigilante de las fronteras y los viajeros, al igual que de los pastores y las vacadas. Como los heraldos y mensajeros solían ser hombres prudentes y circunspectos, Hermes era también el dios de la prudencia y la habilidad en todas las relaciones de intercambio social. Se le describe como un dios con una cierta habilidad para el engaño, el robo y la mentira. Quizás su función más conocida es la de psicopompo (acompañante de las almas) o guía de los difuntos, a quienes ayudaba a encontrar su camino hasta el Inframundo griego. En muchos mitos griegos, Hermes es representado como el único dios además de Hades y Perséfone que podía entrar y salir del Inframundo sin problemas (cfr. Pierre Grimal, *Diccionario de mitología griega y romana, op. cit.*).

sente» —según se le llama. Y así la muerte revela el cuerpo, el que hay que entregar a un elemento, a uno de los dos más consistentes y contrarios, la tierra o el fuego, tan ávidos los dos. Y así aunque la presencia del que aún estaba vivo hace un instante no dijera nada que transcendiera su silencio, sería la total realización del terror, su cumplimiento. El primer paso de la temida y siempre soslayada desencarnación. El cuerpo hecho piedra, sacudido por el escalofrío de la sangre que sigue corriendo, por la electricidad que subsiste en el que ha quedado vivo, anulada ya en el cuerpo enteramente presente del que ha huido la vida. Una pura electricidad que subsiste en el que ha quedado vivo. Una pura electricidad en el cuerpo esquemático abstracto de Electra[43] le pudo permitir la participación en el monstruoso crimen contra la Madre, que un simple verdadero aliento de vida le habría hecho imposible. Y Orestes por su parte, solamente pudo derramar la sangre de la Madre dejando de sentir su condición carnal, no ya humana. Si hubiese continuado sintiendo la mediación de la carne entre la materia mineral de los huesos y la sangre que corre vivificándolos, arrebatado y cegado por la ira habría rodado inerme a los pies de Clitemnestra, en la sombra del amor filial.

---

[43] Electra y su hermano Orestes son hijos de Agamenón y Clitemnestra. Después de ser asesinado Agamenón por su esposa y el amante de ésta, Egisto, los dos hermanos planean vengar el asesinato de su padre. De hecho, Orestes recibió de Apolo la orden de dicha venganza, exigiéndole la muerte de Egisto y de su madre Clitemnestra. En la versión de Sófocles, Electra es la que solicita a su hermano la venganza de la muerte de Agamenón. Orestes, acompañado de Pílades, se trasladó a Argos y dejó sobre la tumba de su padre, en la versión de Esquilo, un bucle de su cabello que fue reconocido por su hermana Electra. Este medio de reconocimiento no fue verosímil para Eurípides, quien se vale de la intervención de un anciano, ni tampoco para Sófocles que utiliza para ello una sortija que había pertenecido a Agamenón y que Orestes muestra a su hermana. Para acometer su venganza, Orestes se hace pasar por un viajero procedente de Fócide que trae la misión de anunciar la muerte de Orestes y preguntar a Clitemnestra qué hacer con las cenizas del muerto. La madre, feliz de la noticia y viéndose libre del castigo de sus crímenes, manda llamar a Egisto, quien es asesinado a golpes en palacio por Orestes. Al oír los gritos, acude Clitemnestra y encuentra a Orestes con la espada desenvainada. Su madre le suplica perdón, pero Pílades le recuerda el mandato de Apolo y el carácter sagrado de la venganza y la mata (cfr. Pierre Grimal, *Diccionario de mitología griega y romana, op. cit.*).

III

Viene el terror como todo lo primario desde el sueño, en el sueño mismo originario del hombre que se ve y se siente envuelto en la carne corruptible, antes aun que por la ineluctable muerte, vulnerable juguete de su Dios o de sus Dioses. Clama Job a su Señor, y Don Juan Tenorio desafía a la muerte y a su desconocido dios, el Tiempo. Como juguete del tiempo por esencia se siente Don Juan. Y le responde con el ahora, con el instante de su triunfo sobre la mujer huyendo del terror de este dios implacable y desconocido. Con impavidez ante el dios Tiempo, Don Juan no hubiera vertido su vida, y su ser sobre todo, en cazar a la mujer, cazándose a sí mismo al par. Job tenía un Señor a quien pedir cuentas, aunque sólo fuese por un instante —«he hablado una vez...». Y este hablar una vez, o una vez por todas, salva del terror, aunque no se llegue a la evidencia que Job obtuvo de que su palabra única, solitaria, fuese escuchada. Hablar una vez por todas es hablar por encima del tiempo, saliéndose de su envoltura. Carne y tiempo envuelven al ser humano cruzándose a veces, como enemigos. Triunfador siempre el tiempo, que en esto muestra su calidad semidivina. Enlazándose a menudo hasta confundirse. Enemigos entre sí y del hombre, hasta que se los reconoce mediadores. Mediadores entre el ser que nace, que apenas sabe y ese su ser, que se adelanta y se proyecta, se propone a sí mismo —desconocido y tiránico— por encima del tiempo y más allá de su carne, queriendo destruirla y a la vez llevársela consigo. Y queriendo llevarse consigo también su tiempo.

IV

De condición mediadora la carne es lo más amenazado por el terror, y por ello mismo su última resistencia. Por ser sede del organismo vivo y por ser dada a engendrar. Y porque espera siempre. Pide tan sólo cuando no puede esperar ya más. De ahí su tiranía. Una tiranía discontinua que se alza exasperadamente, y luego cuando obtiene algo se amansa. Y se vuelve entonces de nuevo a su reino, paciente, sufrida. Dispuesta a sufrir tanto como a esperar, «alma animal» alojada en lo humano donde su esperar y su sufrir arrojan su oscuro fuego; oscuro porque es mortal, es lo mortal. Y es la carne el combustible preciado del animal carnívoro, y hasta la delicada flor afectada por esa condición. Condición carnívora avivada en el ser humano que cree indispensable lo que proviene solamente de esta exaltación de su carne al consumir la carne que hace un instante estaba viva, la carne del manso animal que le mira dulce y tristemente *sabiendo:* el cordero, el buey, la casi incorpórea ternera, y hasta la paloma, y el apenas hecho carne, pájaro. Mas el devorar al animal alado tiene ya otro punto de referencia humano, el de devorar algo libre y que le supera, una criatura de otro elemento como el misterioso y taciturno pez. Asimilarse por ellos y a través de ellos otro elemento y hasta ahijarse de él. A ver, a ver si se convierte en criatura del aire, del agua y, si el caso fuera, del fuego. Allá, en su último fondo, el ser humano que tanto se reclama de la tierra no quiere ser descendiente sólo del Adán terrestre.

Porque la carne devora y es devorada; es su castigo. Y en el hombre establece, ahora ya tan sólo al parecer justificado por la necesidad, su imperio. El hombre, devorador universal de todo, de todo lo que puede, animales y plantas, la tierra misma, a la que devora arrasándola, de otro hombre, de sí mismo hasta su total combustión, hasta el suicidio. Sólo en algunos humanos seres a lo largo de los tiempos se aplaca este ansia por la comunión en el amor sin sombra. Mediadora la carne entre el esqueleto y la vestidura de todo ser viviente que nace así revestido y no desnudo; mediadora no solamente según número y peso, sino también como albergue de los delicados nervios, de los transparentes canales de la sangre como una tierra propia, íntima, concedida a ciertos privilegiados animales. Mas todo privilegio, y más si es natural, marcha hacia el sacrificio. La carne sacrificada tiembla, y aun quisiera desprenderse del hueso donde está fijada y abandonarlo, huyendo a una tierra madre, como ella viva y que la acoja, según su blanda condición, a salvo de al fin petrificarse o de ser nada.

Y es débil, se ha dicho desde siempre, la carne. Cae en la tristeza que luego ofrece como enigmática, o al menos ambigua, respuesta, a quien la ha sumido en tristeza sin darle nada de lo que a ella conviene, y exigiéndole un algo que ella no puede dar. Triste como la tierra llana sin sembrar, la simple tierra con la que tanto parentesco ofrece. Y es objeto de menosprecio casi constante, ya que constantemente, infatigablemente se le pide que no se fatigue y que resplandezca, y cuando obedece se la nadifica. Pues que su hermosura no puede exceder al número y al peso, a las leyes del universo terrestre y corpóreo que rigen todos los cuerpos que en la tierra y desde ella se nos aparecen. Y todo ello le sucede a la carne porque es corruptible. Y entonces el ser humano desde su «Yo» la identifica con la corrupción misma que le cerca. Porque sucede que el humano «Yo» cualifica a todo aquello que discierne, y todo aquello que lo envuelve se le aparece como una atadura, y más aún la carne, la *condición carnal* conviene más decir en este momento, de la que también quisiera huir, como quiere huir de ella cuando presiente el inexorable sacrificio, o cuando sin más se la fustiga o se la adelanta su corruptibilidad en el reino llamado del placer y de los caprichos de la imaginación.

Y entonces el «Yo», después de haberse abismado en ella, en la condición carnal, se yergue como un puro terror. No es más y no puede dar otra cosa que terror, y para defenderse del terror, se demora en su abismo.

Acomete el vértigo a ese «Yo» especie de entidad que ha logrado hoy enseñorearse, a través de la conciencia, de toda la condición humana cuando se alza de todo abismo en el que haya caído. Y más todavía, si, como sucede con el abismo de la carne, ha sido abierto por él mismo, precipitándose con la que cree ser su claridad invulnerable, esa claridad que ha arrancado a la verdadera luz del entendimiento que nunca se precipita. Y así, al hundirse, no puede más que abrir un abismo luciferinamente. Se suicida en verdad, y al erguirse no puede sino en el mejor de los casos, mantenerse así, envuelto en terror; en un terror que ya tomará el carácter de envoltura que sustituye a su propia carne. Se ha desencarnado. Su carne ya no lo acompaña. Un muro infranqueable le separará de todo comercio verdadero con la vida, con los seres vivientes, con todo lo inmediato. La inmediatez de los sentidos y de la sensibilidad toda, está como enterrada, o anda lejos, como si no fuera suya. Una sensibilidad sin dueño. Necesita ser abrazada, y no con un amor que la abrase, sino ser de nuevo envuelta, arropada, y reducida con ello la sensibilidad a su traicionado oficio de mediadora entre la conciencia y el alma. Pues que la escala de la vida se alza y desciende en la mediación entre el centro recóndito e invisible y todas las «envolturas» del ser. La vida envuelve al ser abrazándolo.

Es propio de lo carnal el no mostrarse. Y se recoge, se adentra como si custodiara el hogar indispensable de la vida. Se repliega como tapiz y aun como velo en las secretas cámaras de las entrañas. Especie de grutas las vísceras en que se destila el fuego sutil y la humedad, y a modo de templos, también donde el aire se disocia, en la continua acción milagrosa que se revela cuando el milagro en un solo instante no se realiza. Se pliega al milagro, pues, y lo mantiene. Y su misma forma aparece como algo sacro, escondido, no propio para darse a ver; como fuente y vaso de la generación que conserva al ser individual y va más allá de él, de su vida, para verterse en el nacimiento de otros seres, análogos, mas ya otros, distintos; ellos mismos.

Y entonces es cuando se hace apelación por una música marcial, por una palabra espoleadora, de la fuerza de la sangre para que adueñándose de las entrañas las lance hacia la muerte, para que la vida entre en la muerte con todas sus armas, en guerra. En una guerra victoriosa siempre aunque se gane la vida, aunque se gane la muerte. Como si este específico valor que sale de las vísceras le hubiera sido indispensable al varón y, hasta por analogía o emulación, a la mujer, para ganarse al par vida y muerte en un solo tiempo, se caiga del lado que se caiga. Es la victoria primaria sobre el terror, aunque en ella no faltaran la moral y hasta la motivación ideológica, la finalidad trascendente en algunos casos que abrigándolo enseñoreaba al hombre del terror y le permitía servirse de él sin borrarlo enteramente. Llevado a su extremo, un desafío del que la jactancia se alimenta luego estableciéndose.

Era la rotura del hermetismo que el terror trae consigo, de ese su fondo que no se ha disuelto, venciéndolo sólo arrebatadamente.

Ya que las formas elementales de alejar el terror, de no dejarse poseer por él, se constituyen siempre en un delirio. Un delirio se constituye en una especie de segundo cuerpo que se le opone. De alguna manera «se hace» un cuerpo nuevo más ardiente, en una especie de frenesí que puede llegar al delirio ávido de sangre, ávida la persona que lo sufre de muerte, dispuesta a arrojarse a ella como a la hoguera. Y así las furias que destrozaron a Orfeo dispersan por antagonista la presencia luminosa, inerme, poética.

El frenesí de hoy dado en la droga, haciendo él mismo también de droga. Frenético delirio razonado de la droga, y el cuerpo invisible del instigador que se arroja ávido de devorar, mas no de una vez, sino a pedazos, la presencia luminosa y nueva, lo que está al nacer, el joven de hoy, el blanco adolescente, luminoso e inerme. El prometido. El prometido mismo, fruto de la poesía, criatura preferida del instigador de hoy. Pues que si fuera la promesa el blanco fijado bastaría arrancársela. Mas es él, él mismo, prometido por entero, humana encarnación del amor preexistente.

V

La condición carnal aparece siempre revestida. ¿Proceden acaso de ella las imágenes de la vida, la fantasía con que aparece todo lo viviente, y la necesidad imperiosa de representación? Porque todo lo viviente se representa a sí mismo, no se queda en presentarse simplemente. La representación, ¿procede pues de la vida? Ya que del ser, de ese ser que todo lo viviente de algún modo adora, procedería solamente la presencia. El ser se presenta y se oculta, a través de todo revestimiento, imponiéndose.

Le está negado al hombre por la naturaleza toda investidura, plumas, pelaje, escamas, el lujo en fin. Ese lujo en que el animal feliz, sólo por ello, se muestra asimilado al cosmos, cosmos él mismo, y el hombre no puede soportarlo, desposeído como anda de esta presencia cósmica. Y da terror él, el hombre y lo sufre, lo sufriría solamente por eso. Ya que al ser así, un vacío le separa de todos los demás seres, plantas y animales, que por simple nacimiento responden a la llamada del sol, a la blancura de la luz lunar, a la aurora y al ocaso; a las figuras de las constelaciones, hasta parecer que sean del orden del firmamento y al par terrestres, sin escisión alguna. No son portadores del vacío que la presencia del hombre, y más si es blanco, esparce, como una primera sombra sutil, invisible, más sensible que arroja desde sí. Y ha de revestirse, mas no simplemente para borrar este vacío que le acompaña; no puede hacerlo inocentemente para ser al modo de las demás criaturas, en quienes tan naturales resultan los más fantásticos atavíos. Y con ellos, con sus indescifrables atavíos, el terror y el amor que inspiran según esas dos leyes, o esa única ley dual del terror y del amor, que rige la vida que nos envuelve.

Y hace pensar que se trata de una única ley manifestadora de la condición de los seres que conocemos, esta convertibilidad que amor y terror guardan entre sí, hasta el punto de que ciertos terrores se descifren como una llamada amorosa de la criatura no amada que se presenta tenazmente en sueño y vigilia. Y del terror que el amor mismo inspira, interponiéndose entre los que se aman. Y ese terror que recubre la sensibilidad y el sentir impermeabilizándolos, cárcel del que sufre por amor sin poder darlo ante el impenetrable vacío del ser amado, única respuesta.

¿Procede el terror de la vida, de lo viviente del ser, o es acaso del ser al despertar el viviente a una vida más alta, del ser inaccesible, hermético?

Se podría preguntar en términos de mitología griega si Hermes, el dios que siega la vida y la conduce hacia allá, viene como emisario del ser. Si es del ser de donde la vida recibe su muerte, como parece desprenderse del mutismo de la Mitología y del silencio de la mayor parte de los filósofos, roto, cierto es, por los estoicos, y afrontado en plenitud por Platón, filósofo del eros mediador.

Y entonces, también habría que preguntarse si el amor procede del ser o de la vida por separado. Mas preguntar no se puede cuando se siente y se sabe que el amor procede al par del ser y de la vida, y los une en nupcias múltiples. Que el amor es nupcial siempre que por él el ser viviente se encamine y por algún instante viva la perdida unidad entre el ser y la vida.

Mas ¿puede el amor —el «eros» al modo platónico— abandonar la condición carnal? Sin duda alguna que fue indispensable que así se pensara, aunque como se sabe, no tan de prisa. Quedaba la belleza mediadora.